光言社文庫

……家庭と
……庭盟誓」

文鮮明
Sun-Myung Moon

光言社

はじめに

神様の創造目的は、「理想家庭を通した天国実現」にありました。しかし、人間始祖の堕落により、真《まこと》の愛と、真の生命と、真の血統の基盤となる家庭を失ってしまったので、サタン主権の偽りの血統による人類歴史が続いてきたのです。ゆえに、私たち人間は、すべて罪人の姿でした。堕落人間を本然の人間に回復しようとされる神様の摂理は、歴史を通じて絶えず継続されてきましたが、その最後の結実が再臨主、救世主であられる真の父母様でいらっしゃいます。

真の父母様は、歴史発展の法則である蕩減《とうげん》復帰による摂理的な生涯路程を歩んでこられました。縦的八段階（僕の僕《しもべ》、僕《しもべ》、養子、庶子、実子、母、父母、神様）と横的八段階（個人、家庭、氏族、民族、国家、世界、天宙、神様）の復帰摂理を、サタンとの闘争を通して勝利してこられたのです。そして、悪の血統を受け継いできた原罪のある人間を、祝福を通じて重生させることによって、善の血統を相続させ、氏族メシヤの道に導き、入籍祝福を通して第四アダム、祝福中心家庭の姿に祝福してくださいました。神様と直接相対しながら本然の生活を報告する、直接主管の新しい時代を開かれたのです。入籍祝福と天宙還元式、そして霊界の解放を宣布され、ついに「神様王権即位式」を奉献されることによって、真《まこと》の父母様の摂理的生涯路程と救援摂理歴史の総体的結実を収められました。

摂理史において真の父母様がなされた様々なことの中で、堕落人間を本然の真の血統に転換する祝福の恩賜は、重生と復活の生命の祝宴であると同時に、この地上に神様の国を実現する天国運動です。そのほかのあらゆる宗教は、理想は高くても具体的な実現方法と過程がないので、脱歴史的であり、その限界を露呈せざるを得ないのに対し、統一教会の祝福は、個人と家庭を完成するのはもちろんのこと、神様の国を具体的に実現するものです。したがって、祝福家庭は、私たちのアイデンティティーであり、誇りであり、希望です。

真の父母様は、祝福家庭が祝福の理想と価値を実現できるようにするために「家庭盟誓《カヂョンメンセ》」を制定されました。

「統一教会は、四十年の峠を越えると同時に『世界平和統一家庭連合』をつくりましたが、それを成し遂げるためには絶対的規約が必要です。その絶対的規約、憲法のようなものが、『家庭盟誓』なのです。『家庭盟誓』という言葉は、歴史にありません。天国に向かう、天国を完成する『家庭盟誓』です。

『家庭盟誓』をよく見れば、それは、蕩減《とうげん》復帰の内容を中心として、完全に解放を受けることができる内容になっています。それゆえに、これを暗唱する人は、堕落した世界の家庭圏内ではなく、完成した家庭圏内に入ってきた人です。真の愛を中心とした家庭圏が形成されることによって、偽りの愛によって分立された心身の統一が起きるのです。それゆえに、心と体が一つにならなくては、『家庭盟誓』を暗唱することはできません」(二六四―二四四)

「神様の創造理想圏に戻ってきた家庭はいかにしなければならないのか、という内容が『家庭盟誓』にすべて出てきているのです。今後、この誓いを中心として、全世界がこれに従ってくればよいのです。真の父母様の勝利的盾をもって防御することができる摂理史全体を代表した八項目の誓いを中心として、すべて入っているのです」(二七二―一八一、九五・一〇・五)

本書は、「家庭盟誓」の真の意義と意味を教え、天国生活の道へ案内してくれるものです。本書を通して、読者各位が神様王権時代の祝福の中心家庭として、心情と愛にあふれた人生を送られることを希望します。

二〇〇一年六月二十一日

世界基督《キリスト》教統一神霊協会

もくじ

＊本文中、各文章の末尾にある（　）内の小さな数字は、基本的に原典『文鮮明先生み言選集』の巻数とそのページを表します。場合によってはほかの書籍からの抽出を示したり、み言《ことば》の日付と場所を示している場合もあります。

例‥（一二三―四五六）＝第百二十三巻―四五六ページ

‥（九八・七・一、中央修練院）＝一九九八年七月一日、韓国の中央修練院で語られたみ言

‥（御旨と世界―一七二）＝韓国版『御旨と世界』一七二ページ

第一章　家庭盟誓宣布と前提条件

一　家庭盟誓《カヂョンメンセ》が出てくるようになった背景

1　今は個人ではなく家庭時代

今まで統一教会では、個人的に「私の誓い」を暗唱してきました。一九五二年を中心として、新婦文化圏であるキリスト教文化圏が新郎と神様を迎え、世界的舞台において天上天国と地上天国を完結すべきだったのですが、それに失敗したので、再びこれを四十年間で蕩減《とうげん》してくる歴史を経てきたのです。（二六〇—一八一、一九九四・五・八）

＊

この世の中で「家庭盟誓」という言葉を聞いたことがありますか。歴史始まって以来、初めて出てきた言葉です。男性と女性が家庭を失ってしまったので、「家庭盟誓」を設定することにより、堕落していない本然の基準で、神様と人類が歓迎を受け得る家庭の母体をこの地上に再び立てなければなりません。そのようにしなければ、神様が喜ばれ、神様が来られて暮らし得る地上天国と天上天国を築くことができません。そのために、不可避的にこのような盟誓文を立てるのです。（二七四―一一五、一九九五・一〇・二九）

＊

今、四十年を経て、初めて「家庭盟誓」が出てきたのです。この「家庭盟誓」は、歴史にはなかったものです。「家庭盟誓」が出てくることにより、今後、地上世界のサタン家庭には行き場がなくなります。「家庭盟誓」が出てきたということは、先生が四十年を通して四千年歴史を蕩減することにより、失われた第二次大戦後の勝利の基盤を復帰した基準に立ち、地上に天国が設定されるということを意味しています。

最初は何ですか。「私たちの家庭は真《まこと》の愛を中心として」です。すべてに「私たちの家庭は真の愛を中心として」という表題が出てくるのです。真の愛とは何ですか。「真の愛」という言葉は、神様の愛と真の父母の愛が堕落せずに一つになり、その真の愛を中心として真の生命、真の血統が連結されることを意味しているのです。（二六六―一四三、一九九四・一一・二二）

＊

今、統一教会は四十年の峠を越えて「世界平和統一家庭連合」になったのです。

これは、完全に復帰された家庭です。復帰された家庭は、個人の心身が統一され、夫婦が統一され、子女が統一された家庭とならなければなりません。このような家庭が暗唱しなければならないものが「家庭盟誓《カヂョンメンセ》」です。

「家庭盟誓」は、心身が闘争している中では暗唱することができません。また、夫婦間でけんかをしていては暗唱することができません。そして、子女を生まなければいけません。心身統一、夫婦統一、子女統一が成された真《まこと》の家庭が入っていく所が天国です。神様の愛を中心として一つになり、「家和万事成《いえわしてばんじなる》」を成すことができる家庭が入っていく所が天国です。それで、真の愛の一体圏を成した者たちの暗唱しなければいけないものが「家庭盟誓」だというのです。「家庭盟誓」は、歴史始まって以来、初めて出てきたものです。（二六四―三四〇、一九九四・一一・二〇）

＊

統一教会は、四十年の峠を越えると同時に「世界平和統一家庭連合」をつくりましたが、それを成し遂げるためには絶対的規約が必要です。その絶対的規約、憲法のようなものが、「家庭盟誓」なのです。「家庭盟誓」という言葉は、歴史にありません。天国に向かう、天国を完成する「家庭盟誓」です。

「家庭盟誓」をよく見れば、それは、蕩減《とうげん》復帰の内容を中心として、完全に解放を受けることができる内容になっています。それゆえに、これを暗唱する人は、堕落した世界の家庭圏内ではなく、完成した家庭圏内に入ってきた人です。真の愛を中心とした家庭圏が形成されることにより、偽りの愛によって分立された心身の統一が起きるのです。それゆえに、心と体が一つにならなくては、「家庭盟誓」を暗唱することはできません。（二六四―二四五、一九九四・一一・三）

＊

統一教会員は、真の父母様が立てた家庭的伝統を世界に誇示しなければなりません。なぜ世の中に「家庭盟誓」が出てくるのでしょうか。このような時が来るので、それに備えるためのものとして「家庭盟誓」が出てくるのです。これが、家庭のモットーになるのです。

神様の創造理想圏に戻ってきた家庭は、どのようにしなければならないかという内容が、「家庭盟誓」にすべて出てくるのです。今後、全世界がこの誓いを中心として従ってくればよいのです。

真の父母様の勝利的盾をもって防御することができる、摂理史全体を代表した七項目（のちに一項目が追加されて八項目になる）の誓いを中心として、すべて入っているのです。

それゆえに、新約、旧約の完成と原理を知らなくても、これを中心とし、神様のみ旨を中心として、ただそのまま家庭さえ絶対信仰、絶対愛、絶対服従し得る基準

に越えていけば、天国に完全に越えていくのです。（二七二―一八三、一九九五・一〇・五）

＊

今まで、一般の既成教会ではアダムとエバだけが堕落したと思っていたのであって、そこには兄弟を入れていません。カインがアベルを殺すことによって堕落した、ということを知らないのです。家庭が堕落した、ということを知らないのです。すべて堕落したのです。

これから統一教会では、どのように誓うのですか。家庭を中心として誓うのです。ほかのことは必要ありません。すべての幸福と自由、平和、そして天地も、すべて家庭から出発するのです。今、家庭を中心とした誓いが必要です。家庭を失ってはなりません。家庭さえ一つにすれば、世界が統一され、天国ができるのです。（二六〇―一五二、一九九四・五・二）

＊

氏族的メシヤを派遣しなければ、大変なことになります。その氏族の生まれる道がふさがってしまいます。氏族的メシヤになることにより、平面的にアダムが堕落せずに完成し、イエス様が死なずに完成し、国家的基準で国家と国家がすべて連結されるのです。そのようになれば、個人から家庭、氏族、民族、国家、世界、天宙、神様の八段階まで、すべてその完成の基盤は、この地上の平面、水平線です。

これを蕩滅《とうげん》したので、個人の家に行こうと、氏族の家に行こうと、国家に行こうと、どこに行こうと、サタンが反対できない自由の活動舞台となり、神様を中心として生活する出発がなされることによって、地上に天国ができるのです。そのような時代が来たので、「家庭盟誓《カヂョンメンセ》」が出てきたのです。「家庭盟誓」のとおりにならなければなりません。（二六四―一九二、一九九四・一〇・九）

＊

家庭というものは、驚くべきものであり、恐ろしいものです。ですから、「家庭盟誓」の内容は、天宙的な大宣言だということを忘れてはいけません。昨年（一九九七年）から真《まこと》の父母様が講演してきた講演文の内容は、原理的な家庭をもたなければならないということでした。これは鉄則です。霊界解放の祝福式をしなければならない時が迫っているのです。三百六十万双が終われば、霊界祝福式をするのです。相対が霊界に行けば、呼び出して結んであげることができる時代に入っていくのです。ですから、地獄世界まで解放されるのです。（二八三―九一、一九九七・四・八）

＊

今まで私たちは、定着することができませんでした。押し流されてきました。浮き雲のような生活をしてきたのです。キリスト教文化圏も、霊肉を合わせた基盤がなかったので、定着することができなかったのです。しかし、今や真の父母と成約時代が定着したので、相続権が生じるのです。定着するにおいて、何を相続してあげるのでしょうか。個人ではありません。家庭です。それを知らなければなりません。ですから、「家庭盟誓《カヂョンメンセ》」が出てくるのです。「家庭盟誓」を徹頭徹尾、教育しなければなりません。（二六八―二二八、一九九五・四・二）

＊

今までは「私の誓い」を唱えてきましたが、「家庭盟誓」というものは初めてです。歴史時代において、「家庭盟誓」というものはありませんでした。これは驚くべき事実です。四十年間の世界的蕩減《とうげん》路程を終え、全世界が先生を中心として動く時代に入ってきたので、それが可能なのです。第二次大戦直後に、成し遂げられた統一的世界キリスト教文化圏を破綻《はたん》させてしまったことを、条件的ではありますが、先生を中心として世界的に、この覇権的基盤の上に載せたのです。（二六三―一二〇、一九九四・八・二二）

＊

一九四五年から一九五二年までの七年です。一九四五年から一九五二年までの七年だったのですが、これを一九五二年から一九九二年までの四十年に延長したのです。教会を中心としては、四十年かかったのです。そのようにして、一九九四年五月を中心として、「家庭盟誓」を宣布したのです。歴史的です。数理的に蕩減

してくるのです。（二六五―二九四、一九九四・一一・二七）

＊

真《まこと》の父母様の安着時代を中心として、主体の前に恥ずかしくない家庭完成時代を迎えなければなりません。ゆえに、ここにおいて私たちは、「家庭盟誓」が「必要だった」、「必要だ」、「必要だろう」、どれになるのですか。「必要だ」となるのです。

これは千年、万年の表題になります。驚くべきことです。堕落した宗教の仮面を脱ぎ、解放の位置において、私がこのような盟誓文を暗唱できることを感謝しなければなりません。涙なくしては暗唱できない、数多くの恨《ハン》があったのです。血を流し、この血の祭壇を統一教会まで引っ張ってきたのです。その血の祭壇から、これを踏み越えることなくしては、この世界から天国に行くことはできません。ゆえに、この祭壇がなければならないのです。（二六一―九八、一九九四・五・二二）

2　成約時代安着と家庭時代の出発

「真の父母と成約時代の安着」、これは恐ろしい言葉です。「真の父母と成約時代の安着」とは、サタン世界において闘って勝利したということです。家庭、氏族、民族、国家、世界、天地が動員された、そのすべてのものと戦い、勝利して成就したのが成約時代です。約束を成して安着したのです。これは驚くべきことです。

堕落とは何ですか。アダムが天使長を主管しなければならなかったのに、それが逆になってしまったのです。皆さんは天地のサタンを屈服させ、その上に上がっていかなければなりません。そのようにしなければ安着はできません。それは、言葉で言うのは簡単ですが、どれほど難しいことか分かりません。「先生と完全に一つになろう」という信念をもっていれば、どこに行こうと、先生がすることを成すことができるのです。(二六八—七九、一九九五・三・五)

＊

一九九二年を中心として、世界に「メシヤ」を宣布し、「真《まこと》の父母」を宣布してきました。このようにして、すべてを集め、一九九三年に入り、五月十三日からアメリカを中心として「真の父母と成約時代」を発表したのです。そのようにできる環境を、すべてつくったのです。

皆さんが知っているように、アメリカは全世界を代表した国です。キリスト教文化圏において最終定着地になる国です。今からは、真の父母様を中心として、新しい時代に転換するのです。成約時代に入っていくのです。今回の宣布は、地上においては初めての出来事でした。今まで神様は、この時をどれほど待ち焦がれていたことでしょうか。

歴史時代において、神様はどれほど悲惨な立場にいましたか。今や、希望の時代が近づいてきたのです。「真の父母」を宣布し得る時代に入ってきたのです。これは歴史的であり、宇宙史的な事件です。今までの歴史において、このような事件はありませんでした。（二四八―一七六、一九九三・八・三）

＊

創世以後、神様の復帰摂理は、何千万年の歴史を経てきましたが、その基準を立てることはできませんでした。先生が来て、統一教会時代において明らかにすることにより、初めてこれが可能になったのです。それゆえに、「成約時代」を発表し、「真の父母」を発表したのです。これは世界的な事件です。事件というよりは、新しい世界を創建できる一つの起源となるのです。「真の父母」という思想と、「成約時代」というその言葉自体が、そうだというのです。成約時代は、何の約束を成すのですか。神様が人間と共に創造した、その約束を成すのです。復帰摂理時代が成されるのでもなく、救援摂理時代が成されるのでもありません。創造理想世界が成されるのです。それゆえに「真の父母」という名前は、人間よりも神様が先に考えたのです。真の父母の顕現は、創造理想です。（二四八―一八九、一九九三・九・三〇）

＊

神様の創造の太初から、旧約時代、新約時代を経て成約時代へと、どのように回っていくのでしょうか。成約時代とは、神様と人間との一体圏をいうのです。

真《まこと》の愛によって一体圏を成し、平等な価値の内容を連結する立場になるのです。神様だからといって縦的だけでなく、人間だからといって横的だけではありません。縦と横が一つになるのです。(二五二―一五五、一九九三・一二・一九)

＊

一九七二年から一九九二年までの二十年間は、韓国を中心としてキリスト教の使命を果たす期間でした。この期間、私は、国家的な次元において旧約時代に相当することを成したのです。

真の父母様が一九六〇年に結婚式を行い、世界的舞台であるアメリカで成してきたことは、旧約時代と新約時代の関係と完全に一致するのです。内容が同じです。そのようにして、この期間に真の父母の世界的な定着が完了したのです。それで、成約時代を発表したのです。今からは、神様と共に生活するのです。私たち統一教会員は、神様と共に暮らすのです。(二四六―三〇一、一九九三・四・一〇)

＊

成約時代とは何でしょうか。中心である真の父母の家庭が、堕落圏世界において完全に勝利して越えた時を意味するのです。そのようになれば、その環境には、は、「文《ムン》総裁の家庭をやっつけよう」と言う怨讐《おんしゅう》はいなくなります。そのような人たちは、闘って負けたので、いなくなるのです。いくら射撃のチャンピオンであっても、オリンピックに出て負ければ、「自分が一番だ」と言うことができますか。自分がもっているチャンピオン杯を譲り渡してあげなければならないのです。(二三四―二九六、一九九二・八・二七)

＊

真の父母と成約時代というのは、アダムとエバが完成して堕落していない位置に帰らなければならないのです。そして、全世界の女性は、お母様の分身として扱うのです。アダムも一人で、エバも一人です。これが、重要です。アダム一人、完成したアダム一人、エバも一人にならなければなりません。(二六六―六五、一九九四・一二・一二)

＊

成約時代は、家庭に戻っていく時代です。統一は、個人からです。この峠を越えなければ永遠に天国に入っていくことはできません。長子権を復帰することはできません。自然屈服させなければなりません。強制屈服ではありません。説得屈服です。

皆さんは、自然屈服されたのですか、それとも強制屈服されたのですか。説得されたので、自然屈服したのでしょう？　このようにして、地上天国と天上天国の家庭的なエデンで成し遂げられたものを、世界のすべての国家が同一の立場で、何千年もかかったそのような勝利の覇権が、真《まこと》の父母の家庭をモデルに、家庭を中心として一時に金型を押し出すことができる、そのような青写真があるのです。それをすべて配布しなければなりません。どこであろうと、それで押し出しさえすれば、カチャン、カチャンと製品が出てくるのと同じように、全世界五十億人類の家庭が家庭的に接ぎ木されることにより、失われた解放の国と天国に帰っていくのです。この時が成約時代、すなわち約束を成す時代です。（二四五―一六〇、一九九三・二・二八）

＊

今日、歴史的路程において最も重要なこととは何かというと、選民圏が生じたことです。この時代になり、世界的途上において、蘇生《そせい》、長成、完成の三段階の基盤を連結させようというのです。イスラエル民族は蘇生級、キリスト教は長成級、そして統一教会は完成級です。イスラエル圏を中心としたものが旧約時代ならば、キリスト教は新約時代であり、統一教会は成約時代です。

成約時代とは何かというと、成し遂げるということです。何を成し遂げるのでしょうか。個人的に成し遂げ、家庭的に成し遂げ、氏族、民族、国家、世界的に成し遂げるのです。何を中心としてですか。神様の愛と、神様の生命と、神様の血統を中心として連結するのです。単一血統、単一愛、単一生命の伝統です。このようになれば、サタンは離れていかなければなりません。接ぎ木することによって、サタンの血統的因縁がなくなるのです。（二二六—二七六、一九九二・二・九）

＊

問題は何でしょうか。家庭が完全でなければなりません。家庭的カナン復帰完成時代である成約時代を迎えたので、皆さんの家庭はみ言《ことば》に従って完成し、定着しなければなりません。そのような時代が来たことを知らなければなりません。ゆえに、そのみ言を聞く時には、それを流れていくみ言として聞いてはいけません。それらのみ言は、先生が生死の境で、死ぬか生きるかという境地で、「このみ言を残していかなければならない」として明確に教えてあげたものです。それを知らなければなりません。（二九二—一二一、一九九八・三・二八）

＊

第二次大戦直後に、キリスト教文化圏とアメリカを中心とした一つの世界を成し遂げていれば、どれほど早かったでしょうか。アメリカとキリスト教文化圏が世界を支配するその時代に、もし内的に一つになっていれば、どれほど早かっただろうかというのです。そのように見れば、第二次大戦直後は、神様においては歴史上最大の希望の一時であり、サタンにおいては最大の危機の時でした。その時に、キリスト教文化圏と、アメリカを中心とした自由世界が統一教会を受け入れていたならば、その時から、霊界の統一圏を地上の統一圏に一致化させていたはずです。これが摂理観です。(一六一―一二二、一九八七・二・一五)

＊

今からサタン世界は、どんどん崩壊していきます。見ていなさい。サタン世界は、個人、家庭、氏族、民族、国家が行く方向や中心を、すべて失ってしまいました。しかし、私たち統一教会はすべてを備えていくので、これが交差するのです。昔は、統一教会がサタン世界の支配下にありましたが、これが交差し、反対になるのです。これが安着です。(二六八―八〇、一九九五・三・五)

＊

成約時代とは何でしょうか。サタンの主管圏を越えて成し遂げられる世界だ、ということを知らなければなりません。成約時代は、何をもって完成していくのでしょうか。祝福家庭を通して成し遂げていくのです。それで、アダム家庭や、ノア家庭や、ヤコブ家庭などの家庭が出てきたのです。それから、先生の時代になって、イエス様家庭を編成したのです。

イエス様家庭を編成するのと同じ立場で編成したものが、三十六家庭、七十二家庭、百二十四家庭です。四百三十家庭は韓国を代表していますが、この韓国の四千三百年の歴史を中心とした四百三十家庭を中心として、世界の四十三家庭を連結させたのです。七百七十七家庭は、すべての国家を代表し、それから千八百家庭を経て、現在は八千家庭、七千以上の家庭に超えてきているのです。

ですから、世界的な足場となる基台ができてくるのです。成約時代は、家庭を通して成し遂げていくのです。イエス様以降でも、十二弟子と七十門徒を中心として、すべて再編成するのです。十二使徒と七十門徒、そして、百二十門徒の実体が家庭を中心として成されるということです。(一三一—七一、一九八四・四・一六)

＊

今年(一九九五年)の標語は、「真《まこと》の父母様の勝利圏を相続しよう」です。「圏」とは個人的世界版図、家庭的世界版図、氏族的世界版図、民族的世界版図、国家的世界版図、世界的世界版図、天宙的世界版図、地獄と天国の版図です。そこまで先生が統一し、解放してあげたのです。今からサタンは後退します。日がたてばたつほど、すべて衰退していくのです。

エデンにおいて、善悪の出発が兄弟の間で起こったので、世界の人々は、今日「地球村になった」と言っているのです。先生の教えでは、「地球家庭になった」と言っています。地球家庭と地球村は相対的関係です。一方は、サタン世界を代表したカイン的位置であり、お兄さんの位置です。地球家庭は、統一教会のアベルの位置です。これが一つにならなければなりません。

カイン世界は、統一教会に従っていかざるを得ません。家庭を完成しようとすれば、個人を完成しなければなりません。個人完成、家庭理念というものは、真《まこと》の男性、真の女性というものは、統一教会以外にはありません。統一教会は、エイズと関係なく、フリーセックスと関係なく、ホモと関係なく、レズビアンと関係なく、麻薬と関係ないのです。ですから、真の愛を中心として、個人的中心を完成するのであり、家庭的中心を完成するのであり、氏族、世界、天宙の解放圏を完成するのです。そして、神様と真の父母様まで解放し、孝子の道理、忠臣の道理、聖人の道理、聖子《せいし》の道理を完成すれば、天上世界と地上世界を自由往来し得る解放がなされるのです。

それが、先生の教えの目的である、人格者になるという道です。結論は簡単です。世界的な解放圏を完成させるために数多くの事情をつづりながら、先生が五十年の生涯、一生にわたって迫害の道、あざけりの道、あらゆる追放の道を経てきて、今は、神様が願われた世界的勝利圏を全人類の前に相続してあげられる時代が来たのです。父母が自らの備えたすべてのものをその子女に、代価なく、愛をもって相続する時が来たのです。(二六七―二五五、一九九五・一・八)

＊

地上天国と天上天国が一つになり、そこで神様の真の愛を中心として一致した家庭生活をした人が、地上で暮らしたのちに天国の家庭へ移動していくのです。ですから、個人の救援時代ではありません。

キリスト教を見れば、「個人の救援だ」と言っていますが、それは違います。家庭救援が神様のみ旨です。堕落は家庭で起きたので、復帰も家庭で成さなければなりません。そのような時代が来ました。今や真の父母を中心として……。今まで、地上の歴史時代にはなかったことです。初めて、新しく定着時代に入ってきたのです。

今年（一九九四年）の標語は、「真の父母と成約時代の安着」です。真の父母様の家庭が初めて定着するのです。真の父母の家庭を中心として、今まで祝福を受けた家庭を中心として、氏族、民族、国家が編成されるのです。

これは世界的な版図になっているので、今から定着時代に入っていくのです。放浪の身ではありません。ですから、体制をつくらなければなりません。

家庭を連合して氏族、氏族を連合して民族、そして民族を連合して国家を編成する時代に入っていくのです。私たちの力で、家庭を中心とした地上天国の基盤をつくらなければなりません。（二六〇―三〇五、一九九四・五・一九）

3 「世界平和家庭連合」の創立、世界家庭化時代へ

世界基督《キリスト》教統一神霊協会の使命が終わることにより、宗教の使命が終わり、人類史上初めて宗教を必要とせず、救援を必要としない新しい時代へ入っていくのです。「家庭連合」は、家庭を理想家庭につくりあげて、神様の創造理想を復帰完成し、天的理想世界を立てるのです。（一九九七・四・八、韓国）

＊

家庭が定着しなければなりません。今までの宗教は、個人圏を目標としたのであって、家庭圏を目標とした宗教はありませんでした。すべて家庭を捨てて、出家していったのです。今は、時代が違います。いかなる宗教も個人救援を唱えていたのであって、そこには家庭救援や氏族救援、また国家救援という言葉はありませんでした。私たち統一教会は、家庭を中心として国家救援、世界救援を主張しているのです。（二八三―一〇七、一九九七・四・八）

＊

家庭が定着し、世界と通じることができる家庭となってこそ、エデンで願われた神様の創造理想の結実が現れるのです。息子、娘を中心として横的に拡大し、そ

れが神様の願われた氏族となり、それがまた自動的に民族に連結しなければなりません。

ゆえに、家庭が重要です。すべてのものは、「世界平和統一家庭連合」で終わるのです。さあ、「世界平和統一家庭連合」と、一度言ってみてください。(「世界平和統一家庭連合」)。その中心は何かというと、家庭です。(二八三―八四、一九九七・四・八)

＊

「世界平和家庭連合」を成し遂げなければ、平和世界は絶対に訪れてきません。これは重要です。家庭がそれくらい重要なのです。平和世界も家庭から始まるのです。

家庭に家族が十人いれば、その家族十人がすべて一つにならなければなりません。一つとなり、お互いが縦横、前後、左右において立体的に和合するようになれば、理想的平和の世界が訪れてくるのです。「世界家庭連合」を完成し、平和の世界を創建しましょう！　創建とは、再度収拾して建てようということです。(二三二―二三五、一九九二・七・一〇)

＊

今からは、「世界平和統一家庭連合」です。家庭が根源地です。家庭を中心として、その家庭に神様をお迎えし、その氏族に神様をお迎えし、その国に神様をお迎えするのです。神様と一体となり得る家庭の理想を完成することなくしては、地上天国はできません。(三〇〇―二三〇、一九九九・三・二三)

＊

統一教会といえば、「世界平和統一家庭連合」です。そうすれば、皆さんの家庭でも、「世界平和家庭連合」という家庭連合が立てられるのです。サタン的家庭や、中間的な天側の天使長家庭、そしてアダム家庭などをすべて収拾しなければならないのですが、これらは結婚を誤ってばらばらになっているので、結婚を正しく行って完成級に入っていき、統一的な世界へ越えていかなければなりません。このように上がってきた坂道、険しいヒマラヤ山脈が、ここからは平地になっていくのです。そのような時代に越えていくのです。それで、四十年の峠を越えると同時に「世界平和統一家庭連合」をつくりましたが、それを成し遂げるためには絶対的規約が必要です。その絶対的規約、憲法のようなものが、「家庭盟誓《カヂョンメンセ》」なのです。「家庭盟誓」という言葉は、歴史にありません。天国に向かう、天国を完成する「家庭盟誓」です。(二六四―二四五、一九九四・一一・三)

＊

今までは、中身がありませんでした。それでは、その中身とは何でしょうか。今後、出てくる「世界平和家庭連合」を中心として、家庭的理想が実を結ぶことです。

家庭の理想は、四位《よんい》基台の完成です。神様の創造理想とは何ですか。神様のみ旨の完成です。それでは、神様のみ旨とは何ですか。神様の創造理想の完成です。それでは、神様の創造理想の完成とは何ですか。四位基台の完成です。それでは、四位基台の完成とは何ですか。父、母、息子、娘すべてが一つとなり、神様が踊れば共に踊ることです。神様の調子に合わせて踊り、歌えることが神様のみ旨の完成です。

（二三二—五五、一九九二・七・一）

＊

第二次大戦以後、キリスト教文化圏は、世界統一を成したその基準を整理し、七年路程の上で世界の方向をつかまなければなりませんでした。

その七年路程に、今年（一九九四年）も含まれます。このような時が来たので、四十年目にして「家庭連合」をつくり、すべて平面的に立つことができるのです。ですから、世界統一を成そうとしたのと同じように、この時に家庭さえ一遍に統一されれば、すべてのものを蕩減《とうげん》することができるのです。

ゆえに、この盟誓文を唱えようとすれば、心と体が一つになり、夫婦が一つになり、子女が一つになって、初めて唱えられるということを知らなければなりません。これが一つにならなければ、サタン世界に属するのです。この盟誓文は、その上で暗唱するのです。それゆえに、「家庭盟誓」が出てきたのです。それで、全世界を、

「家庭連合」がこの盟誓文《メンセ》を中心として強力に統治していくのです。毎月一日と十五日は、家庭において礼拝を行うのです。の二つの組織になるのです。カインとアベルルになるのです。（二六五―二四八、一九九四・一一・二三）

＊

本然的アダム家庭の世界型版図に加入しなければならない時代に入ってきたので、全世界の人々は、家庭を中心として完成しなければなりません。ここで完成しなければならないこととは何でしょうか。堕落した家庭を、蕩減《とうげん》復帰した家庭にしなければなりません。このことは、「家庭連合」を通して、世界的に、各自が努力して備えなければならないのです。完成は、アダムとエバがしなければなりません。神様がしてあげるのではありません。また、真《まこと》の父母がしてあげるのでもありません。これによって「家庭連合」が形成されるのです。これは世界的な組織です。

堕落した世界の、アダムの血統を越えるのです。山を越え、坂道を越えるのと同じように、復帰過程を上がっていく途中で失敗すれば、いつでもこれを繰り返すのです。何百万年、何千万年を繰り返すのです。（二七五―一〇、一九九五・一〇・三〇）

＊

人間は、夫婦の愛の伝統を立てることができませんでした。父母の伝統を残せなかった世の中に、これをすべて実践した「真の父母」の名をもった二人のお方がこの地に現れたということは、民族の誇りであり、歴史の光明です。たとえ天地を与えても換えられない貴い宝物だということを知って、今日、厳粛にこの内的な因縁を相続し、皆さんの家庭で伝授することを願います。ゆえに、「世界平和家庭連合」が定着しなければなりません。家庭に帰っていかなければなりません。（二三一―八九、一九九二・五・三一）

＊

家庭は、世界を代表することができる平和の道、統一の道を行かなければなりません。すべてのものは、家庭と連合した基準に連結されたものだということを知らなければなりません。今後、素晴らしい家庭は、出世するのです。（二八三―五五、一九九七・四・八）

＊

これからは家庭中心です。ですから、独りで行くことはできません。今後は、人事も夫婦一体です。夫が長ならば、妻は副責任者です。また、その息子、娘があらゆる実力基準において優秀な場合には、彼らを重要な部署に、家庭的に配置するのです。そのようにして、一族で配置することができるのです。（二八三―五三、一九九七・四・八）

＊

今後、重要視しなければならないことは、「世界平和統一家庭連合」ですが、そこから世界を忘れてしまってはいけません。世界を忘れてしまえば、平和になってどうするのですか。また、平和を忘れてしまえば、統一をしてどうするのですか。統一がなければ、家庭をもって何をするのですか。家庭は、一つの家庭ではありません。連合の主管がなければ、家庭をもってどうするのですか。すべて関係しているのです。連合を考えれば、統一を考え、家庭を考え、平和を考え、世界を考えなければならないのであり、世界を考えれば、平和を考え、「統一家庭連合」を考えなければならないのです。一体だというのです。

神様が臨在できる世界の代表の主人となり、平和の主人となり、統一の主人となり、家庭の主人となり、連合世界の統一天下の主人となるのです。そこに、神様が臨在し得るのです。（二八三―五三、一九九七・四・八）

＊

最近は「地球村」という言葉を言うでしょう？　地球家庭時代に向かって入っていくのです。地球村でもありません。地球家庭です！　「地球村」という、その言葉は、今日「家庭連合」が出てきたのと相対的な世界を成しているのです。

神様のみ旨を中心として「家庭連合」が出てきたので、世界の環境が相対的に成されなければなりません。これが対等な時代に入ってきたので、一度、始めさえすれば一時に世界化される時代が来たのです。先生が話していることは、夢のような話ではありません。（二七五―三七、一九九五・一〇・三〇）

＊

今日、世界は経済圏を中心として一つになろうとしているでしょう？　政治圏と文化交流、また経済や知識や権力をもって、力の平準を通してこれを一つにしようとしているのでしょう？　しかし、それは違います。世界を一つにする歴史的、統合的な中心方案は、真《まこと》の愛です。

歴史が行くべき方向はあるのですが、それは経済圏をもって一つにすることはできません。愛です。真の愛を中心として偽りの愛を収拾し、上下を連結しなければなりません。歴史的な真なる方向は一つです。その真の方向に従って個人の人生観、家庭観、民族観、国家観、世界観があり、これがだんだんと広がっていくのです。個人時代、家庭時代、氏族時代、このようにずーっと進んでいく中において、その中央線を貫いているものは真の愛の方向性です。（二二一―三二一、一九九一・一一・一）

＊

なぜ再臨主が必要で、真の父母が必要なのでしょうか。歴史時代において、個人、家庭、氏族、民族、国家、世界へ発展してきたすべての家庭は、真の父母と共に生活したことがないのです。再臨主が来た時に、英、米、仏を中心とした統一世界になっていたとしても、真《まこと》の父母を中心として、家庭の統一から始めなければならないのです。真の父母を中心として、家庭が連合しなければならないのです。家庭が一つになれば、氏族は問題ではありません。民族も問題ではなく、国家も問題ではありません。

なぜでしょうか。真の父母は、世界的版図の上に来られるのです。世界的版図の勝利的基盤の上に来られるのが、真の父母様です。このお方は、何をするために来られるのでしょうか。このお方は真の父母ですが、家庭時代の代表の真の父母として来られるのです。過去の氏族的な時代の真の父母として、民族的な時代の真の父母として、国家的な時代の真の父母として連結させなければなりません。(二六二―二〇四、一九九四・一〇・四)

*

成約時代は、誰について言っているのですか。父母が父母として安着し、家庭が家庭として定着して、その家庭が天下の平和の世界、統一の世界になったとすれば、その家庭に反対するものはありません。障害物がないのです。今、文《ムン》先生が戦って勝利したということは、家庭環境だけではなく、全世界と天地がすべて動員する中で根を下ろしたということです。それは素晴らしいことですか、素晴ら

しくないことですか。(二六一―六六、一九九四・五・二二)

＊

地球村時代を越え、地球家庭時代です。地球家庭時代へと越えていくためには、早急に平準化された基準をつくらなければなりません。世界にそのような機構をつくらなければならないので、今回の首脳会談でも、宗教の国連と女性の機構をつくることを宣布したのです。今、その作業をニューヨークで行っています。有名な学者やトップ層を中心として行っているのです。学者たちを通して、国務省や、政策的方向において誤っていることをコーチしているのです。(二六〇―二九四、一九九四・五・一九)

4 家庭盟誓《カヂョンメンセ》を立てた理由

祝福家庭はすべて、天使長世界を踏まなければならず、踏んで父母様をお迎えできるように、自分の家庭やその国家を、すべてそのまま父母のものとして相続しなければなりません。それで、今年(一九九四年)において五月に入ると同時に「世界平和統一家庭連合」を創設したのです。

それと同時にサタン世界・天使長世界と、アダム世界とをはっきりと区分し、境界線をつくるためのものとして「家庭盟誓《カヂョンメンセ》」が出てきたのです。この「家庭盟誓」により、初めてサタン世界と完全に隔離されるのです。（二六六―六九、一九九四・一二・一二）

＊

「家庭盟誓」を暗唱できる時代が来たということは、歴史的に驚くべき事実です。今までは個人主義的な生活をしてきたのですが、これからは家庭主義的生活に移行していくのです。自分独りではありません。夫が行けば、最初から妻は、それに従っていくのです。夫婦が自動的に従っていく生活をしなければなりません。ばらばらになってはいけません。常に統一された、同じ生活圏内で暮らす生活をしなければなりません。近ごろは電話があるので、手紙も必要ないでしょう？　そのような時代が来ました。常に同じ立場で暮らす生活環境を成していかなければなりません。そのようにしなくては、「家庭盟誓」のとおりに完成できないのです。盟誓文の誓いは、必ず成し遂げなければなりません。（二六〇―三〇九、一九九四・五・一九）

＊

「家庭盟誓」を暗唱することができるということは、堕落する前の完成したアダムの立場にいるということですが、これはどういうことでしょうか。父母から偽りの愛、偽りの生命、偽りの血統を受け継いだのが堕落した家庭ですが、皆さんは、堕落せずに完成したアダムとエバの位置にいる真《まこと》の父母を中心とした真の愛によって生まれた子女なので、堕落していない家庭となるのです。

それでは、「家庭盟誓」とは何でしょうか。それによって、本然的な家庭の権限一切を賦与するのです。堕落したのですが、堕落していない本然の位置に帰り、永遠の原則的基盤の上で氏族が連結され、民族、国家、世界が連結されなければなりません。このようになってこそ、地上天国ができるのです。それゆえに、「家庭盟誓」は、心と体が一つになっていない人には暗唱することはできません。夫婦が一つになっていない人には暗唱できないのです。息子、娘と一つになっていない人には、暗唱はできません。これを知らなければ、盟誓文全体が、すべてばらばらになってしまいます。（二六一―二七九、一九九四・六・二〇）

＊

「家庭盟誓」は、すべてのものを清算するものです。ゆえに、「家庭盟誓」の第三節を見れば、四大心情圏、三大王権、皇族圏を完成しなければならないといっています。その以下の節は、復帰する順序を組んでつくったのです。ゆえに、「家庭盟誓」は、どのような人が暗唱できるのですか。サタン世界の偽りの父母による、偽りの愛と偽りの生命の因縁をもっている人は、暗唱できません。

本然の世界に帰っていき、神様と堕落していない真《まこと》の父母様と一つになり、真の愛で心と体が一つになり、夫婦が一つになり、子女が一つになれる基準に立った人だけが、この「家庭盟誓《カヂョンメンセ》」を暗唱できるようになっているのです。天国は、どのような人が入るのでしょうか。天国には誰でも入るのではありません。心と体が一つになり、夫婦が一つになり、子女が一つになり、三代が暮らす家庭の四位《よんい》基台の基盤を築いて入っていくのです。

ですから、天国に入っていこうとすれば、出発する基地である家庭を中心として、完全に統一しなければなりません。このようにできる人たちが暗唱する宣誓文が、家庭盟誓だということを知らなければなりません。（二六四―二二三、一九九四・一一・三）

＊

「家庭盟誓」を暗唱できる人は、完成した家庭の位置に立たなければならないので、心と体が一つにならなければならないことを知らなければなりません。心と体が一つになっていない人には、「家庭盟誓」が暗唱できないことを知らなければなりません。心と体が一つになっていますか。堕落したので、心と体が分裂したことを知ったでしょう？ 偽りの父母、偽りの愛、偽りの生命、偽りの血統なので、これをすべて清算しなければなりません。真の愛、真の生命、真の血統を復帰しなければならないのです。（二六七―一四六、一九九五・一・四）

＊

「家庭盟誓」と一つになり、家庭に定着すれば、既に自分たちは、地上地獄で暮らすのではなく、新しい世界的な天上天国の世界で暮らしているのです。ですから、「家庭盟誓」を暗唱する人は、昔の地獄世界ではなく、別の世界で暮らしているという気持ちをもたなければなりません。その家庭では、争いがあってはいけません。泣きわめいたりしてはならないのです。真の愛を実践しなければなりません。「家庭盟誓」を暗唱する時は、必ず心と体が一つになり、夫婦が一つになり、息子、娘が一つになった上で唱えるのです。

偽りの愛が始まることによって、心と体が分裂し、夫婦が分裂し、兄弟が分裂したので、蕩減《とうげん》復帰の原則に従って一つになれる家庭を取り戻すためには、心と体が一つになり、夫婦が一つになり、兄弟が一つになれる位置を再び築かなければなりません。そのようにすることにより、天上天国と地上天国とが連結されるのです。

（二六〇―三一八、一九九四・五・一九）

＊

「家庭盟誓」の徹底化が必要です。「家庭盟誓」を徹底化した人が、祝福を受けて祝福家庭に加入するのです。祝福家庭に加入すれば、間違いなく「家庭盟誓」のとおりに完成した家庭として、天の前に奉献しても恥ずかしくない家庭を、お互いがつくらなければなりません。

そのようにすれば、その家庭を中心として神様の版図が自然に広がっていくのです。天国理想が広がっていくのです。(二六〇―二三二、一九九四・五・一九)

＊

ほかの国に「家庭盟誓《カヂョンメンセ》」がありますか。サタン世界のどの国に「家庭盟誓」がありますか。ありません。どこかの国で「家庭盟誓」を立てて、このように家庭全体を代表して誓っていますか。誓いは、実践しなければならないのです。誓いは、成し遂げなければなりません。言葉だけでなく、それを成し遂げなければならないのです。(二七四―一九六、一九九五・一一・三)

＊

「家庭盟誓」は、神様を中心として暗唱しなければなりません。ですから、相対にならなければなりません。すべて相対です。心と体が相対になっていますか、なっていませんか。目は二つですが、片方はサタン側として死んだのと同じです。皆さんが見るものは、すべて二種類です。道を進んでいっても、二つの道を行くのです。ですから、常に批判しなければなりません。食べるのも二種類です。天が私を保護できる、正当なものを食べているのかというのです。世話を受けながら食べるのは、いけないのです。ですから、今から私たちは「家庭盟誓」を暗唱しなければ

なりません。（二六〇―一五六、一九九四・五・一）

＊

きょうは、五月一日（一九九四年）です。今までの宣誓文の前に敬礼を三拝し、「父母様がすべて成し遂げたことを代わりに相続し、新しい盟誓文に移ります」と祈祷しなさい。そして、それを相続し、「このような新しい『家庭盟誓』の時代に移されます」と言って、「申し訳ありません」という気持ちをもって祈らなければなりません。盟誓文に悔い改めなければなりません。これからは「私の誓い」と「家庭宣誓」はやめ、「家庭盟誓」を暗唱するのです。祝福家庭でない人も、「家庭盟誓」を一緒に暗唱するのです。一般の人も、すべてここに入っていかなければなりません。（二六〇―一六〇、一九九四・五・一）

二　家庭盟誓《カヂョンメンセ》の意味と価値

1　家庭盟誓の重要性

「家庭盟誓」は、すべての原理の内容を中心として、家庭編成に適した核心的内容を抜粋して記録したものです。そのようなものであることを知って、皆さんは、祈祷する前には、必ず盟誓文をすらすらと暗唱し、現在の自分自身と自らの家庭の状態が盟誓文のとおりになっているか、いないかをただされなければなりません。そして、盟誓文のとおりになっていなければ、すぐにそれを是正していかなければなりません。盟誓文のとおりに完成しなければなりません。過去においては「私の誓い」と言ったでしょう？　今は何ですか。「家庭盟誓」を暗唱すれば、その中にすべてが入っているのですが、今後は「国家盟誓」、「世界盟誓」まで出てこなければなりません。（二六〇―三〇八、一九九四・五・一九）

＊

この盟誓文は、復帰摂理の骨子を抜き出してつくったものですが、どこへ行こうと、毎日これを中心として生きなければなりません。すべての盟誓文において、最初の文句は真《まこと》の愛です。真の愛とは何ですか。自らの心と体を祭物として神様の前に捧げれば、神様まで一つになって私たちに返してくれるのです。自らの心と体を捧げなくては、神様と一つになり、返してもらうことができないのです。絶対信仰、絶対愛、絶対服従する立場で神様の前に捧げるようになれば、神様と一つになり、神様が私たちの前に立たれるのです。そのようにして、万事が天の指示どおりに動くならば、地上・天上天国のすべてのものが成されるのです。（二八五―一九八、一九九七・六・二九）

＊

盟誓文を朝、昼、晩の食事の時と、起きた時と寝る時、このように五回ずつ暗唱しながら自分自身を批判し、心と体が闘う基準に連結したものをすべて清算しなければなりません。そして、一つになっていなければ、朝食を食べることができず、また昼食や夕食を食べることができないのです。御飯を食べてはいけないのであり、寝てはいけないのです。盟誓文は、個人的誓いとは異なります。「家庭盟誓」です。

摂理の時、私たちは誓いをするのですが、今は個人ではなく家庭です。家庭がすべての公式であり、根本です。ですから、家庭を代表して暗唱するのです。父親が全体の家庭を代表して暗唱し、母親も全体の家庭を代表して暗唱し、また息子、娘も全体の家庭を代表して暗唱するのです。

第一に、心と体が一つにならなければなりません。第二に、夫婦が一つになるのです。第三に、子女が一つになるのです。どうしてでしょうか。エデンにおいて神様を失ってしまいました。アダムとエバを中心として個人を失い、家庭を失い、子女を失ってしまいました。これを復帰しなければなりません。ですから、「家庭盟誓《カヂョンメンセ》」は心と体が一つにならなければなりません。夫婦が一つにならなければなりません。そして、子女が一つにならなければなりません。（二六七―一四七、一九九五・一・四）

＊

「家庭盟誓」の最初は何ですか。「私たちの家庭は真《まこと》の愛を中心として」です。すべて「私たちの家庭は真の愛を中心として」と言うのです。「家庭盟誓」の八大項目の中で、表題は何かというと、「私たちの家庭は真の愛を中心として」という言葉です。真の愛とは何ですか。真の愛というのは、神様の愛と真の父母の愛が堕落しないで一つとなり、真の愛を中心として真の生命、真の血統が連結されたことを意味するのです。

堕落したので、今までの摂理観はすべて、「独身生活しなさい」と言ったのであり、出家を命令したのです。独身生活、それから「出家しなさい」と言いました。なぜですか。堕落した家庭を抱き、その家庭で暮らしている人は追い出されました。蕩減《とうげん》復帰して反対の道を行くので、追い出された所から再び出てこなければならず、結婚を間違ってそのようになったので、結婚生活をしてはならないのです。それで、私たち祝福家庭が真の愛を中心としているというのは、神様と真の父母の愛を中心として血統的に因縁を結んでいるということです。（二六六―一四三、一九九四・一二・二二）

＊

家庭が、すべての団体の根本です。ですから、問題は簡単です。世界の統一は、良心と体が一つになり、夫婦が一つになり、息子、娘が一つになるところから始まるのです。世界の統一は、そこから始まるのです。

ですから、一番の怨讐《おんしゅう》は、心の前における体です。体はサタン側です。心と体が一つになりさえすれば、天下がすべて変わるのです。歴史始まって以来、今まで、いかなる聖人もそのことを教えてくれませんでした。真の父母が出てきて、初めて教えてくれるのです。

それでは、堕落したのですが、なぜ体が心を引きずり回すのでしょうか。偽りの愛で堕落したのですが、その偽りの愛の力が良心の力より強いので、問題が広がったのです。ゆえに、私たちは、心に神様の愛を注入しなければなりません。「神様を愛する」と言って注入しなければなりません。心と体が一つになれば、神様の愛が注入されるのです。（二六〇―一六一、一九九四・五・二）

＊

家庭が必要です。そこで自分のために生きますか、子女のために生きますか、それとも妻のために生きますか。子女のために生きなければなりません。なぜでしょうか。創造原則がそのようになっているからです。世の中の存在原則がそのようになっているからです。歴史がそのようになっているのです。そのようにすれば、歴史過程に残されたすべての存在が自分と一つになるのです。

神様が創造したのは相対のためです。ですから、相対が自分よりも優れていることを願うのです。優れていることを願うのですが、何パーセント優れていることを願うのでしょうか。一〇パーセントですか。一〇〇パーセントですか。一〇〇〇パーセントですか。永遠パーセントですか。永遠パーセントというのは、無限のパーセントということです。ですから、投入して忘れてしまわなければなりません。一〇〇パーセントだけ投入するのならば、一〇〇パーセントしか出てきません。ですから、投入して忘れ、投入して忘れ、投入して忘れてしまわなければならないのです。（二六〇―一五二、一九九四・五・二）

＊

失ってしまったものを再度編成して、天国に一致させてこそ、天上世界で空いている天国が回復されるのです。天上世界の天国が空いています。これをすべて合わせようとするので、仕方がないというのです。いくら皆さん自身がしたところで、通じません。北朝鮮の共産党がそうではないですか。土地改革を行うようになれば、すべて奪われざるを得ないのです。一方通行で、すべてそのようにする時が来ることを知らなければなりません。

ですから、今の時において、これが遠くない将来に来るのです。今、先生は、南米と北米を統一しています。南米と北米が統一されれば、韓国と北朝鮮の統一は、あっという間です。それから、天の国を取り戻して立つ時は、その時からは天国の憲法が制定されるのです。

皆さんの家庭が唱えている「家庭盟誓《カヂョンメンセ》」の中から、憲法が制定されるのです。四大心情圏と三大王権、そして皇族圏の内容から憲法が制定されれば、それは公式になるので、誰もがみな知るようになります。そのようになれば、欺くことはできません。(二七二―四七、一九九五・一〇・二二)

＊

このような原則によって憲法が制定されれば、そのとおりに生活すればよいのです。そのようになれば、教会は必要ありません。そのとおりに生きればよいのであり、国のために忠誠を尽くせばよいのです。国のために忠誠を尽くし、忠臣になり、孝子になり、聖人、聖子《せいし》にならなければならなかったのですが、そのようになれなかったので、それを教育するのです。全体を教育しなければなりません。それは、学校でしなければなりません。皆さんには、まだそのような観念ができていないのであり、皆さんの時代においては、昔の観念は変わっていかなければなりません。皆さんの息子、娘、何代かを経て、これを是正しなければなりません。(二六〇―一六二、一九九四・五・二)

＊

「家庭盟誓《カヂョンメンセ》」は、すべて初めに「真《まこと》の愛を中心として」から始まるのです。復帰の道は、神様と一つになった真の愛の道から出発するのです。故郷に行っても神様を身代わりし、真の父母様を身代わりしなければなりません。(二八〇―三九、一九九六・一〇・一三)

2 家庭盟誓は復帰の総論を集約させたもの

「家庭盟誓」は、先生の歴史について述べた言葉です。先生が家庭を編成してきた歴史について述べた言葉だということを知らなければなりません。ですから、最初は何ですか。環境でしょう？　再創造歴史です。地上を復帰しなければなりません。一族を救い、その国を復帰しなければなりません。二番目は何ですか。「真の愛を中心として、神様と真の父母様に侍り、天宙の代表的家庭となり、中心的家庭となって……」、天宙の代表的家庭です。それは、誰の家庭のことですか。先生の家庭です。中心家庭です。その伝統を受け継ぎなさいというのです。

ですから、家庭では孝子となり、国家では忠臣、世界では聖人にならなければなりません。今までの歴史上の聖人は、問題ではありません。「神様の家庭を成して世界と連結させよう」という祝福家庭を取り戻さなければなりません

天国には、二つの法があります。王宮の法と国の法です。地上天国にも、王宮の法と地上の法があります。この四つの法を、すべて知って守ることができる家庭にならなければなりません。その王宮に入っていっても侍られ、国に行っても侍られ、地上の王宮に行っても侍られ、地上の国に行っても侍られなければなりません。先生は、その道を行かなければなりません。その道において自然屈服させ、尊重される勝利の覇権を復帰しなければならないのが先生の行くべき道です。（二八〇―二三五、一九九六・一〇・一三）

＊

皆さんは家庭で孝行し、国で忠誠を尽くし、世界で聖人の道を行き、天宙で聖子の道を行かなければなりません。それが先生の歴史です。皆さんも、四段階の道を行かなければなりません。すべては成すことができなくても、一段階目である孝子になったとしても、その国の救いを受けるのです。一つでもしなければなりません。

数多くの家庭の中で家庭の王座を守らなければならず、数多くの忠臣の中で忠臣の王にならなければならず、数多くの聖人の中で王にならなければならず、数多くの聖子《せいし》の中でも王にならなければなりません。多くの聖子の中で王になってこそ相続を受けるのです。そのようになって、そこから相続を受けるということが始まるのです。祝福を受けたからといって、その家庭が相続を受けるのではありません。

(二八〇―二三六、一九九六・一〇・一三)

＊

聖子は、地上のすべての宗教を統治し、神様の代身の位置に行くことによって、家庭を中心とした世界を祝福するようになっているのです。家庭が別々、民族が別々、このようにはならないということを知らなければなりません。そのような位置に立ったので、四大心情圏と三大王権を成すことができるのです。

すべてが祝福の位置を越えることができる位置に立ち、王権に対して東西南北、すなわち十二真珠門の三六〇度方向の、どこにおいても自由に行動できるのです。

ここから四大心情圏をもってくるのです。四大心情圏の中で、聖子の心情圏、聖人の心情圏、忠臣の心情圏、孝子の心情圏を越えることとなくして、「四大心情圏を越えた」と言うことはできません。これが「家庭盟誓《カヂョンメンセ》」の三番です。（二八〇―三七、一九九六・一〇・一三）

＊

四番は何ですか。「真《まこと》の愛を中心として、神様の創造理想である天宙大家族を形成し……」、天宙大家族です。世界が兄弟です。一つの血統です。神様のように保護しなければなりません。神様の王宮の座に就いたとしても、この四番を成さなければなりません。天宙の大家族を形成し、自由と平和と統一と幸福の世界を完成しなければなりません。先生は、そのような心情です。天宙大家族主義者です。自由と、幸福と、統一と、平和を植えつけてあげなければなりません。その言葉は、何を表しているのですか。先生の歴史を表しているのです。先生の歴史が表題です。（二八〇―三七、一九九六・四・一五）

＊

頭の中にだけ入れたからといって良いのではありません。平和の世界、幸福の世界だけで暮らすのではありません。天上世界に直行できなければなりません。「真の愛を中心として、毎日、主体的天上世界と対象的地上世界の統一に向かい、前進的発展を促進化することをお誓い致します」です。前進的な自分たちになりなさいというのです。世の中がこのように邪悪なのにもかかわらず、ただ座って眺め、寝て休むことができますか。一秒が重要です。一日を、いかに、より復帰していくのかというのです。雨が降ったり、夜になったりすることが問題ではありません。天上世界がすべて壊れて、機能していないのです。ですから、それをするのです。先生がそれをするのです。地上世界を中心として、天上世界を手術して是正するのです。(二八〇—三七、一九九六・一〇・一三)

*

六番は何ですか。「私たちの家庭は真《まこと》の愛を中心として、神様と真の父母様の代身家庭として、天運を動かす家庭となり、天の祝福を周辺に連結させる家庭を完成することをお誓い致します」です。自分たちだけが幸せに暮らすのではないのです。自分だけ幸せに暮らしてはいけないのです。神様は、そうではありません。父母は、そうではありません。息子、娘がもっと幸せになるようにしなければならないのです。四方にすべて連結させる家庭を完成しなければなりません。(二八〇—三八、一九九六・一〇・一三)

*

七番は、「私たちの家庭は真の愛を中心として、本然の血統と連結された為《ため》に生きる生活を通して、心情文化世界を完成することをお誓い致します」です。本然の血統です。本然の血統と連結された心情文化世界です。どこにも、引っ掛かるものはありません。地獄に行こうと、天国に行こうと解放です。これは復帰の総論を越えて……。総論だけではありません。序論から主な内容、そして結論までのすべてを集約させたものが「家庭盟誓《カヂョンメンセ》」です。

先生のこのような話を聞けば、考え方が変わるはずです。今後、国をつくりあげれば、皆さんもその歴史をすべて話してあげなければなりません。そのような内容です。（二八〇―三八、一九九六・一〇・一三）

＊

最近、「家庭盟誓」の文の八番ができたでしょう。「成約時代を迎え、絶対信仰、絶対愛、絶対服従によって、神人愛一体理想を成し、地上天国と天上天国の解放圏（と釈放圏）を完成することをお誓い致します」です。簡単なことです。解放ではなく、解放圏です。皆さんの家だけに行ってはいけません。地上において、皆さんの国と皆さんの世界に、完全に責任を負わなければならないのです。（二九三―一五三、一九九八・六・一）

＊

私たち統一教会は、四十年の峠を越えながら、「世界平和統一家庭連合」をつくりました。それを成し遂げるためには絶対的規約が必要なのですが、その絶対的規約、憲法のようなものが何かというと家庭盟誓《カヂョンメンセ》です。「家庭盟誓」という言葉は歴史にありません。天国に向かう、天国を完成した家庭盟誓です。

家庭盟誓をよく見れば、蕩減《とうげん》復帰の内容を中心として完全に解放される内容になっています。ですから、これを暗唱する人は、堕落した世界の家庭圏内ではなく、完成した家庭圏内に入ってきた人です。真《まこと》の愛を中心として家庭圏が形成されることにより、偽りの愛によって分立された心身の統一が起きるのです。ですから、心と体が一つにならなくては家庭盟誓を暗唱できません。（二六四―二四五、一九九四・一一・二三）

3　家庭盟誓の中心思想は「真の愛」

統一教会では、「家庭盟誓」というものを宣布しました。「家庭盟誓」は、一般の人が暗唱するのではありません。「家庭盟誓」は、誰もが暗唱できるものではありません。「家庭盟誓」の八大条項の書き出しは、「私たちの家庭は真の愛を中心として」となっています。それが前提となっています。それは何を意味しているのでしようか。その言葉は、サタン世界と関係がない基盤から話しているのです。なぜ「家庭盟誓」に真の愛を前提条件としたのかというと、堕落がなかったエデンの園の本然の世界に入っていることを主張するためです。(二六二―一九四、一九九四・一〇・四)

＊

「家庭盟誓」をすべて説明してあげましたか。「家庭盟誓」は、一から八まで「私たちの家庭は真の愛を中心として」という言葉が表題になっています。真の愛とは何ですか。今後、皆さんが真の愛を中心として一つにならないまま霊界に行っては、神様に侍って生活することはできません。(二六八―九八、一九九五・三・一二)

＊

真なる私と真なる家庭を復帰しなければなりません。「家庭」といえば、三代のことをいうのです。祖父母と父母と子女です。これを拡大したものが世界です。それゆえに、どのような人であろうと、父母、夫婦、兄弟、子女が必要です。これは公式です。それを愛することができなかった人は、天国に行くことができません。「家庭盟誓」に出てくる四大心情と三大王権、皇族圏を体恤《たいじゅつ》できなければ、天国には行けなくなっているのです。(二七二―一二二、一九九五・一〇・五)

＊

「家庭盟誓」の最初の部分は何ですか。最初は、どのようになっていますか。「私たちの家庭は真《まこと》の愛を中心として」です。真の愛です。真の愛を中心として成すのです。堕落したので、真の愛をもてなかった人は、家庭をもつことはできません。

それを知らなければなりません。真の愛をもてなかった人は、本来、神様の前に家庭をもてなくなっているのです。堕落とは何かというと、真の愛が腐っているのです。そうではありませんか。(二七四―一九六、一九九五・一一・三)

＊

すべてが相対的関係です。独断的にしてはいけません。そのようにすれば副作用が生じます。原理原則を中心として愛の理想世界を展開し、発展させようとすれば、投入できる内的因縁がなければなりません。それがなくては、発展できません。愛が広がっていかないのです。(二八七―三〇五、一九九七・一〇・六)

＊

「家庭盟誓《カヂョンメンセ》」には、敵という概念がありません。個人の徹底した精神だけを要求するのです。「家庭盟誓」は、そのようになっているのです。探してみてください。怨讐《おんしゅう》という概念はありません。愛以外の内容はありません。地上天国の内容に適合した基礎的な柱と同じです。地上天国建設のための基礎公式なのです。(二九五―二四五、一九九八・八・二八)

「私たちの家庭は真の愛を中心として」、これによってすべて越えていくのです。真の愛を中心として、すべて越えていくのです。父母の誓い、夫婦の誓い、子女の誓い、血族の誓い、一族の誓い、国家の誓いは、すべて真の愛を中心として越えていくのです。真の愛は、引っ掛かるところがありません。真の愛という言葉は、投入して忘れるということです。（二七〇―二九〇、一九九五・七・一六）

4　家庭盟誓を基準として生きなければならない

「家庭盟誓」を完成しなければ、天国に入っていくことはできません。キリスト教徒たちは、「イエス様を信じれば天国に行く」と言っていますが、天国に行くのはそれほど簡単なことではありません。今、全世界はキリスト教文化圏ですが、天国になっていますか。地獄の中の地獄になっているのです。地獄に近いのですか、天国に近いのですか。境界線で見れば、境界線を越えていきましたか、越えていきませんでしたか。自らがどの位置にいるのかすべて分かるのです。どの位置なのか、すべて分かるようになっているのです。それで、「家庭盟誓」が出てくるのです。

そのような基盤ができて、「家庭盟誓《カヂョンメンセ》」が出てきたということを知らなければなりません。それで、「私たちの家庭は真《まこと》の愛を中心として」というように、すべてに真の愛が入ってくるのです。

真の愛を中心として個人、家庭、息子、娘を一つにして、父母として来られたことを知らなければなりません。（二六〇―一八七、一九九四・五・八）

＊

盟誓文には、すべて真の愛が入っています。真の愛は、この上で展開されるのです。心と体が一つになり、夫婦が一つになり、子女と一つになったのちにおいてこそ成されるのであって、それ以外には成されません。それができなければ、盟誓文を暗唱できないようにしなければなりません。今まで、個人的に盟誓文を暗唱してきましたが、実際は家庭です。祈祷会をする時は、毎回この盟誓文を暗唱してから祈祷しなければなりません。心と体が一つにならなくては、祈祷することはできません。

神様を「お父様」と呼ぶことはできません。私たちは、堕落がどのようにしてなされたのかを知っているので、直すことができるのです。（二六〇―一八七、一九九四・五・八）

＊

真の愛とは何でしょうか。心と体が一つにならなければなりません。どのようにすれば、一つになるのでしょうか。サタンの血統を断ち切らなければなりません。根を抜き取ってしまわなければなりません。それが宗教生活です。修養です。それで、心を中心として体を一つにするのです。体を打って心を強くし、心に体が従ってくるようにするのです。

既に良心は、天国に行くことを知っているのです。体を打ってサタンを分立すれば、自然に切り離されるようになっているのです。真の愛といえば、そのようになっているのです。(二六〇―一八六、一九九四・五・八)

＊

神様は、心と体が闘いますか、一つになっていますか。一つになることは簡単ですか、難しいですか。世界をひっくり返すことよりも難しいのです。自らの完成は、世界に勝利することよりも、もっと難しいのです。いかにして心と体を一つにするのかというのですが、それは簡単なことではありません。難しいことですが、それはしなければならないことですか、してはならないことですか。しなければならないことです。そのような難しいところに、先生はハイウェイをつくりました。橋を架け、山にトンネルを通してハイウェイをつくったのです。先生は、先生のためにこのような苦労をする必要はないのです。世の中の人、皆さん、そして世界を救ってあげるために苦労したのであって、私を救うために苦労したのではありません。

（二六〇―一八七、一九九四・五・八）

＊

霊界と地上において、すべて夢のような話が実現されるという事実ほど、恐ろしく、貴いものはありません。ゆえに、不平を言わずに素直に原理の道、み旨の道を行かなければなりません。それが神様と真《まこと》の父母の伝統的な考えです。それは、相続しなければなりませんか、相続してはなりませんか。相続しなければなりません。

今、先生が「相続してはいけない」と言えば、どのようにするつもりですか。先生がそのように言ったとしても、皆さんは、相続しなければなりません。そのようにすれば、たとえ先生が反対し、逃げ回ったとしても、やむを得ず解放してあげざるを得ないのです。（二八二―九二、一九九七・四・八）

＊

「家庭盟誓《カヂョンメンセ》」の一、二、三、……。すべてのものが原理原則です。これは、すべて暗記しなければなりません。それを知らなければ、摂理の方向が分かりません。方向が分からなければ、途中で混乱が生じるのです。「家庭盟誓」と、今回お母様が講演する内容は、新しい天宙復帰の大原則として本にして出版しなければなりません。

堕落したこの世界において、長子権を復帰し、家庭定着を成して逆に戻っていく

のです。それで、家庭という絶対的な権限をもって発展していくようになっているのです。(二八三―九二、一九九七・四・八)

＊

真の愛を成したならば、その責任を全うしなければなりません。無責任な人には、「完成」という言葉は永遠にありません。そうでしょう？　責任を負うようになってこそ、初めて完成が可能になるのです。完成というものは、責任のない人とは何の関係もありません。そのようなことをはっきり理解して、夫婦生活を成していかなければなりません。責任を負わないところには完成がないのです。

愛というものは、責任的基盤で決定されるものなので、責任を負う限り、そのすべては均一的な結果をもたらします。責任を負わなければなりません。自分が愛するようになるときは、五官を集中して愛しますか、目は別で、鼻は別で、耳は別で、口は別になって愛しますか。自分たちの生殖器を合わせるときは、心と体が一つになり、五官が集中して行動するでしょう？　そうですか、そうではありませんか。そうだというのです。それだけ深刻なのです。(二八三―九二、一九九七・四・八)

＊

既に、私は、八十歳になりました。八十歳になりましたが、クリスマスの時でも家で過ごしたことがありますか。先日の誕生日も、家で過ごせないようにしました。

近ごろでは、先生が還暦も解放してきたのですが……。正反対のことをしてきました。今でも、先生は皆さんの世話にはなりません。毎日、毎時間、父母の子女として、真《まこと》の子女として、忠告したこのすべての内容を中心として考えるのです。私利私欲を中心として考える暇はありません。

毎日、天上と地上の統一に向かって前進的発展を促進化させなければなりません。気合いを入れてあげ、強制的にでも一気に追い立てていかなければなりません。それで、霊界を動員し、霊界にいる先祖を動員するのです。その代わりに、霊界の先祖たちがする活動に、私が負けてはなりません。絶対に負けてはなりません。それで、「私についてきなさい」と言い、寝ながらでも講義し、そのようにしながら寝るのです。先生は、そのように生活しています。

み言《ことば》をすべて話すことができなかったならば、寝ながら話しているのです。あすの朝に説教することも、すべて夜に話しているのです。お母様は、そのような先生の秘密を知っています。夜だからといって、寝る先生ではありません。常につぶやきながら生活しているのです。(三〇一—八四、一九九九・四・一六)

＊

そのようにして何をしようというのですか。自分の一族を拡大しなさいということです。一族で、家庭的なメシヤをつくらなければなりません。十二人以上つくり、家庭を中心として自分の一族、孫の嫁まですべて育てることができなければなりません。三代、四代までしなければなりません。そして、何をしようというのでしょうか。自分の一族を拡大するのです。

氏族は、七十門徒を中心として百二十門徒まで編成しなければなりません。イエス様は、百二十門徒を中心としてザカリヤ家庭で一つになり、朝廷のすべての官吏を中心として国の形態を備えて解放しなければならなかったのですが、それができませんでした。それは、氏族的責任です。メシヤとは何ですか。真の父母でしょう？　真の父母の家庭、真の父母の愛、真の父母の血族です。

国家メシヤを配置したでしょう？　先生は独りでそのような過程を勝利し、その勝利的覇権をもってすべてを収めたので、国家的メシヤを配置したのです。神様が地上に来られ、失ったものを取り戻し、再び主人となれる相対圏を取り戻すために配置したのです。その相対圏になろうとすれば、その相対世界の家庭に、神様が自由に出入りすることができなければなりません。

そのようになれば、家庭の自由圏、氏族の自由圏、国家の自由圏、世界の自由圏が生じるのです。国家を取り戻し、その国家全体を犠牲にして、その国とすべてのものを売ったとしても世界のために生きるのならば、彼らの貢献した国家が世界の主体国家になるのです。ですから、どれほど深刻でしょうか。（三〇一―八六、一九九

九・四・一六）

＊

先生が教えてあげたすべての内容は、天国に入っていくための鍵《かぎ》です。ここに合わなくては、天国の門を開けることはできません。先生があげる鍵で開けてこそ天国の門が開くのであって、その鍵でなければ開きません。いくら、「アメリカの誰々だ」と言っても駄目です。

先生の鍵は、本質的な鍵です。たとえ金や銀でつくったとしても、それらの鍵ではいくらやっても開きません。しかし、先生があげた鍵は、真鍮《しんちゅう》でつくられていて何でもないもののように見えても、さっと開くのです。誰も、そのような鍵をつくることはできません。（二六〇―一八八、一九九四・五・八）

＊

神様がこの地上で人間と共に暮らせないのは、この統一的見解が家庭において成されていないからです。これが成し遂げられれば、神様が再び来られて暮らすことができるのです。「真《まこと》の愛」と言えば、「心と体が一つ、夫婦が一つ、子女が一つ」という観念がさっとそこに集約されていなければなりません。この三つが一つになれば、真の愛の家庭は、地上天国と天上天国の出発となるのです。ですから、神様を中心として一つになる時、地上天国と天上天国が建設されるのです。神様と真の父母

地上天国はどこから出発するのですか。私と家庭から、息子、娘からです。（二六〇―一八六、一九九四・五・八）

5　家庭盟誓《カヂョンメンセ》に対する私たちの姿勢

盟誓文の中の第一番は、皆さんが故郷に帰っていき、神様の創造理想を再び創建しなければならないということです。二番目は何かというと、神様の歴史的な恨《ハン》を解いてさしあげる孝子になろう、忠臣になろう、聖人になろう、聖子《せいし》の道理を完成しようということです。

イエス様は、聖子になるために来られましたが、それを成し遂げられなかったので、私たちの家庭で、このすべての出発をし得るようにしなければならない、ということを考えなければなりません。それが私たちの伝統です。（二六七―一九三、一九九五・一・八）

＊

盟誓文を暗唱しようとすれば、心と体が一つにならなければならず、夫婦が絶対的に一つにならなければならず、息子、娘が一つにならなければなりません。そのような場においてのみ盟誓文《メンセ》を暗唱できるのです。毎日、盟誓文を暗唱し、朝、起きた時、朝食を食べる時、昼食を食べる時、夕食を食べる時に、それを考えなければなりません。

それから、寝る時に考え、「私は、心と体が一つになり、夫婦が一つになり、子女が一つになることに精誠を尽くしただろうか」と反省しながら、これを毎日の生活の標準にしていかなければなりません。

夫婦同士でけんかをしては、唱えることはできません。「家庭盟誓《カヂョンメンセ》」を暗唱できないことが、どれほど息詰まる事実かを感じられなければなりません。これは盾です。（二六六―一四四、一九九四・一二・一二）

＊

寝る時に暗唱し、また起きて暗唱しながら、「今日は何節について考え、そこに合わせて生活し、そのように生活しただろうか」と鑑定する生活をしなければなりません。それができなかったならば、あす、再びその世界に到達できるように……。そのようにして、御飯を食べて大きくなるのと同じ生活的な要素として、天国の生命的な要素を基準要素として、盟誓文を暗唱しながら鑑定しなければなりません。

家庭をもった人が「家庭盟誓」を暗唱できなければ、偽物です。これは皆さんの家庭を代表した標準なので、ここに一致しない者は不合格であり、脱落です。

これを知り、これを標準とするためには、主人である皆さん父母たちは、これをすべて暗記し、細分化して、子女たちに教えなければなりません。そして、周囲の人々もそこに同感することができるように、リードしていかなければならないことを知らなければなりません。（二八七—一三〇、一九九七・九・一九）

＊

真《まこと》の良心をもって、真の父母を再び見てください。そのような良心をもって、父母を愛し、夫や妻を愛し、国を愛し、世界を愛しなさいというのです。真の父母様に対して、皆さんの態度が絶対的な相対的基準で一つにならなければならない時代に入っていくのです。

真の父母様の家庭が定着したので、このような相対基盤を中心として、皆さんは完全に一つにならなければなりません。自らの観念があってはなりません。心と体が一つにならず、夫婦が一つにならず、子女が一つにならなくては、盟誓文を暗唱することもできず、先生を「父母様」と呼ぶこともできません。今まで呼んでいた父母は、利用するためのものです。先生は、そのような言葉を聞きたくはありません。それゆえに、「家庭盟誓」を徹底化できる基準をもたなければなりません。（二六二—二四五、一九九四・一〇・四）

＊

真《まこと》の父母と真の父母の子女たちが真の愛を相続して暮らす世界には、宗教が必要ありません。良心的な世界にならなければなりません。ですから、ここに「家庭《カヂョン》盟誓《メンセ》」が出てくるのです。

真の父母と一つになった皆さんは、「家庭盟誓」を暗唱する時、心と体が一つにならなければならず、夫婦が一つにならなければならず、子女が一つにならなければなりません。そのようにならなくては、盟誓文を暗唱できないことを知らなければなりません。(二六六—三二、一九九四・一二・四)

＊

真の愛は、心と体が一つになり、夫婦が一つになり、子女と一つになる、その上で生活することだと常に考えなければなりません。

霊界に行けば、皆さんは、盟誓文にすぐに引っ掛かるのです。誓いというものは、そのように恐ろしいものです。常に、そのように生きなければなりません。父親がこの盟誓文と一つになっていなければ、母親も共同責任を負い、息子も共同責任を負い、個人も共同責任を負うのです。(二六〇—一八九、一九九四・五・八)

＊

心と体が一つになり、真の愛を中心として一つになった夫婦から、その一つになった心と体の子供が出発するということは、自動的な結論です。そうでなければ、家庭に真の愛がとどまることはできません。真の愛がない所に、神様が臨在なさることはできません。論理的な結論です。（二七〇―三二五、一九九五・七・二三）

＊

「家庭盟誓」は、中心に安着した場において、神様と全体が一つになった立場から説いているものです。アメリカが中心ではありません。日本でもなく、先進国でもありません。それらの世界は、ますます悲劇と、悲しみと、苦痛と、怨恨《えんこん》に満ちた世界になって終わっていくのです。今まで、統一教会という所は、地獄のように最も暗く、真っ暗な天地だと思っていたのですが、朝となり、これが反対の世界へ上がっていくのです。ですから、天国の運勢が……。創造理想とは何かというと、家庭理想です。家庭理想、すなわち四位《よんい》基台の完成です。四位基台は、三代から成ります。三段階に展開したものが四位基台です。神様、父母、子女です。神様とアダムとエバ、そしてアダムの子女たちです。それが本来の公式です。アダム家庭は、公式家庭です。（二六〇―一八三、一九九四・五・八）

＊

み言《ことば》は、真の父母様が闘ってきた戦勝の記録です。勝利した伝統の記録です。天宙の解放圏を成す時まで、この伝統的事実を自分の生活圏に適用させ、毎日のように自分の生活を批判しながら、相対的実体圏を自らが立てなければなりません。

皆さんが盟誓文《メンセ》を斉唱《せいしょう》する時、盟誓文を暗唱しながら、盟誓文を中心として常に批判しなければなりません。その言葉を、天から聞こえてくる言葉と思い、私がその実体圏になっているかを批判し、そのようにできていない部分は、削り取らなければいけません。「この悪党、統一教会を滅ぼすために入ってきたのか」という警告状を出さなければならないのです。それを考えてみたことがありますか。(三〇一―八〇、一九九九・四・一六)

＊

イスラエル民族が契約の箱をもって四十年路程を歩んだように、統一教会も、「家庭盟誓《カヂョンメンセ》」をもって一つになり、天国に入っていくのです。イスラエル民族がエジプトから出てきたのが建国のためだったように、建国思想を徹底化させなければなりません。同様に、今、私たちには全世界的に国がありません。統一教会には国がありません。それは、どこがならなければなりませんか。韓国がならなければなりません。(二六五―二九四、一九九四・一一・二七)

三　家庭盟誓と祝福家庭の伝統

1　侍ることによって生活の天国化を実現

神様は、妄想的な神様、観念的な神様ではありません。抽象的な神様ではありません。生活的な主体性をもち、私たちが生活している生活の主人として、常に共にいらっしゃるのです。侍られているだけではありません。共同的な愛を中心として、共同的な生活をしていらっしゃる神様です。夢のような話です。（一六八―一一二、一九八七・九・一三）

＊

私の意識と直観と感覚器官の一切までもお父様のものであり、私が感じて意識する全体がお父様のものだという観が決定しなければなりません。そのようにならない限り、心情を通して動く天を所有できないことを、はっきりと知らなければなりません。（八一―一九五、一九六〇・二・一四）

＊

神様を心の中に迎えて侍り、私たち人間が体の立場から完全に一つになり得る起源をつくらなくては、この悪魔世界を清算できません。このような観点から見るとき、侍りの時代、すなわち侍義の救援時代だとみなすのです。侍ることによって救いを受けるのです。

＊

神様は、あの空の遠く彼方にいらっしゃるお方ではありません。私たちの生活圏内の主体者として、神様に侍らなければなりません。（一四四―二七四、一九八六・四・二五）

＊

皆さんは、神様がいらっしゃるということを一日に何度、自覚しますか。二十四時間中に、何度、神様がいらっしゃる、ということを感じますか。侍ることによって救いを受けようという人が、二十四時間中の一、二時間程度侍ればよいのですか。空気よりも、切迫して必要なものが神様です。水よりも、切迫して必要なものが神様です。御飯より、もっと貴重なものが神様です。しかし、皆さんはそのように感じていますか。（三三―二三二、一九七〇・八・一六）

＊

今から、皆さんは侍る生活をしなければなりません。今までの信仰生活は、信仰によって救いを受けましたが、今後は、侍ることによって救いを受ける時代です。

本来、堕落しなかったならば、私たちは、神様に侍ることによって行くべき道を行くようになっているのです。侍るには、皆さんの生活と心で、共に侍らなければなりません。（一五〇―二二三、一九六一・四・一五）

＊

侍る生活をしなければなりません。希望の天国は迎えましたが、侍って実践しながら生活する天国は迎えていません。

すなわち生活的な面において、主体であられる神様を知らないのです。（六―二二八、一九五九・五・一七）

＊

神様は、宇宙の中心存在であられるので、その近くに行けば、千年、万年、主管を受けたとしても、もっと主管を受けたいと思うのです。神様を中心とした侍る道理がそのようになっているので、今日、私たち人間もそのような位置で主管を受けることができるならば、それ以上の幸福はないという事実を、私たちは考えてみることさえできなかったのです。（七七―三三二、一九七五・四・三〇）

＊

皆さんは、侍る生活をしなければなりません。なぜ、侍る生活をしなければならないのでしょうか。神様の愛を受けるためだ、という事実を知らなければなりませ

ん。したがって、まず神様に侍らなければなりません。神様に侍らなければならないのです。（七八―三二、一九七五・五・一）

＊

一日二十四時間の生活圏内で私が見聞きしたすべてのことは、何のためでしょうか。神様のためです。神様のために見て、聞かなければならず、感じるのも、神様のために感じなければなりません。私たちは、地上で生活していますが、天上世界の生活と連結させて生活しなければなりません。（三五―一八四、一九七〇・一〇・二五）

＊

神様が喜ばれ、悲しまれることを常に鑑別しながら暮らす人は、悪人になろうとしてもなることはできず、天の法度に背こうとしても背くことはできません。そのような男性は、どれほどの美人が誘惑しても負けません。そこに同化しないのです。（四〇―二九七、一九七一・二・七）

＊

今日、家庭を脱皮する不幸な青年男女がたくさんいますが、その原因は、どこにあるのでしょうか。それは、天倫の法度に一致した愛が失われてしまったからです。ですから、家庭を中心として、その家庭に神様を定着させる、天地父母が顕現しなければならないのです。（二一―一五六、一九六八・一二・一七）

2　真《まこと》の父母と一体となった生活をしなければならない

最後に残るものは何でしょうか。神様プラス人間、すなわち神人であり、神人の生きる道、神人の生活観です。人生観も同様に神人の人生観であり、神人の世界観です。そして、それは神様に対して人間が漠然と知るといった程度の立場ではなく、人間が離れようとしても、永遠に離れられない立場です。神様と人間は、本来、離れてはいけない立場から離れていったので、離れてはならない立場以上の立場に到達しなければなりません。そのような立場で、神人が一つになった生活的な舞台、世界的な舞台を要求していかなければなりません。（六五―一二七、一九七二・一一・五）

＊

皆さんは、侍義時代、すなわち侍る生活をする時代において、正確な中心をもっていかなければなりません。神様に侍るにおいては法度があります。その法度に背く時は、神様は非常に憤慨されます。

子女を愛している父母が、その子女の一言の言葉によって胸に釘《くぎ》が刺さったり抜けたりする思いを味わうのと同じように、神様も、人間を愛していらっしゃるがゆえに、怒りも多いお方なのです。万が一誤れば、神様から怒りを買うようになります。それゆえに、先生も先生なりに、常に神様を喜ばせてさしあげようとしているのです。（一七―二八七、一九六七・二・一五）

＊

皆さんも、皆さんのことを思ってくれる人を訪ねていくでしょう？　神様も同じです。その神様を占領できる道は、誰よりも神様のことを思い、神様のために奉献しようとすることです。その人を中心として神様は訪ねていくのです。（一二八―一七二、一九八三・六・一二）

＊

人間においては、神様を愛することが第一の戒めですが、愛する時は、死ぬほど愛さなければなりませんか、一時的に愛さなければなりませんか。皆さんは、神様を死ぬほど愛しますか、死ぬほど愛しませんか。たとえ雷に打たれて死んだとしても、愛さなければならないのです。

神様を死ぬほど愛さなければなりません。死ぬほど愛さなければならないとすれば、死ぬ前までに、できないことはありません。（三七―二二五、一九七〇・一二・二三）

＊

この道を行くためには、愚かでなければなりません。忠臣たちは、別の見方をすれば愚かな人々です。少し愚鈍に見えます。熊《くま》のような性格をもっているのです（注：熊には愚鈍な人という意味がある）。自分の腕を切られたとしても、「ああ、ここがあまり切られなかった、もっと切りなさい」という、そのような間抜けで愚かな点がなければなりません。熊や猪《いのしし》は、銃に打たれた時に、動くのに足手まといになる部分があれば、その部分を口で切り落として逃げていきます。死についてはあとで考え、まず邪魔になる部分を切ってしまうのです。そのような、間抜けで愚かな何かがなければなりません。忠臣、烈士は、愚かでなければなりません。少しは間抜けでなければならないのです。（二六―一四三、一九六九・一〇・一九）

＊

レバレンド・ムーンとは、どのような人でしょうか。一つの芸しかない人です。愚かに、ただまっすぐにしか行けない人です。口をちょっと閉じて適当に回っていけばよいのに、なぜしきりに悪口を言われるようにするのでしょうか。それは、多くの人々の反対を受けてこそ、一つの峠を越えていくことができるからです。ところが、皆さんは回っていく考えをしているでしょう？　では、どうして世の中のすべてのものを切って、行かなければならないのでしょうか。父と母の愛に引っ張られれば、まっすぐに行けないからです。今まで、神様がまっすぐな道を訪ねてこられたので、まっすぐに行かなければならないのです。（九七―二五七、一九七八・三・一九）

＊

神様がそのように寂しいお方であり、孤独なお方であられるので、私が死ぬ日まで、そのみ旨とその願いを一つでも解いてあげ、その分野の一つの基盤でも拡大させ、神様のために生きる人を集めることが使命だ、と思って歩んできたのです。悪口を言われ、むちで打たれても復讐《ふくしゅう》することを知らず、愛で耐えてきたのは、神様の息子として生まれたからであり、そのお方のみ旨を立てなければならない責任があるからです。しかし、この伝統をいかに立てていくかということを考えながら、ふらつき、あるいは腰が曲がり、這《は》いずりながら、「これだけは残さなければならない」としながら闘ってきたのです。（八二―四七、一九七五・一二・三〇）

＊

今から、皆さんは真《まこと》の父母と共に生活しなければなりません。それゆえに、真の父母はおじいさんの立場であり、自らの父と母の立場であり、自分たちは長子の立場だというのです。これが違うのです。三代が共に生活するという結論です。神様が自分と共にいて、真の父母が自分と共にいて、自らの父母が共にいることを感じて生活しなければなりません。「神様はいない、死んだ」という考えはもてない時代に入ってきました。（一三一―九七、一九八四・四・一六）

＊

父母の愛を受けようとすれば、何をしなければならないでしょうか。父母が愛する、すべてのものを愛さなければなりません。そのようにしたのちにおいて、初めて愛を受けるのです。家庭でいえば、自分の父母から愛を受けることを願うならば、その息子は、父母がもっているすべてのものを愛したのちに愛されなければならない、ということを知らなければなりません。これをしないで愛を受けようとする人は、どろぼうです。父母が貴く思うものを、すべて自分勝手にめちゃくちゃに引き継いでは、愛を受けることはできないのです。(一三三—二六、一九八四・七・一)

＊

皆さんは、先生の血と汗の代価をもって買ってきた人々です。先生の体を与えて買ってきた人々です。したがって、皆さんは、先生と同じ仕事をしなければなりません。

先生は食口《シック》たちを誇りたいのです。このような立場から、公約しましょう。(一一—一六四、一九六一・七・二〇)

＊

皆さんは、実体の神様の立場に立っている真の父母が恋しくて、泣かなければなりません。しきりに会いたいと思わなければなりません。御飯一膳でも炊き、水でも一杯くんでおき、そのようにしながら侍りたいと思わなければなりません。そのような、切実な心をもたなければなりません。涙が先立つ心情をもっていれば、できるのです。そのようにすれば、先生を中心として心情一致が成され、先生と共に呼吸することにより、先生の人格基準と、それを後ろ盾する先生の過去と、そこに絡まった事情がどのようになっているのかを知るようになり、さらにはそれを相続し、引き継ぐことができるのです。(三八―七五、一九七一・一・一)

＊

エデンの園でアダムとエバは堕落して、その堕落圏内で生活したので、直接的な侍る生活をしてみることができませんでした。侍ることができなかった人間には、天国に入っていく資格はありません。

しかし、皆さんは、堕落の血統を受けて生活したとしても、復帰の路程を蕩減《とうげん》し、地上で実体をもってアダムとエバが侍ることができなかった真《まこと》の父母に侍り、神様に侍って生きてから逝《い》ったという条件を立てることにより、天国に入っていける資格になるのです。それで、天国の市民権を得るようになるのです。(一五〇―二三四、一九六一・四・一五)

＊

皆さんが考える神様に対する侍義の生活とは、どのようにしなければならないものでしょうか。神様と一体と思い、真の父母と一体と思い、生活するすべてのものが一体となって、私が生活するときに、「このすべてのものは神様のものであると同時に真の父母のものであり、真の父母のものは真の父母の国のものであり、真の父母の国のものになれば、私のものである」という観念をもたなければなりません。

この宇宙も真の父母のものであり、この家も真の父母のものであり、国も世界も真の父母のものであるならば、私は真の父母の息子なので、すべてのものは私のものだ、という結論が出てくるのです。（二六一―二三一、一九八七・二・一五）

＊

成約時代には、神様自体が真の父母の姿をして万民の前に現れるようになります。政治によるいかなる力を投入したとしても、負けない偉大な力を統一教会がもっているのは、正にこのためです。生きている神様を私たちが直接、目で見て、感覚をもって体恤《たいじゅつ》できる圏内で、体験を繰り返しながら歩んでいくのが、私たち統一教会の道です。（御旨と世界―二八六）

＊

人間の願いは、真の父母に出会うことです。死の道を行ったとしても、出会わなければならないお方が真の父母です。歴史をすべて失い、時代をすべて失い、自らの子孫をすべて失ってしまうことがあったとしても、真の父母に出会うならば、歴史を取り戻し、時代を取り戻し、未来を取り戻すことができるのです。このような

お方が正に真《まこと》の父母だということを、皆さんは知らなければなりません。(三五―一三七、一九七〇・一〇・一九)

＊

「チャム・プ・モ(真の父母)」というその名前三文字を思う時、真の父母によって歴史が治められ、真の父母によって新しい世界に戻っていくことができる起源が生じ、真の父母によってサタンを屈服させることができる内的な因縁が決定され、真の父母によって外的な世界を占領しているサタンを征服して、初めて神様を解怨《かいおん》成就してさしあげることができる中心が決定されるのです。したがって、真の父母と共に生き、真の父母の命令を奉じて行動することができるこの驚くべき恩賜に、皆さんがまず感謝しなければなりません。(四三―一四四、一九七一・四・二九)

＊

神様を解放しようというのです。真の神様の権威を中心として、理想の境地で人類始祖と共に無限の幸福を褒めたたえながら暮らす中で、侍られながら暮らされるべきだった神様が、このように悲惨になったという事実を知ったので、その神様を私たちの手で解放してさしあげようというのです。

これは驚くべき提案です。そのような内容が宗教界から出てきたという事実は、神様にとっては、限りなくうれしい知らせです。福音の中の福音です。このように見るとき、仏教を立てられたお方も神様であり、儒教を立てられたお方も神様であり、イスラーム（イスラム教）を立てられたお方も神様であり、キリスト教を立てられたお方も神様なので、すべての宗教が、もろ手を挙げて歓迎しなければならないのです。（一七六—二四三、一九八八・五・一二）

＊

皆さんが真の父母と完全に一つになる時、国家があるのであり、氏族もあるのであり、民族もあるのであり、家庭もあるのです。天地のあらゆる栄光の価値を総合した実体基準が、真の父母です。真の父母を世の中のお金と換えることができますか。自分の生命と取り替えることができますか。それゆえに、昔とは違うのです。皆さんがどこに行ったとしても、真の父母に侍るために大韓民国を訪ねてこなければなりません。皆さんの息子、娘も、千代、万代の後孫も、そのようにしなければなりません。それゆえに、統一教会は違うのです。（三〇—二三七、一九七〇・三・二三）

3　伝統と家法を正しく立てよう

先生が心配していることは、いかにすれば統一教会の名を後世に残せるかということではなく、いかにすれば先生の伝統を受け継いだ人々を後世に残せるかということです。ですから、今まで、伝統を重要視しなさいという教育をしてきているのです。(三五―一一六、一九七〇・一〇・四)

＊

今まで私たちは、いい加減に生きてきたのであり、言葉もいい加減に使ってきました。しかし、今から、私たち祝福家庭も規律を立てなければなりません。腹が立ったからといって、父母が子女を自分勝手に棒でたたき、「この駄目息子」という世俗的な卑しい言葉を使ってはいけません。今からは、すべてが一新されなければなりません。神様を中心として、言葉から、態度から、生活から、一新した立場に立たなければなりません。(二八―二五二、一九七〇・一・二二)

＊

個人生活は、どのようにしなければならないかということを、はっきり糾明しなければなりません。また、家庭生活は、どのようにしなければならないかということも、はっきり糾明しなければなりません。(二四―二九、一九六九・六・二二)

＊

過ぎし日に漠然と生きてきた生活を改め、これからは具体的に生きていかなければなりません。(一八―一七八、一九六七・六・四)

＊

父母は、子供のために存在します。もし父母のために父母がいるとすれば、「父母」という言葉は出てきません。今後、統一教会の原理を中心として、倫理観が形成されなければなりません。父母は、どのようにあるべきですか。子女を生む父母は、子女のために存在しなければなりません。それが倫理の第一条です。それには、説明が必要ありません。息子のために存在しようとする立場は、不幸な立場ではなく、幸福な立場です。（祝福家庭と理想天国Ⅰ―一〇〇二）

＊

皆さん自身は、誰のものですか。父母のものであると同時に、息子のものです。そのようになるとすれば、父母は誰のものですか。父母は、子女のものであると同時に、神様のものです。ゆえに、皆さんは、まず神様のものとなり、子女のものになったのちに、自らのものとなるのです。そのようになる時、初めて完成がなされるのです。ですから、父母を敬うその法度は、地上に残っていて、人間生活に残っているのです。ここから、「父母を敬い、子女を愛しなさい」という言葉が出てきたのです。父母がいなければ孤児です。父母の愛を受けてみて、子女を愛してみてください。そのようにして初めて「私」という人間が四方を区別し、上下を区別できるのです。（一八―二〇九、一九六七・六・八）

＊

伝統を残さなければならず、その次には、善なる立派な子孫を残さなければなりません。小心者の子孫ではなく、強く雄々しい立派な子孫を残さなければなりません。そのようになれば、たとえその国が滅びる運勢圏にあったとしても、滅びません。滅びるべき立場から、新しい恩人が現れるのであり、追われる立場から、新しい勝利の旗がついてくるのだという事実を知らなければなりません。残すべきその伝統は、大韓民国だけでなく、万民が喜べる伝統にならなければならず、そして善の子孫も残さなければなりません。これができなければ、天の前にもっていく礼物がなくなります。（九九—三二九、一九七八・一〇・一）

＊

いかにして私たち祝福家庭の息子、娘たちが先生のように生き、そのように三代を生きることができるか、ということが大きな問題です。三代が共に功臣になるならば、天下にいない、あの天上世界の功臣になるのだ、ということを考えてみましたか。ですから、自らの息子、娘を抱き、今から教育して、そのような思想を入れることに精誠を尽くさなければなりません。（五一—二七二、一九七一・一一・二八）

＊

未来に対して、どのように暮らすことが、幸せに暮らすことでしょうか。私が幸せに暮らすことが問題なのではありません。子孫を教育しなければなりません。子孫の前に残してあげなければなりません。今まで、統一教会を指導してきた先生自身もそうですが、皆さんもかわいそうな道を歩んできました。避難民として定着できなかったのです。荒野路程を歩んできたのです。今から私たちは、定着しなければなりません。そして、定着しようとすれば、闘って勝利しなければなりません。カナン七族を滅ぼしたように、戦って勝利しなければ定着することはできないのです。この民族を中心とした闘いにおいて、必ず勝利しなければなりません。（統一世界―一九七五・一二）

＊

父母は、死んでも、天道は、残していかなければなりません。その家庭は、何のために存在するのでしょうか。自らの子女のために存在するとしても、まず神様のために生き、国のために生きなければなりません。結局は、そのことが自らの子女のために生きる道です。そのようにしてこそ、子女たちは神様の運と世界の運と共にあり、国の運と共にあることができるのです。したがって、祝福されて生んだ貴い子女たちが苦労したとしても、その子女たちに拍子を合わせるのではなく、神様と、世界と、国の運勢に拍子を合わせなければなりません。（二二―八七、一九六八・一一・三）

私たちが神様から受けた純粋な血統を、いかにして保有するかが問題です。堕落した血統ではなく、純粋な血統をいかに保存していくのかというのです。彼らのために、心から心配しなければなりません。

＊

汚染されていないエデンの園においても堕落したのですから、この罪悪世界できれいになるということは、非常に難しい問題とならざるを得ません。罪悪世界で生まれた父母は、たとえ苦労したとしても、祝福を受けて生まれた子供たちには、汚染されていない環境をつくってあげなければなりません。私たちが犠牲になったとしても、二世たちのために早くそのような環境を準備しなければならない、というのが先生の考えです。急がなければなりません。（御旨と世界―五五〇）

＊

習慣的で、世俗的な家庭であってはいけません。「今はこうであるが、今後は良くなるだろう」と考えてはいけません。既に完全でなければいけません。現在が問題です。過去と現在が完全であってこそ、未来も完全であり得るのです。このような一日を、エデンの園でももつことができなかったことが、堕落の証拠です。過去と、現在と、未来が一致し得る位置が、理想的な位置です。現在を捧げることができなければなりません。地上の永遠の足場となれるか、ということが神様の願いな

のです。これは、歴史的な総合点です。（二一―七七、一九六八・一〇・二〇）

＊

イスラエル民族がカナン復帰を成し遂げたのちに滅亡したのは、彼らが既存の環境に同化し、習慣化されたからです。より豊かに暮らし、よく食べて贅沢《ぜいたく》をする生活にすべての精神を注いだので、滅亡したのです。彼らは、異邦人であっても、相手が金持ちの家ならば結婚しました。

また、権力を貪《むさぼ》り、知識を好みました。結局、既存のカナン文化に同化され、選民の精神を売り飛ばしたので、彼らは滅亡したのです。（統一世界―一九八六・四）

＊

習慣は、最も凝り固まった悪い癖《くせ》です。結婚したのち、皆さんが子供たちを育てながら習慣的な生活をするようになれば、それが体に染みついてしまいます。そのような環境の中では、特別な精誠や祈祷をする時間がありません。子供たちがそばで騒ぎ立てるので、祈祷をする時間がないのです。（三〇―一二五、一九七〇・三・二二）

＊

私たちは、個人中心ではなく、家庭中心です。だからといって、家庭だけを中心としてすべてのものを清算するのではなく、すべてを連結しなければなりません。したがって、昔、独りで修養の生活をしていた時の努力をするだけではいけません。

「昔、努力していた時の何倍も努力しよう」という決意と覚悟を添付させなければいけません。悪に対して挑戦していく生活は、ややもすれば疲れて後退しやすいのです。家庭をもった時は、独りでいた時の何倍も努力しなければなりません。家庭は、中心をつかんでいる立場です。私たちは、現実を避けることはできません。前後、上下、左右の関係を家庭で完成しなければなりません。過去の信仰形態ではいけません。過去の一方的な信仰態度をもっていてはいけないのです。(二七―八五、一九六九・一一・二六)

＊

皆さんは、一代のために生きる家庭になるのではなく、世界と永遠のために生きる家庭にならなければなりません。

また、愛の基盤を広げ、万民の心情を集めて、ろうそくのあかりをつけ、香をたいて祈りを捧げ、天と地、万民と共同の因縁を結んで生きたのちに死のう、という家庭にならなければなりません。そのような家庭になれば、いかなる苦難が迫ってきても、神様がその家庭を保護してくださるはずです。天が種として残しておくのです。(御旨と世界―五九四)

＊

祝福家庭は、家庭の伝統を立て、家法をつくらなければなりません。そして、子女たちの教育基準と家庭の規範をつくらなければなりません。そのようにしなくては、もし父母が誤り、子女たちの追及を受けるようになれば、返す言葉がないのです。（二二―八七、一九六八・一一・三）

＊

これからは匕首《あいくち》をもって、切るべきところは切り、解剖すべきところは解剖しなければなりません。皆さんの思いどおりにしてはいけません。統一教会は、天国を成さなければならない教会なので、個人ではなく、家庭を取り戻さなければならないのです。家庭生活で模範となることができない人は、世界的な指弾を受けるでしょうし、全天宙的な指弾を受けることでしょう。（三〇―一三〇、一九七〇・三・一三）

第二章　家庭盟誓《カヂョンメンセ》の各節の解説

一　家庭盟誓《カヂョンメンセ》第一節の解説

天一国主人《てんいちこく》、私たちの家庭は真《まこと》の愛を中心として、本郷の地を求め、本然の創造理想である地上天国と天上天国を創建することをお誓い致します。

1　天一国主人

①天一国とは

神様の王権を樹立したのは、神様ではありません。真の父母です。天一国をつくったのは、神様ではなく真の父母だというのです。「天一」という言葉は、天宙平和統一国です。「天」という字は、分けて書けば「二人」です。二つの世界だというのです。これは水平です。天の国と地上の人、天の人と地上の人の二重構造になっています。皆さんは、心と体が二重構造になっているでしょう？　心と体が一つになっていますか、なっていませんか。闘っている人は、天一国の国民になることができません。（三六四―一〇二、二〇〇二・一・二）

＊

天一国では、主権と国と民が必要なので、昨年の神様王権即位式は、その主権復帰です。それから、神様祖国定着大会は土地復帰であり、それから天一国の国民として入籍するのです。分かりますか。ですから、カードをもっていてこそ、その国の民になるのです。（三六四―一三二、二〇〇二・一・二）

＊

天一国は、二人が一つになる国です。天は、二人でなければなりません。父母が二人でなければならないというのです。世の中の万物も、すべてペア・システムになっているではないですか。天一国とは何ですか。昆虫世界、動物世界、すべてペア・システムになっています。それが一つにならなければなりません。二つのもの、二人、二人の父母、二つの性格、主体と対象が一つになった所に本然の足場ができ、神様が立つことができるのです。聖書にもそうあるでしょう？　二人、三人が祈祷すれば……。神様まで合わせれば三人でしょう？　同じです。二人、三人が国の基盤になるのです。家庭の基盤であり、国の基盤であり、世界の基盤になるのです。

そこから家庭が生じ、氏族の出発が始まるのです。二人以上がそのようになるというのです。(三七〇―八八、二〇〇二・二・一九)

＊

皆さんの国がありますか。国のすべてのことに対して総結論を下さなければなりません。ですから、今からは家庭盟誓文《カヂョンメンセ》も「天一国主人《てんいちこく》」、主人になるのです。「天一国主人、私たちの家庭は真《まこと》の愛を中心として……」、それが主体だというのです。このようにするのです。分かりますか。家庭盟誓文が変わるのです。家庭盟誓文に主人ができました。誰でも語ることができますか。「天一国」という言葉は、永遠に真の父母によって生まれた言葉なのです。神様王権樹立をし、天地父母安着生活圏を経て、地上・天上和合統一大会を経て、天宙・地上・天上平和統一解放聖火式が終わったので、新しい国が必要だというのです。(三九六―一四九、二〇〇二・一一・五)

②天一国主人の姿と生活

私とあなたは、心と体が一つになった同じ位置、すなわち夫婦一心、父子一心という位置です。一心は、一つは上にあり一つは下にある状況では成すことができません。父は上にいらっしゃり、息子、娘は下にいるとすれば、一心になることはできません。お互いに同等な立場で、平面的な位置にいてこそ、一心になるのです。内的・外的関係が平面線上の位置に立ってこそ、一心になるというのです。

夫婦も同じです。横的関係において、内外関係、前後関係の位置に立って初めて一心になるのであって、上下関係では絶対に一心になることはできません。(四一―三〇、一九七一・二・一二)

＊

一心統一です。目が一心にならなければならず、鼻も一心であり、すべて一心です。心と体も一心であり、男性と女性も一心です。国の氏族も一心であり、国も一心にならなければなりません。王が願うとおりに一心にならなければならず、世界の大統領と一心になり、神様と一心になり、天地の大統領と一心統一になれば、世界は一つの国になるのです。その統一された国は、他の人の国ではなく、正に私の国なのです。(二八四―七八、一九九七・四・一五)

＊

統一教会の第一条件が、心身一体です。それで、神様が天地創造される時、絶対信仰、絶対愛、絶対服従を命じたのです。私が言えば、信じたとおりに実体が現れます。現れなければ、投入して現れるようにして成すのです。いくら大きなものでも、私が命令したとおりに成されるというのです。願った以上に投入するので完成

するのです。(四〇〇―二〇三、二〇〇三・一・二)

＊

心と体が一つになり、一心、一体、一念、一和の姿で神様の前に真《まこと》の孝子になり、国の前に忠臣、世界の前に聖人、聖子《せいし》の道理を果たし、純潔な孝誠の心で、「私は、永遠に真の父母に侍って暮らします」と言うことができる者にならなければ、天一《てんいち》国《こく》の民になれません。(三九六―一五七、二〇〇二・一二・五)

＊

自分一人だけで幸せに暮らそうとは考えられないということを発見しながら、世の中のどのような困難や幸福な環境があっても、それを越えて不幸な場にまでも私が行って、開拓の王子の立場で神様の代身者になろうと思えてこそ、天一国を相続し得る相続者になるのです。一緒に暮らしたいので、真の父母様が苦労していらっしゃれば、私は千倍、万倍苦労してもよく、あらゆるものをかき集めてその生活圏内に相対基準を造成し、真の父母様を誰よりも解放された喜びの立場に立てようと考えなければなりません。

自分は、極の極の場で苦難を消化しながら感謝することができ、称賛を捧げ、侍り、奉じる栄光を永遠に天に捧げ、子孫に誇りを残してあげようと考えることができる人になってこそ、天一国の主人になれるのです。(三九六―一五五、二〇〇二・一二・五)

「天国の主人になる」ということは、孝子になったのちに言う言葉です。孝子、次に忠臣、聖人、聖子の家庭です。聖子の家庭が真の家庭です。真の家庭になってこそ天国の主人になるのです。（四〇〇―二〇四、二〇〇三・一・二）

＊

皆さんは、孝子にならなければならず、孝父にならなければならず、それから孝聖にならなければなりません。それから、純潔、純血、純愛、純忠、純聖、純聖子、純婚、純家庭の純潔八段階を中心とした家庭基盤の上に、神様の前に家庭的孝子にならなければなりません。一人だけではありません。家庭全体が孝子にならなければなりません。

そして、孝子忠臣家庭、それから孝子聖人家庭、孝子聖子家庭です。そのような立場に、個人から天宙まで、あの国、天の国の王権を相続する王子、王女として遜色《そんしょく》のない、主人の代身者にならなければなりません。私たちは、常にそのような訓練をしなければなりません。「天一国主人」という言葉はそのような意味です。（二〇〇三・三・一二、漢南国際研修院）

＊

私たちの願いは何かというと、神様と同じ位置に立ちたいということです。同位権です！　同居権は一緒に暮らすことです。それから同参権です。同行権でも同参権でも同じです。一緒に参席し、一緒に行動しなければなりません。そして、それから同愛権、一緒に愛の目的のために暮らすということです。

ですから、イエス様も、「わたしは道であり、真理であり、命である。だれでもわたしによらないでは、父のみもとに行くことはできない」（ヨハネ一四・六）と言われたのです。「わたしは道であり、真理であり、命である」と言いましたが、愛という言葉が抜けました。統一教会の天一国《てんいちこく》は、愛を中心としていくのです。

それで、皆さんの願いは何かというと、父母様と同じ所にとどまりたいということです。それが願いでしょう？　父母様と一緒に暮らしたい、父母様とすべてのことに同参して行動したいというのです。そして、何をしようというのですか。愛を中心として、永遠に一緒に、幸福に、自由に、解放された所で暮らすのです！　アーメン！　そのような意味で、天一国平和統一、平定時代が来たということです。

ですから、皆さんが動くところは、一人で動くのではなく、皆さんの国が従ってくるのです。霊界全体が、天の国全体が従っていき、地上世界と万民が擁護する中で、主人の資格で暮らしているというのです。ですから、神様の愛の伝統を自分の一族を通して、私が一国の伝統の骨のような思想に仕えるべき主人にならなければなりません。（三九六―一五二、二〇〇二・一一・五）

2　私たちの家庭は真《まこと》の愛を中心として

①家庭盟誓《カヂョンメンセ》の前提条件は真の愛を中心として

摂理的な観点から見るとき、復帰摂理の時代は終わったとみなしています。復帰摂理時代が終われば、本然の創造理想の世界へ越えていくようになるのです。復帰摂理時代が終わるという言葉は、堕落したサタンの権限の世界が終わり、神様が地上と天上世界を直接管理する時代に越えていくということです。このような時が来るので、統一教会においては「家庭盟誓」というものを宣布したのです。「家庭盟誓」は、一般の人が唱えるのではありません。

「家庭盟誓」は、誰もが唱えることができるものではありません。「家庭盟誓」の八項目の書き出しは「私たちの家庭は真の愛を中心として」であり、それが前提となっています。それは何を意味しているのでしょうか。真の愛はサタン世界と関係ない基盤から、という意味です。

堕落することにより、偽りの愛を中心として、偽りの生命、偽りの血統が連結した世の中になってしまったので、これを克服して越えるためには何をもたなければならないかというと、真《まこと》の愛と、真の生命と、真の血統の位置を占めなければなりません。そのようにしなければ、これを克服することはできません。このことを、はっきりと知らなければなりません。

「家庭盟誓《カヂョンメンセ》」に真の愛を前提条件とした理由は、堕落がなかったエデンの園の本然の世界に入っていることをいうためです。真の愛と、真の生命と、真の血統が、神様と共に一体的理想を成したならば、そこには偽りの愛と、偽りの生命と、偽りの血統がありません。地上で生活しても、それ自体が地上天国と天上天国になるのであり、永遠の世界の出発を形成するようになっていたのですが、これを堕落によってすべて失ってしまったのです。（二六二―一九四、一九九四・一〇・四）

＊

家庭盟誓は、一から八まで「天一国《てんいちこく》主人、私たちの家庭は真の愛を中心として」というものが表題になっています。これから皆さんが、真の愛を中心として一つにならずに霊界に行けば、神様に侍って暮らすことができません。（二六八―九八、一九九五・三・一二）

＊

今まで、歴史を通じて数多くの宗教の宗主《そうしゅ》や、数多くの聖賢、賢哲たちが現れましたが、真の愛とは何の関係もありませんでした。このようなすべてのものを解決するために、この地上にイエス様がメシヤとして来られ、新郎新婦の基盤を築こうとされたのです。それでは、メシヤが来られて成さなければならないこととは何でしょうか。

新しい家庭と、新しい氏族と、新しい国家と、新しい世界に向かって新しい皇族圏を設定しなければなりません。皇族圏の直系先祖は誰でしょうか。本然の愛と神様の直系子女であり、真の愛を中心として真の生命と真の血統の基盤を中心とした堕落していない人です。そのお方が種です。その種から根が出てくれば、中心の幹の根となるでしょうし、そこから中心の幹、中心の芽へと大きくなっていくのです。これが縦的に大きくなることによって、そこに対応して横的世界へ拡大していくので、家庭と氏族が連結され、民族、国家、世界が連結されるのです。（二六三―一九五、一九九四・一〇・四）

＊

「家庭盟誓」の最初の部分は、どのようになっていますか。「私たちの家庭は真の愛を中心として」です。真の愛を中心として成すのです。堕落したので、真の愛をもつことができなかった人は、家庭というものをもつことはできません。それを知らなければなりません。真の愛をもつことができなかった人は、本来、神様の前に家庭をもつことができなくなっているのです。堕落とは何かというと、真《まこと》の愛が腐っていることです。それでは、真の愛とは何ですか。神様とのみ関係を結んだ愛です。自分や国家や、また世の中の習慣性や風習、あるいは国民の伝統性といったものがありますが、そのような関係を結んだ愛ではありません。神様とだけ関係を結んだ愛です。

堕落したので、神様とだけ関係を結んだ愛になることができませんでした。サタンの愛と関係を結んだのです。それが家庭だけではなく、サタンの家庭を越えて氏族、民族、国家、世界、そして天上世界にまで拡大されているのです。私たちが堕落した人間として生まれ、その生活環境で身につけたすべての習慣や伝統は、神様とは関係がありません。これを否定し、これを解決するのはどんなに難しいことか分かりません。純粋な本然の神様の愛は、どのように本質的基準へと帰っていくのでしょうか。神様の愛に接するためには、自らの愛という習慣性、愛という伝統を完全に否定しなければなりません。

愛を中心として、家庭では孝子をいい、国では忠臣をいい、世界では聖人をいい、天地では聖子《せいし》の道理をいいます。すべて愛と関係を結んで連結していくのですが、そのような愛ではありません。堕落したために、偽りの愛が世の中の果てまで来ました。ここは、数多くの曲折の愛があります。歴史始まって以来、複雑な愛で連結された生死の境、国が滅び、あらゆることがすべてここに積み重なっているというのです。ここからそれを訪ねていくのが、どれほど骨を折るかということです。ですから、聖書は、真の愛を求めていくにおいて、「死なんとする者は生きる」としたのです。死を決心しなくては、その場に行くことができないのです。それを今まで、誰も分からなかったということです。(二七四―一九六、一九九五・一一・三)

＊

神様が、この地上の人間と共に生きることができないのは、この統一観が家庭で成し遂げられなかったからです。これが成し遂げられれば、神様が再び来られて共に生きるようになります。真の愛といえば、「心と体が一つ、夫婦が一つ、子女が一つ」というコンセプト(観念)がそこに集約されていなければなりません。この三つが一つになれば、真の愛の家庭は、地上天国と天上天国の出発になるのです。

神様と真の父母様を中心として一つになる時、地上天国と天上天国を建設することができます。ですから、地上天国は、どこからでしょうか。私と家庭から、息子、娘からです。(二六〇―一八六、一九九四・五・八)

②真《まこと》の愛は神様にのみ関係した愛

統一教会は、真の愛の理想によって神人と心身を統一する所です。神様は、真の愛と、真の生命と、真の血統をもっていらっしゃるお方であり、私たちはそこから出てきたので、私たちにも、真の愛と、真の生命と、真の血統がなければなりません。人間は、神様の真の愛を中心として、父子一体の関係をもって生まれたので、神様の心と体が真の愛によって統一されているように、私たち人間の心と体も真の愛によって自然に統一されていなければなりませんでした。ところが、サタンの愛と、生命と、血統を受け継いだ堕落人間の体はサタンの側に立ち、そして心は神側の一線に立って、これらが継続して闘っているのです。（二〇一—三五六、一九九〇・四・三〇）

＊

真の愛の起源である神様は、父の立場から人間に絶対不変の真の愛を相続しようとされました。真の愛の中では完全調和と統一が成されるので、神様の真の愛は、そのパートナーである人間に完全に相続されるのです。それだけではなく、このような真の愛の属性によって、相続権と同居権、同参権が自然に生じるので、人間も神様の子女として同行できるようになっていたのです。

また、人間相互間においても、真の愛を中心として相続権、同居権、同参権を享受するようになっていました。そして、人間は神様の真の愛を中心として、各自の理想と幸福を所有し、自然にこれを先代から後代に伝承するようになっていたのです。そのような世界が創造本然の世界でした。（二〇五―一五七、一九九〇・八・一六）

＊

創造本然の人間は、その心と体に神様の真の愛をもち、それにそのまま感応しながら生活するようになっています。言い換えれば、心は、真の愛を中心として神様に感応し、体は、その心に自動的に共鳴するようになっているのです。心と体が闘うことのない真の統一の起源は、神様の真の愛をそのまま受け継いで体験するところにあります。心と体が統一体になるという人間の理想は、神様の真の愛を完全に所有する時に成し遂げられるのです。

心と体が真の愛を中心として統一されるところから、真の自由と平和の理想が出発できるようになるのです。そして、心と体が統一された基盤の上で、自由で平和な個人、家庭、氏族、民族、国家、世界を成し遂げることができるのです。（二三四―二七一、一九九二・八・二六）

＊

真《まこと》の愛というものは、永遠に神様と連結しています。真の愛の根は、自分を中心として連結されていません。根本的に神様と連結されているのです。そして、神様は永遠の存在なので、真の愛に連結されれば自動的に永遠の存在になれるのです。これは、すべて理論的です。(二二九―四六、一九九二・四・九)

＊

真の愛は、どこから生じるのでしょうか。真の愛は、「ため」に生きるところから生じるのであり、「自分のために生きなさい」と言うところには真の愛はありません。なぜでしょうか。天地創造の根本、出発がこの注入からだったのではありませんか。世の中のすべてのことは、自己投入です。愛の理想を探し求めてきた神様のこの宇宙創造の軸は、注入からです。引っ張り込むことからではなく、投入するところから始めたのです。自らの生命を投入しても忘れてしまえる立場になることが、真の愛の道理だということを知らなければなりません。(二八四―七三、一九九七・四・一五)

＊

真の愛とは何でしょうか。自らの生命までも投入し、また投入しようということのような立場、与え、また与えて忘れる立場からのみ、真の愛が始まるのです。真の愛は、天地を貫くのです。死の世界も貫いて上がっていくのです。生命の世界でも、強い心でも、どこでも貫いていくことができるのです。愛の通じない所はありませ

ん。愛は、秘密の部屋にも通じるのです。（二五六—一七九、一九九四・三・一三）

＊

真の愛とは何でしょうか。投入して忘れてしまい、投入して忘れてしまうことです。立派な父母とは、どのような父母でしょうか。投入して、投入して忘れてしまう父母です。「私が大学に行かせてあげたので、私が老いれば養って、その代価を払わなければならない」と言って、それを手帳に記録して計算書をあらかじめ準備する父母は、偽りの父母です。そのような父母は、神様のように理想的な孝子に対することはできません。（二三九—六二、一九九二・一一・二三）

＊

真の愛は、いったい何をするのでしょうか。皆さんの心と体が闘っているのを、すべて統一するのです。

今まで、心と体が統一しなかったのは、真の愛がなかったからです。偽りの愛をつくっておいたからです。真の愛でなければ一つにすることはできません。堕落は、偽りの愛によるものだったので、真の愛でなくては一つにする道がないのです。（二五九—二九二、一九九四・四・一七）

＊

真の愛とは何でしょうか。全体を投入し、また投入し、また投入しようとすることです。永遠に投入するところから真《まこと》の愛の真の相対を中心として、一つになれる道ができるのです。（二六八―一五、一九九五・二・七）

＊

真の愛とは、天理を立てるためのものです。ですから、愛も原理原則に基づくのです。愛は原理上にあるのでしょう？　自由も原理主管圏、すなわち原理上にあるのであって、原理を否定するものではありません。（三〇二―一六五、一九九九・八・一七）

③真の愛の基盤は真の家庭

真の愛の第一の故郷は、真の家庭です。そこには真の父、真の母、真の夫、真の妻、真の子女がいるのです。それが真の愛の家庭基盤です。（二二五―二四四、一九九一・二・二〇）

＊

家庭には、男性と女性がいます。それでは、その男性と女性は、どのような男性と女性ですか。創造理想から見るとき、再創造過程に適合した男性と女性です。すべてのものは同じです。男性と女性は、心と体が一つにならなければなりません。心と体が一つになるならば、男性が一つの主体、プラスになり、心と体が一つになった女性をマイナスとして、それと一つになろうとするのです。

このようにして、夫婦が大きなプラスかマイナスになり、子女と一つになろうとするのです。家庭は、この原則に従って、主体と対象によって一つになるのです。プラスとマイナスがこのように一つになったものが父母になり、夫婦になり、兄弟になり、このように主体と対象によって一つになるための三段階の内容を備えて結束したものが家庭です。（二六八－一四、一九九五・二・七）

＊

心と体が一つになり、夫婦が一つになり、父母と子女が一つになる、それ自体の力は何でしょうか。愛の力です。真の愛の力です。それでは、真の愛の力は、どこから出発するのでしょうか。皆さんが結婚する時、相手が自分よりも百倍、千倍、万倍、無限大に素晴らしいことを願うのです。無限大です。そのような心は、どこから来たのでしょうか。神様から来ました。

人間もそうであるように、神様も、御自身の対象が無限大の価値になることを願っているのです。ですから、絶対的であり、永遠であり、唯一的な対象の愛を中心として願うのです。その愛の力は、どんどん大きくなろうとするのです。小さなところから大きくなっていこうとするのです。真の愛だけが大きくなることができるのです。そのようにして、この愛を通じて宇宙と連結されるのです。すべて同様の

公式です。（二六八―一五、一九九五・二・七）

＊

人間は、なぜ生まれたのでしょうか。それは愛のためです。真《まこと》の愛のためです。真の愛とは、いったいどのようなものでしょうか。宇宙のすべてのものを与えても得られない、価値をもっているものです。その真の愛をつかめば、神様をつかむことができます。神様の本体をつかむことができます。ですから、結婚というものは偉大なものです。どんぶり勘定式ではありません。

縦的に完成し、横的に完成し、神様と一体となるのです。縦横の完成や前後完成という、すべてのことがそこで成し遂げられるのです。（二四九―二九四、一九九三・一〇・一二）

＊

皆さんは真の人間になりましたか。真実の子女がいるかというのです。子女のために、父母は投入して忘れてしまい、また投入します。そして夫は妻のために、また妻も夫のために投入して忘れてしまい、兄弟もやはり同じように投入して忘れてしまう、このような基準が、創造理想の愛を中心として、真の神様が願った理想的な出発点だったのです。（二五三―六七、一九九四・一・七）

＊

父母は家庭の王であり、氏族の中心は氏族の王になるのであり、民族の中心は民族の王になるのであり、世界の中心は世界の王になるのです。アダムとエバがこのようになるのです。神様を主体にすれば、人間は対象になるのです。それで、家庭の中心の王、すべての中心の王になれば、神様もここで王になるのです。プラスであり主体です。いくら大きくても、この公式に適合しなければなりません。(二六八―一五、一九九五・二・七)

＊

神様は、相対のためにこの宇宙を造りました。神様も独りでいれば、孤独です。皆さんも独りでいれば孤独でしょう？　ですから、相対が必要です。パートナーが必要なのです。それは何のパートナーですか。愛のパートナーです。そのような愛の主体である神様が投入して忘れ、無限に投入して忘れてしまう観念をもって始めるならば、その相対となるパートナーも、無限に投入し、無限に注入し、刺激することができる相対として立たなければなりません。

それで、これを結論づけようとすれば、神様の愛は、投入して忘れてしまう思想です。このような思想なので、自ら自身を消耗させる奉仕と犠牲の精神によって宇宙が生じ始めたのです。宇宙の存続が始まりました。それで、神様も愛の相対が必要です。皆さんも愛の相対が必要でしょう？　神様も真の神様なので、真の愛を中心として真《まこと》の相対と愛し合うことができる、そのような位置を中心としてこの地上に定着しようとするのです。定着が始まるのです。

定着する基盤は何かというと、家庭です。これが基礎です。これが単位です。公式は単位を通して連結するのです。神様が喜ぶことができ、神様が踊ることができ、神様が笑うことができ、神様が歌うことができる定着的出発地はどこでしょうか。それは国でもなく、世界でもなく、いかなる男性や女性でもありません。男性と女性が一つになって神様の相対的立場で定着できる家庭です。そこから、すべてのものが出発するのです。すべての出発です。理想、自由、幸福、すべてのものの出発です。すべて同じ公式です。（二六八―一三、一九九五・二・七）

＊

真の愛を実践しなければなりません。「家庭盟誓《カヂョンメンセ》」を暗唱する時は、必ず心と体が一つになり、夫婦が一つになり、息子、娘が一つになった上で唱えるのです。偽りの愛が始まることによって、心と体が分裂し、夫婦が分裂し、兄弟が分裂したので、蕩減《とうげん》復帰の原則によって一つになり得る家庭を取り戻すためには、心と体が一つになり、夫婦が一つになり、兄弟が一つになり得る位置を再び築かなければなりません。そのようにすることによって、天上天国と地上天国とが連結されるのです。（二六〇―三一八、一九九四・五・一九）

3　本郷の地を求め

①本郷の地の真の意味

本郷とは、どのような所でしょうか。行きたくて、見たくて、暮らしたい、そのような所です。私たちの心が行きたいと思い、心と共に体が行きたいと思う、そのような所です。心が慕うと同時に体も慕い、永遠に安息することができて幸福の基台だと誇ることができる本郷を、私たちは訪ねていかなければなりません。

それゆえ、今までの歴史過程において、数多くの人々がこのような本郷を慕い、追求し、欽慕《きんぼ》する途中で死んでいきました。また、今までの数多くの宗教人や哲人たちも、この本郷の地を探すために苦労してきたということを、私たちは知らなければなりません。ですから、本郷の地は必ず現れなければならないのです。（二三一―七四、一九六九・五・一一）

本然の園は、理想の園です。＊有無相通《ユムサントン》（注：すべてのものが相通ずること）の世界であり、兄弟の感情が万宇宙のどこにおいても通じる世界です。今日のように、民族的な感情、あるいは国家の主権的な違いをもって論議できるような理想と主義の世界ではありません。民族の差別、あるいは国家の主権など、そのようなすべてのものを越えて論議する世界です。人間の経済的な事情や、文化などという条件の違いをもって論議するのではなく、心情をもって論議する世界です。（七一―三八、一九五九・七・五）

＊

本来、人間始祖が堕落していなければ、その本郷はどこでしょうか。アダムとエバが生きたエデンの園であり、その村であり、その山河であることに間違いありません。今日、堕落した父母の血統を受けて生まれた人間たちは、「本郷！」と言えば、自分たちが生まれた所を思い浮かべますが、今日の人類が追求し、慕っている理想的な本郷というものは、あまりにもでたらめなものです。

今日、統一教会が探し求めていく最高の目的地はどこでしょうか。失ってしまった本郷を捜し求めていかなければなりません。その本郷には両親がいらっしゃり、兄弟がいて、親戚《しんせき》がいます。そこは、彼らが悲しみの中で私たちを迎えるのではなく、永遠の喜びと幸福の中で迎えることができる所であり、そしてその喜びが一時的な喜びで終わるのではなく、永遠に続く、そのような本然の場所を私たちは訪ね

ていかなければなりません。（二三—七四、一九六九・五・一一）

＊

本然の地は、悪が宿る所ではありません。悪と絶縁し、あふれる本然の愛を中心として、永遠無窮に幸福を謳歌《おうか》して暮らす永遠の統一世界です。（一八—一〇二、一九六七・五・二八）

＊

本郷というものは、幸福を謳歌し、父母の愛と家庭の愛に浸り、天地万物を主管しながら天地が喜ぶ中で永遠に生きたい所です。（一八—一〇一、一九六七・五・二八）

＊

私たちが本郷の地を慕うのは、そこには誰よりも近い父母と兄弟と親戚がいて、常に私を導いてくれ、いつ、どのような時に訪ねていっても常に私を変わらず迎えてくれるからであり、私が困難な目に遭えば、それに同情し慰労してくれ、私を喜んで迎えてくれるからです。本郷が慕わしく、恋しくて訪ねていったとしても、もしそれがなければ、切に恋い慕った心情はなくなり、かえって嘆息の条件をもって帰ってくるようになることを知らなければなりません。本郷の地には、必ず迎えてくれる人がいなければなりません。（二三—八〇、一九六九・五・一一）

＊

本郷というと、皆さんは何を連想しますか。本郷には自らの愛する父母がいて、愛する村があり、愛する家があり、愛する兄弟がいます。私たちが故郷を遠く離れて外国に行くようになれば、その本郷の範囲は広くなり、祖国、すなわち国までが本郷に入ってくるようになります。また、宇宙、あるいは天宙という見地から見れば、この世界が私の本郷になります。このように、眺める範囲が大きくなればなるほど、その本郷の範囲もそれに比例して大きくなっていくということを、皆さんは生活過程においてよく感じるはずです。(七―一三、一九五九・七・五)

*

真《まこと》の本郷を取り戻すことができる、その先祖とは誰ですか。神様です。神様であり真の父母です。真の先祖によって連結した真なる国ならば、真の父母と真の神様に出会わなければ事が成されないので、歴史始まって以来、偽りの父母によって誤ったことを真の父母によって復帰することによって、地上で神様と真の父母をおいて天上天国と地上天国が完成できるのです。(二六七―三三三、一九九五・二・五)

*

神様の愛と一体となり、同苦同楽の喜びを備えれば、永生を中心として、神様の愛の世界と神様の家族と皇族の一員として、間違いなく栄華を極める神様を、栄光の中にお迎えして暮らせるのです。それが、私たちの本然の国であり、本郷です。

皆さんは、そこを訪ねていくのです。（二六四―一五五、一九九四・一〇・九）

＊

本郷を訪ねていかなければなりません。本郷の基地、エデンで堕落せずに完成していれば、私たち人類の先祖は、神様と同苦同楽（注：共に苦しみ共に楽しむ）できるそのような本郷の基地に行くのです。宗教指導者や父母や先生の指導を受けることなく、良心の命令に従って自らの行くべき道、天理の大道《たいどう》を行くのです。「良心を教育しよう」という言葉を聞いたことがありますか。良心は、自らの一生において知らないことがありません。（二六二―一一八、一九九四・七・二三）

＊

皆さんは、みな故郷をもっているでしょう？　ところで、神様の本郷はどこでしょうか。神様の本郷の地があれば、その本郷から一族が生じ、その一族から民族が生じ、民族から国家と世界が生じ、それによって地上に天国が生じるはずです。この地球星《ぼし》に神様の本郷の地があるとすれば、行きたいですか、行きたくありませんか。行きたいのです。ひどく愚かな母、父、お兄さん、お姉さんが暮らす故郷であっても行きたいと思う人間であるのに、神様の本郷に行きたいとは思わないでしょうか。神様の本郷は、私たちすべての故郷であるのに、行きたいと思わないならば、それはうそです。（二三一―一五二、一九六九・五・一八）

＊

神様がこの地上に着地し、家庭をもって生活できる所ができるようになれば、そこは、人類全体を代表した位置になるのです。ゆえに、神様が生活を出発したその家庭基地は、人類の本郷の地になるのです。それゆえに、神様が暮らすその根本の出発地が故郷になるのです。

堕落したがゆえに、神様を中心として、その出発地から出発できませんでした。家庭がそのような立場になれなかったのです。そのような故郷がありません。先生が現れることによって初めて、真《まこと》の愛を中心として神様と真の父母が一つになって着地し、出発できる起源を備えたのです。そこは、人類の本郷の地とならざるを得ません。復帰されたそこが、本然の形態の出発基地と同じなので、そこは、神様の愛を交わすことができる真の愛の基地であり、人類の本郷の地となるのです。（一八九―一四二、一九九八・一・二）

＊

神様が願われる国、すなわち祖国は、どこでしょうか。人類の祖国は、どこでしょうか。人類の真の父母が来られる、その国が祖国です。それが道理です。祖国はどこでしょうか。（人類の真の父母が来られる国です）。人類の本郷の地はどこでしょうか。アフリカなど、国は数多くありますが、人類の真の父母として来られたそ

のお方の生まれた故郷が、宇宙とこの歴史的な世界の本郷の地になるのです。（一五六―一三三、一九六六・五・一五）

＊

神様が願われる祖国は、どこでしょうか。人類の本郷の地は、どこでしょうか。真の父母様が誕生された故郷こそ、歴史的であり、宇宙的であり、世界的な本郷の地になるのです。先祖と、思想と、伝統を受け継がなければなりません。それをしなければ、継子《ままこ》の扱いを受けます。韓国民族は、選民にならなければなりません。そのようになるためには、先生が内外をひっくり返さなければなりません。韓国が本郷であり、祖国であるとすれば、すべての世界的な文明は、韓国で成就しなければなりません。

私たちが韓国を本郷の地とするためには、今日、忠誠、精誠、愛、犠牲の祭物になることを覚悟しなければなりません。そのようにしなければ、韓国は本郷としての資格を失うようになります。良いものをつくるためには、実践が必要です。血と汗と涙を流しながらでも成し遂げなければなりません。（一五―二八四、一九六五・一一・二）

＊

もし韓国が神様の願われる、この世界の本郷の地となり、宇宙万民の祖国となれば、その国の新しい文明は世界を支配し、その国の言語は世界語になり、その国の男女は世界的な男女になるはずです。本来の父母を中心として生まれていれば、言語は一つです。堕落したがゆえに分かれたのです。それで、韓国が祖国の地、本郷の地となり、神様が願われる国になれば、今後、韓国は持ち上げられることでしょう。

神様が踊れば、韓国を持ち上げて踊るのです。今まで神様は、一日として踊ったり笑ったりすることがおできになれなかったのです。(一五六―二三五、一九六六・五・二五)

*

愛の本山が韓国です。人類の愛の家、愛の故郷、愛の国を成し遂げられる本郷の地は韓国です。それで、真《まこと》の父母だというこの人は、真の愛を中心とした絶対不変的な家庭理想を中心として、国家形態、世界、天国、地上と天上天国を連結する直通行路を開拓したのです。外国でも、そのようなことを知っています。ですから、自らの国を捨て、韓国に来て生活しようとするのです。(二九〇―二八七、一九九八・三・二)

*

地上天国で神様の家族として生活した人々が行く所、そこが霊界の天上天国です。天上が私たちの本郷の地です。天上天国が私たちの本郷の地なのです。しかし、人間の堕落後、今までそのような地上天国が築かれることはなかったので、天上天国は空いています。天上天国に入っていった人はいないのです。（一六一―一二、一九八七・一・二）

②私たちが求めていかなければならない本郷の地

懐かしい本郷の地は、どこですか。父と母がいる所です。それは、間違いありません。今の人間世界は、堕落したアダムとエバが神様の前から追放され、失楽園したのちに結婚して、息子、娘を生むことによって繁殖した五十億人類によってできている世界です。「そうではない」と言う人はいません。このように病気になったので、行くべき道が分からないのです。事件が起こり、孤児として流れてきました。出発が不明確であり、目的地が不明確です。人類は、どこに行くべきかを知らないのです。どのようになるのか、誰も知りません。それを知らないので、神様が五十億人類に教えてあげようと、まず先生に教えてくださったのです。統一教会に入ってくれれば、神様を知らない人はいません。（二二八―二二二、一九九二・四・三）

堕落することによって、私たちは本郷の地を失い、故郷を失ってしまったのです。

本来、私が堕落しないで生まれていれば、この世で生きて死ぬ時に、どこで死にますか。本郷の地です。それで、死んでも本郷の地に埋めてもらいたいと思うのです。暮らすならば、どこで暮らしますか。本郷の地です。故郷の地で暮らすはずなのに、生まれてみると怨讐《おんしゅう》の地であり、悲しい地であったのです。今、生きているこの場所は、私たちが本拠地とし、幸福の基台であると賛美し得る地でしょうか。違います。

それゆえに、通り過ぎなければなりません。家庭よ過ぎ去れ、国よ過ぎ去れ、世界よ過ぎ去れ、共産主義も民主主義も過ぎ去れ！　先生が願うのは、本郷の地の愛主義であり、父母の愛を分け、血肉を分けた兄弟主義です。イエス様は、漠然とそのようなことを叫びましたが、今は具体的です。（一五五―三三、一九六四・一〇・六）

＊

本郷を求めなければなりません。本郷は、どこでしょうか。イエス様の本郷は、どこでしょうか。イエス様が死ななければ、イスラエルの国がイエス様の本郷になっていたはずです。世界の祖国の出発は、イスラエルの国を中心としてなされていたはずです。イエス様がこの地上で負う責任と、担当しなければならない使命とは何でしょうか。本郷の地を創建しなければならないということです。堕落した全人類の前に本郷の地となるためには、すなわち故郷の地となるためには、天が探し立てた父母が登場しなければなりません。そのようにならなければ、本郷の地が現れることはできません。父母がいないのに、兄弟が現れることができますか。できないのです。

故郷には誰がいますか。親戚《しんせき》がいて、兄弟がいて、父母がいなければならず、それから家庭を中心とした所有物がなければなりません。なぜ故郷を恋しく思うのでしょうか。自らの命の心情的な因縁がそこから始まったからです。それゆえに、自らの生命の価値を重要視する限り、故郷を忘れてしまってはいけません。（一五五―三二、一九六五・一一・一）

＊

「希望の祖国の一時が早く来てください！」。天の一国家を立てることによって、今まで天の前に怨讐《おんしゅう》であった大サタンを審判し、悪を取り除いてしまい、善だけを中心とした平和の天国をこの地上に成し遂げなければなりません。それが神様の願いであり、イエス様の願いであり、今までの摂理路程において多大な貢献をした私たちの先祖の願いだったということを、皆さんは、はっきりと知らなければなりません。（一五五―三二、一九六五・一一・一）

＊

今までの人間たちは、恨《ハン》を抱き、悔しく、かわいそうな神様であることを全く考えませんでした。よく分からなかったのです。御自身の息子、娘である世界の万民が、怨讐《おんしゅう》の鉄柵網《てっさく》に掛かり、「死にそうだ」と言う恨みの声が天地に響き渡っているのに、神様が「ああ、お前たちは、何をそのように大きな声を出しているのだ。私はちょっと寝なければならない」と言って、腹をなでて眠る神様でしょうか。神様は、休むことなくこの地を復帰してきているということを知らなければなりません。（一五六―一二三六、一九六六・五・一五）

＊

「本郷の地を求めて」と言いました。ですから、今までの宗教世界では、出家を命令し、独身生活を命令したのですが、統一教会はその反対です。還故郷です。「故郷に帰りなさい」というこの言葉は、宗教世界の歴史にはなかった福音の中の福音です。これは、一度しかない朗報の中の朗報です。そうであるのに、還故郷の道をのろのろ歩んでいた罪人たちが、どれほど多いでしょうか！（二六四―一八七、一九九四・一〇・九）

＊

それで、盟誓文《メンセ》の第一節は何ですか。「真《まこと》の愛を中心として、本郷の地を求め」です。その地を訪ね求めていかなければなりません。「神様の創造理想である地上天国と天上天国を完成すること」を誓うのではありません。創建しなければなりません。私の手でつくらなければならないのです。悪魔の世界から、きれいに取り戻してこなければなりません。サタンの世界圏を完全に回復しなければなりません。それゆえに、完成ではなく、創建なのです。これが違うのです。（二六一―八八、一九九四・五・二二）

＊

故郷に帰っていって孝子、忠臣になり、神様の創造理想であるモデル的家庭と国をつくりあげ、王権を成就することによって、地上天国と天上天国になるはずでした。しかし、堕落してもう一つの世界ができたので、これを神様の大家庭の理想を中心として一つにしなければなりません。そのままにしておいてはいけないのです。天上世界と地上天国を一つに連結しなければなりません。これを早めるためには、発奮し、情熱的な立場から発展させなければなりません。（二六七―一五四、一九九五・一・四）

＊

「私たちの家庭は真の愛を中心として、本郷の地を求め、本然の創造理想である地上天国と天上天国を創建する」ということは、地上天国と天上天国を私がつくるということです。家庭を失ってしまったので、家庭をつくらなければならないということです。私たちの家庭は真の愛によって、本郷の地を中心として、本然の創造理想である地上天国と天上天国を創建するのです。本郷の地です。家庭を中心とした本郷の地です。国ではありません。故郷へ帰らなければならないということです。皆さんにそのような家庭があれば、故郷の地へ帰っていき、地上天国と天上天国をつくりあげなければなりません。故郷さえ取り戻せば、今は、国と世界のすべてが自然に一つになるのです。心配する必要はありません。地上天国と天上天国が自然に成し遂げられるのです。それが家庭から起きるのです。(二六〇―一五七、一九九四・五・二)

＊

還故郷とは何でしょうか。真《まこと》の愛の根源地が神様なので、その本然の地に帰っていき、その根や枝や実と共に永遠に生きようということです。愛を中心として、平和に、幸福に、永遠に暮らそうというのが、本郷に帰っていくということの道理です。簡単なことです。(二五二―二七一、一九九四・一・二)

＊

いかに本郷を連結し、神様と連結するのでしょうか。本来、皆さんが生まれた所が故郷ではないですか。すべての人々は、故郷から全世界に横的に連結されるのです。

今まで、全世界の人々は、天側の故郷をもつことができませんでした。それを失ってしまいました。本然のアダムの位置を探し出すことができなかったのです。私たちがその場所を探し出していかなければなりません。そこに帰っていかなければなりません。その場から家庭を出発し、氏族を出発して、国と世界まで進んでいかなければならないのです。これは理論的です。観念的なことではありません。そのようにすれば、行く道がすべて現れてくるのです。

個人の基盤の上で先祖のアダムを復帰し、イエス様の立場を復帰しなければなりません。そのようにすれば、完成時代において、再臨主である真の父母を中心として本郷に入っていくことができるのです。そこに入っていけば、すべてのものは皆さんの所有となるのです。皆さんの立場は、そのような立場です。皆さんがそのような概念さえはっきりと知って歩んでいくならば、サタンは退いていくのです。ですから、氏族的メシヤの使命を完遂しなければなりません。（二四八―二一七、一九九三・五・三〇）

＊

定着する所で何を相続してあげるのでしょうか。個人ではありません。家庭です。それを知らなければなりません。それで、「家庭盟誓《カヂョンメンセ》」が出てくるのです。ですから、「家庭盟誓」を徹頭徹尾、教育しなければなりません。この「家庭盟誓」を見れば、第一節は、真の愛を中心として、本郷の地を求め、創造理想である地上天国と天上天国を創建しようという内容です。
それ一つをもって、すべて成し遂げることができるのです。（二六八―二二八、一九九五・四・二）

4　本然の創造理想

神様のみ旨とは何でしょうか。真《まこと》の愛です。創造理想を完成しようというのです。神様の創造理想を完成しようとは、どういうことでしょうか。四位《よんい》基台を完成しようということです。アダムとエバが結婚することによって神様と人類が一つになっていれば、万物がすべてその愛の上で一体となるので、神様を占領し、創造された被造物を占領できる第二の主人になるのです。神様は目に見えない主人となり、私たちは目に見える主人となるのです。神様は内的な神様であり、私たちは外的な神様になろうというのです。みな神様になりたいという欲望をもっています。

神様の創造理想である四位基台の完成は、愛によってアダムとエバが神様と一つになることです。上下、前後、左右に神様が入ってくるのです。そのようにして、何をしようというのでしょうか。第一は、人間の愛と神様の愛を完成することです。

神人愛の完成です。一体です。愛して一つになれば、所有権が決定します。永遠の愛には、愛の所有権が決定されるのです。夫の前の女性に対して、夫が永遠の所有権をもつのであり、女性の前の男性に対して、女性が永遠の愛の所有権をもつようになるということを知らなければなりません。（二七六―二五四、一九九六・二・二四）

＊

神様のみ旨とは何ですか。創造理想を完成することです。創造理想とは何ですか。四位基台を完成することです。四位基台の完成とは何ですか。愛の理想、一体理想を完成することです。ぴたっとこのようになるのです。愛ゆえに、すべてのものが生じたと思うのです。ですから、どのような愛ですか。真の愛です。真の愛は、どこから始まるのですか。自分の全体を投入するところからです。投入して忘れてしまうのです。神様は、創造する前から絶対信仰の上でつくったというのです。（二七六―二九九、一九九六・三・一〇）

＊

神様は縦的な父であり、縦的な主体であって、人間は横的な主体です。縦横が一つになってこそ構成体を完成させるのです。立体的な構成体というものは、縦横が一つになり、前後が一つになっていなければなりません。それで、縦的な存在とは何かというと、父子の関係です。横的な関係、東西の関係は夫婦の関係であり、兄弟の関係は前後の関係です。このように、一つの家庭に、愛の理想の一つの球形を形成しようとすることが神様の創造理想です。

それでは、神様はどこにいらっしゃいますか。中央にいらっしゃいます。父として代表し、夫として代表し、母として代表し、妻として代表し、息子として代表し、お兄さんとして代表し、弟として代表できる、中心存在としていらっしゃることを願われたのが神様の創造理想です。それはどういう意味かというと、神様は、男性と女性と永遠に共に暮らしたいということです。彼らが父母になれば、父母の位置で永遠に共に暮らしたいと思うのであり、彼らが夫婦になれば、夫婦として永遠に暮らしたいと思うのであり、神様は父母であられるので、父母として永遠に人間と共に暮らしたいと思ったその基台が家庭だったのです！（二六七―二二四、一九九五・一・八）

＊

本来、神様の創造理想というものは、真《まこと》の父母を標準としてつくられたのです。創造のすべての始まりは、真の父母を標準として、すべての被造物を創造されたのです。真の父母が完成する時間、すなわちアダムとエバが完成した段階に入っていき、真の父母が聖婚式を行うその時間は、神様の聖婚式と同じです。一箇所においてなされるのです。神様は真の愛の主人であり、真の愛の根となられるお方なので、その真の愛を中心として、これと人間が一つになり、真の愛の根をこの平面世界、人間世界、地上世界に拡張することを願ったのが創造理想でした。

しかし、堕落によって、血統的にはサタンの血肉を受けました。このサタンの血と、サタンの血統と、地獄をすべて取り除いたとしても、天国に入っていくことは難しいのです。

これをすべて取り除いたとしても、私たち人間は、神様の創造理想を中心として、神様と真の父母が真の愛を中心としてもつ、その血統的因縁の世界とは、元から関係がないからです。（二六六―五九、一九九四・一二・一一）

＊

良心は最高の理想を願い、体も最高の欲望をもつのです。それゆえに、皆さんが考えても、男性でも女性でも、何を願うかというと、この世界の王になり、女王になることを願うのです。それが神様の本来の創造理想です。横的に無限大の中心存在となり、縦的には神様と同じ存在になるのです。神様以上の最高の存在がいますか。それでは、女性と男性は何かというと、神様の聖殿です。目に見えない神様の内的な実体なのです。（二七二―二七八、一九九五・一〇・八）

＊

神様が願われた創造理想は、最初は一粒の種を植えることです。これが公式です。

一粒の種を植えるのです。そのように植えられた一粒の種が、絶対的な男性の代表です。二つではありません。女性も同じです。そのような女性がクイーンであり、そのような男性がキングです。そのようなキングとクイーンが愛で一つになることが理想です。そのように連結するところに神様が臨在されるのです。堕落世界には、そのような内容の理想的な公式基盤がありません。（二七一―二三〇、一九九五・九・三）

＊

愛は一体を成すのです。父子一体、夫婦一体、兄弟一体という言葉は、愛を離れてはありません。男性と女性の体は、神様の実体です。これが一つになる時は、縦的な基準を求めて上がっていくのです。この一点に集まるのです。縦的基準がまず連結されるのです。

縦は、引力に引かれて下りてきます。横よりも早く下りてきます。自然に来て縦的基準がぴったり中心となり、これらが一つになって回るようになれば、この全体が一を中心として球形を成すのです。これが核となり、アダムとエバが夫婦になって一つの愛の球形体を完成するのです。その位置が息子、娘の完成した愛の実体です。その位置が天国家庭の愛の理想の完成体です。その位置が男性と女性が理想とした神様の創造理想であり、根源的な核心点を爆破、結実させたそれ自体なのです。（二六二―一八〇、一九九四・七・二三）

平和の世界において根源となるものとは何でしょうか。神様が中心になるのです。神様を中心として、神様のみ旨と神様の創造理想を中心として、その方向を一致させ、目的の一致を成し遂げるところにおいて、平和の世界が可能だったのです。神様のみ旨とは何でしょうか。これは重要な問いです。統一教会では、神様のみ旨は何だといいますか。第一は、創造理想を完成することです。簡単です。それでは、創造理想の完成とは何でしょうか。四位《よんい》基台の完成です。四位基台の完成とは何でしょうか。理想的家庭です。簡単なことです。その理想家庭になっているかということが問題です。（二六一—二八九、一九九四・七・二四）

＊

神様の創造理想から見るとき、真《まこと》の男性と真の女性を描き、真の愛と真の生命と真の血統を連結させて、それが安着した位置から家庭が出発するならば、神様の愛と神様の生命と神様の血統が縦的に降りてきて天と地が一つになり、地で定着し、横的に拡大していかなければなりません。相対的な愛を中心として家庭ができれば、個人と家庭を中心として、氏族になり、民族になり、四方性を備えるようになるのです。（二五九—一九三、一九九四・四・一〇）

＊

神様の創造理想は、父母理想を創造したのです。そのように、父母というものが重要なのです。天国の中心存在も父母なので、父母様が王になるのです。地上の父母から王が始まるのです。それは、すべてのものの中心だというのです。地の上の地上天国と天上世界の中心だというのです。天国の王権と地上の王権は内外です。

私たち人間においては、心と体の関係と同じことです。ですから、体と心は一つになるのです。結局は何かというと、創造理想、すべての天地の目的は父母を中心とした家庭形成だというのです。

トゥルーマン（true man：真《まこと》の男性）とトゥルーウーマン（true women：真の女性）、トゥルーカップル（true couple：真の夫婦）、トゥルーチルドレン（true children：真の子女）、この三つが一つになって一つの家庭単位を形成するのです。これは公式と同じものです。絶対に引き離すことはできません。なぜですか。真の愛を中心として一つになったものは、いくら強い力を加えても分けることはできません。神様もどうしようもありません。それは永遠に一つです。絶対的に一つです。

（二六五―二八七、一九九四・一一・二七）

＊

摂理史の主流となるのは創造理想です。そうです、皆さんが神様のみ旨を知らなければなりません。多くの人が神様のみ旨と言いますが、その内容を誰も知らないというのです。これをはっきりと知らなければなりません。私が知っている有名な神学者に、このようなことを尋ねてみると、「ああ、神様のみ旨というのは、簡単でありながらも難しい」と言うのです。世の中に、そのような話がどこにありますか。神学者たちが、神様のみ旨に対する定義を下せないでいます。ですから、教派が多くなるのです。キリスト教が定義を下せないので教派が多くなったというのです。標準となる結論を下せなかったということです。

神様のみ旨とは何ですか。神様のみ旨は創造理想の完成です。そうではないですか。神様の心は二つですか、一つですか。神様が絶対的である以上、神様のみ旨も絶対的に一つだというのが論理的な結論です。

それでは、創造理想の完成、これは何ですか。それは四位《よんい》基台の完成です。それでは、四位基台の完成とは何ですか。愛の理想の完成です。愛とは、どのような愛ですか。真の愛です。そのように言えば、すべて入っていくのです。(二四七―一一七、一九九三・五・一)

＊

未来において、私たちが天上天国の中心になり、地上天国の中心となるのです。天上天国は縦的基準であり、地上天国は横的基準ですが、これが一つになって地上天国と天上天国が統一されるのです。これは、神様の真の愛を中心として、統一的

大家族の編成を模倣したものです。これが神様の創造理想です。（二六九―八〇、一九九五・四・八）

＊

真《まこと》の愛を中心として、神様が人間を無限の価値をもつ者として完成させることによって、神様も真の愛の完成を成し、永遠の理想愛が宿る創造理想世界が完成するのです。（二五四―一〇八、一九九四・二・一）

＊

神様の愛の理想は、一人では完成することができません。これは、必ず家庭を通して、夫婦の結婚を通して成されるのですが、今までこの内容が分からなかったので解決できませんでした。堕落して偽りの父母となることによって、いまだに偽りの後孫は天国に入ることができないのです。神様が創造理想によって立てられた天国に、入っていけません。この中間段階にとどまっているのです。イエス様も同様です。イエス様がなぜ楽園に行かれたのかというと、結婚することができなかったからです。

それゆえに、霊界にいるすべての先祖たちも、すべてばらばらになっているのです。どこに行くのかというと、どれほど愛し合っている夫婦が霊界に行ったとしても、神様の国、天国に入っていけません。中間天国のような所に入っていき、自らばらばらの心霊状態に該当する場所に行くのです。ですから、家族が十人いれば、みなばらばらになっているのです。（二七二－二八九、一九九五、一〇・一三）

＊

世界と同化し得る核、モデルケースを家庭で完成させようとするのが神様の創造理想です。それは、夫婦を通じて成されます。それゆえに、もし夫婦がまっすぐ行かずに曲がるようになれば、四大心情がめちゃくちゃになります。家庭で完成した心情圏は、天国に入っていくようになっていて、そのようにできなければ、天国ではなく地獄に行くようになるのです。

初愛の貴さを知らなければなりません。これを知ることによって、統一教会の家庭がどれほど素晴らしい家庭になるでしょうか。（二五七－二一七、一九九四・三・一五）

＊

神様のみ旨は、創造理想の完成です。創造理想の完成は、真の愛の理想の完成です。これが堕落したので、再び戻ってくるためにはどのようにしなければならないのでしょうか。長子権復帰、父母権復帰、王権復帰、皇族圏復帰を成し、そのように生きて天国に入っていける本然の基準を完成しなければなりません。

これが統一教会の摂理史の主流です。創造摂理が主流ですが、堕落したので復帰摂理がすべて主流になったのです。（二四七－一四三、一九九三・五・一）

5 地上天国と天上天国を創建

①地上天国と天上天国の出発基地は家庭

アダム家庭は、神様の理想と一致した真《まこと》の愛の家庭を成さなければなりませんでした。人間始祖のアダムとエバは、神様の無形の性稟《せいひん》を実体的に完成し、神様のみ旨と愛を宇宙に伝えるという期待の中で創造されました。アダムとエバとその子女たちは、全人類が従うことができる根本原理を、生活の中で確立しなければならなかったのです。

そのようになれば、アダムとエバの後孫たちは、心と体を一つに完成し、神様と一つになった個人、夫婦が一つになった家庭、また子女たちと一つになった家庭を築き、全地上に自由と、平和と、幸福と、希望の満ちあふれた安定した基盤が成し遂げられていたはずです。その典型が家庭や国家にとどまることなく、世界と全宇宙に広がっていくのが神様の理想でした。家庭で成された天国の模型が国家全体に拡大され、国家圏の天国が全世界に拡大され、世界圏の天国が全天宙に拡大されるのです。

人間の最も基本的な心性と人格は、家庭から形成されます。家庭は、愛と人格、そして生命の出発であり、その根本基台となります。人の一生というものは、家庭の基盤の上で父母の愛によって生まれ、息子、娘の位置から夫婦の位置、父母の位置、祖父母の位置へとその位相を異にしていく中で愛の人格体として完成し、愛の中で暮らしたのちに、最終的に天国に行くようになっているのです。これが創造原理です。

家庭を通して歴史と国が生まれ、理想世界が始まります。これがなければ、個人の存在する意味もなく、血統の伝承もありません。したがって、家庭は、すべての価値と理念、そして制度と体制を優先する、最も貴い人間の愛と生命の本拠地となるのです。（二八八―一六七、一九九七・一二・二七）

＊

神様を歓迎し、真の父母と共に、地上で家庭を中心として神様に侍りながら生きることによって、地上の家庭から地上・天上天国の家庭となり、統一された世界へ入っていくのです。ですから、皆さんの家庭で神様が暮らせなければなりません。神様が暮らしたいと思われるエデンの家庭を築かなければなりません。神様は、アダムとエバの家庭で暮らせなかったので、皆さんの家庭に神様をお迎えして暮らさなければなりません。

氏族的メシヤとして、皆さんの一族が神様に侍らなければなりません。皆さんの国が神様に侍らなければなりません。皆さんの世界が神様に侍って暮らし、天地が神様に侍って暮らさなければなりません。そのように神様に侍り、共に暮らせる出発基地が家庭です。私たちの家庭が地上天国と天上天国の出発基地だということを知らなければなりません。（二七〇―一〇四、一九九五・五・七）

＊

神様は真《まこと》の愛の本体なので、真の愛と連結されれば、すべてが同じ体となります。父母は、神様を身代わりした生きている神様であり、夫と妻は、お互いにもう片方の神様であり、息子、娘は、もう一つの小さな神様です。このように三代が真の愛を中心として築いた家庭組織が天国の基盤です。そのような基盤を築かなければ、天国は築けません。家庭というものは、宇宙の中心です。

家庭完成は宇宙完成の基礎となるので、家庭で愛するのと同じように宇宙を愛すれば、どこでも無事通過です。このような場合、神様は、全体の宇宙の父母であり、愛の複合的な中心の位置にいらっしゃるのです。（二九八―三〇七、一九九九・一・一七）

＊

神様を中心として一つになる時、千態万状に回るようになるのです。したがって、父母が子女を愛するのを見習って、兄弟間においても、兄は弟を愛さなければならないのです。そのように愛して一元化された家庭には、家庭愛が花開くのです。またこれは、社会愛になることができます。これがさらに進めば、民族を愛する民族愛になります。このように愛すれば世界ができるのです。しかし、今日の世界においては、これが漠然としているのです。（二八一一七〇、一九七〇・一・一二）

＊

アダムとエバが堕落していなければ、神様は、何をしてあげようとされたのでしょうか。神様は、祝福によって結婚式をしてあげ、息子、娘を生ませて神様が喜ぶことができる家庭を編成し、これを繁殖させて氏族と民族を編成しようとされたのです。これがさらに広がっていけば、その世界は、何主義の世界でしょうか。神主義の世界であると同時に、アダム主義の世界です。その世界に理念があるとすれば、それはアダム主義の理念であり、そこに宇宙観があるとすれば、アダム主義の宇宙観であり、天宙観があるとすれば、アダム主義の天宙観であり、生活観があるとすれば、アダム主義の生活観です。五色人種の皮膚が色とりどりなのは構わないのです。それは環境によって変わったことなので、数多くの民族の皮膚の色が異なるのは構わないというのです。

それでは、どうして数多くの民族の言語が異なるようになったのでしょうか。人

類始祖が堕落したので、天が分立させたのです。(一五六―一〇三、一九六六・五・一五)

＊

家庭というものは、世界を縮小させた横的な基盤です。ここから、国家と世界が展開していくのです。家庭とは何でしょうか。家庭は、世界の横的な縮小型であり、絶対的な中心の前に相対的な基準です。

それでは、私とは何でしょうか。絶対的な中心がとどまることができる基台です。(二六―二五八、一九六九・一一・九)

＊

兄弟を通して国民が形成され、人類が形成されるのです。兄弟は前後を表示するものですが、それは肉となるのです。平らになっているところに肉がついたのです。ここから円形が生じるのです。ですから、円形をつくるのが兄弟であり、国民です。兄弟が広がって国民になるのです。

ですから、兄弟愛というものは世界愛と通じるのです。多くの兄弟たちが育つ家庭は、世界の人類を抱いて理想的な地上天国と天上天国をつくるモデルのようなものです。それゆえに、兄弟はここから広がっていくのです。(二三五―二六九、一九九二・一〇・一一)

＊

家庭は、どのような家庭でしょうか。神様は、おじいさんの位置です。アダムは、現在の家庭を代表していて、息子、娘は、未来です。神様は、過去の象徴であり、父母は、現在の象徴であり、息子、娘は、未来の象徴です。

このような愛の理念を中心として、一つの家庭で四大心情圏と三大王権が展開しなければなりません。この心情が完成すれば、どのようになるでしょうか。神様が地上の表面に姿を現され、家庭においてはおじいさんの位置に立たれ、その家庭を治めて天上天国と地上天国が一つになって完成できるようにされるのです。それで、繁殖した子女たちは、二つの国の相続者として連結されるのです。（二三六―一六〇、一九九二・一一・八）

＊

家庭は、地上天国と天上天国のモデルです。そこには、祖母、父母、夫婦、赤ん坊まで、四代の系列があります。これを拡大すれば、世界各国においても、祖母、父母、自らの夫婦、赤ん坊のような四代の段階になっています。

個人は家庭のために、家庭は氏族のために、氏族は民族のために、民族は国家のために、国家は世界のために犠牲にならなければなりません。より大きなもののために犠牲になるという原則を中心として外国に出ていったとき、自らの家庭の父母、祖母、自らの夫婦、息子、娘以上に、また自分の国の人以上に世界の国の人を貴く思うならば、天国の本宮と一致した位置で完成し、天国のどこへでも入っていくことができるのです。（二五二—二六六、一九九四・一・二）

＊

地上天国と天上天国の民を愛さなければなりません。これは兄弟です。三つの愛がそこから成されるのです。兄弟同士で愛することができる、このような一つのモデルが天国の軸です。理想的天国建設の一つの軸です。地上の軸です。地上軸、天上軸となり、地上の国と天上の国が交代して天国を育てていくならば、天は発展していくのです。

なぜ神様が人間を造られたのかというと、縦横の理想構成を願ったからです。なぜ子女を必要とされたのかというと、横的な前後を中心として球形を成さなければならないからです。それで、創造されたのです。（二一九—一六九、一九九一・八・二九）

＊

神様を中心として地上天国と天上天国が統一され、縦的に神様と真《まこと》の父母を中心として横的にカイン、アベルが一つになるのです。愛のゆえにつくったので、地上天国と天上天国は愛で一つになるのであり、神様の本然的な理想を中心とした主体と対象も、愛の理想を中心として一つになるのです。この宇宙、創造世界は、愛から始まりました。それゆえに、神様も愛を中心として一つにならなければなりませ

ん。地上天国と天上天国の対応的な主体は何かというと、愛です。（二四三―三二四、一九九三・一・二八）

＊

人間の完成は、真の愛を中心として心と体が永遠に一つになり、そのようになった男性と女性が永遠の夫婦の愛を成し、そのような夫婦の愛を成した父母が真の父母の立場となって、そのような父母を中心とした歴史が、先祖から千年、万年、変わることなく継続することによって、これを縦から横的に拡大するのです。そのようになった世界は、地上天国と天上天国になります。そこで天地合徳が成就されるのです。（二〇七―五九、一九九〇・一〇・二八）

＊

統一教会の「原理」の驚くべき点は何でしょうか。今までは、地上天国と天上天国がどのように一つにならなければならないかという理論的な根拠を知りませんでした。それは、真の愛を中心としてアダムとエバから始まるのです。神様は、内的なアダムの人格を身代わりし、アダムは、神様の外的な人格の代表者なのです。この二つが一つになるのです。それゆえに、神様の愛はアダムと共に出発するのですが、一つは縦的な出発であり、もう一つは横的な出発です。理論がちょうどそのようになっています。

そのようになることによって、地上天国と天上天国が一体となるのです。それを理論的に説明することが可能です。今までの既成教会の神学をもってしては、それは不可能です。彼らは、創造主は神聖なものであり、被造物は卑しいものと見ているのです。そのように見ていながら、愛の理論をどのようにして立てることができますか。一遍に問題になるのです。彼らが主張しているように、神様は、何でも思いどおりにすることができるお方でしょうか。違います。神様にも思いどおりにできないことがあるのです。愛を中心としては、神様も思いどおりにできないのです。(二二六—一七〇、一九九二・二・四)

＊

家庭は、全人類の男性と女性を縮小したものです。人類といえば、それは男性と女性です。家庭は、すべてのものを拡大できる種です。種から繁殖して家庭、そしてその家庭が増え、それらの家庭が連合して数が増大することによって氏族となり、民族となり、国家、世界、天宙まで拡大していくのです。(二七三—四八、一九九五・一〇・二二)

＊

家庭は機関車です。ですから、トンネルを過ぎて目的地に走っていくようになれば、一番後ろを走っていた皆さんの国と世界は、自動的に天国に到着するのです。

（二六九―二九二、一九九五・五・一）

②天国創建は祝福家庭の任務

「家庭盟誓《カヂョンメンセ》」の第一節は、環境復帰です。失ってしまったすべてのものを蕩減《とうげん》復帰しなければなりません。今までの宗教は、出家を要求し、独身生活を要求してきましたが、統一教会において初めて還故郷を命令したのです。「還国」です。世界的にとてつもない事件が起きたのです。宗教界にとって、これ以上の幸福はありません。それは言葉だけではありません。（二六九―一〇五、一九九五・四・九）

＊

本郷の地を求め、それから何ですか。地上天国と天上天国を創建しなければなりません。追放されたので、すべてを失ってしまったのでしょう？　求めて何をするのですか。地上天国と天上天国を築かなければなりません。失ってしまったので、すべてつくらなければなりません。私が創造しなければなりません。盗まれたので、再び取り戻してつくっておかなければならないのです。千年、万年かかってもしなさいというのです。それで、統一教会では還故郷を唱えたのです。これは、宗教界にない出来事です。（二八八―三二四、一九九八・一・一）

地上天国と天上天国は、アダムとエバが失ってしまったので、私たちが取り戻さなければ、神様もそれを取り戻すことはできません。悪魔は、さらにそれを破壊しようとするのです。地上天国と天上天国は、私たちが取り戻さなければなりません。「本郷の地を求め」と言いました。ですから、今まで宗教世界では、出家を命令し、独身生活を命令したのですが、統一教会はその反対です。還故郷です。「故郷に帰りなさい」ということの言葉は、宗教世界の歴史にはない福音の中の福音です。これは、一度しかない朗報の中の朗報です。（二六四―一八七、一九九四・一〇・九）

＊

家庭盟誓《カヂョンメンセ》が出てきたことを、神様がどれほど喜ばれ、真《まこと》の父母がどれほど喜び、家庭がどれほど喜びますか。「本郷の地を求め！」です。この地球星《ぼし》が本郷の地です。

＊

本郷の地において、本然の創造理想である地上天国と天上天国を完成するのです。何を通してですか。愛を通してです。みな本郷に帰っていける愛の道に従ってきたのです。堕落した人々の本然の愛を復帰して、再創建するのです。（二九七―二一〇、一九九八・一一・二〇）

＊

地上天国と天上天国が一つになり、そこで神様の真の愛を中心として、一致した家庭生活をした人が、地上で暮らしたのちに天国の家庭へ移動していくのです。ですから、個人救援時代ではありません。キリスト教では、個人救援というのですが、それは違います。家庭救援が神様のみ旨です。堕落は家庭で起きたので、復帰も家庭で成さなければなりません。そのような時代が来ました。

今までの地上の歴史時代においては、なかったことです。初めて家庭が、新しく定着時代に入ってきたのです。（二六〇―三〇五、一九九四・五・一九）

＊

家庭盟誓を暗唱できることが、歴史上どれほど良い福音の中の福音かということを知らなければなりません。それで、「私たちの家庭は」と、私たちの家庭が出てきます。「私たちの家庭は真の愛を中心として、本郷の地を求め――自分が生まれた本郷です。故郷の地が最も貴いのです――本然の創造理想である地上天国と天上天国を創建することをお誓い致します」です。創造理想とは、神様を中心とした創造理想をいうのです。地上天国と天上天国をつくるのが創造理想でした。ですから、創造理想を堕落によって成すことができなかったので、復帰しなければなりません。本郷の地を中心として創造理想の地上天国と天上天国をつくるということです。（二六〇―一八八、一九九四・五・八）

本然の創造理想の地上天国と天上天国を、私がつくらなければなりません。家庭を失ってしまったので、私たちの家庭がつくらなければなりません。

本郷の地は、家庭を中心とした本郷の地です。国ではありません。それで故郷に帰らなければならないのです。皆さんにそのような家庭があれば、故郷の地に帰って、地上天国と天上天国を成し遂げなければなりません。今、故郷さえ取り戻せば、自然に国、世界、すべてが一つになるのです。心配する必要はありません。地上天国、天上天国が自然に成されるのです。家庭で展開されるのです。(二六〇―一五七、一九九四・五・二)

＊

「本然の創造理想である地上天国と天上天国を創建することをお誓い致します」。ここに「創建」という言葉を使いました。どうして「創建」というようになったのかというと、これは、私たちが再びつくらなければならないからです。ただ、そのままできるのではありません。つくらなければなりません。再創造しなければなりません。地上地獄になっており、天上地獄になっているので、私たちが再びこれを再創造しなければならないのです。

「本郷の地を求め、本然の創造理想である地上天国と天上天国を創建することをお誓い致します」。私たちがつくらなければならないということです。私個人において、地上天国と天上天国になるのが家庭です。家庭においてつくらなければならないので、「家庭盟誓《カヂョンメンセ》」です。これをつくらなければなりません。それは、私たちがつくらなければならないのです。（二六〇―三〇四、一九九四・五・一九）

＊

「家庭盟誓」の第一節は、還故郷です。故郷の地の環境へ帰っていくのです。ですから、「本郷の地を求め、本然の創造理想である地上天国と天上天国」と言ったのです。そこで失ってしまったのでしょう？　創造は、誰がするのですか。私たちがしなければなりません。私がしなければなりません。家庭がすることができなかったので、アダム家庭がしなければなりません。

先生が、その基盤をすべて築いてあげました。反対されなければ、今は、そのようなみ言《ことば》と内容をもってどこに行こうと、自動的に覇権を掌握できるのです。どこかに行って、口を開けて話さなければなりません。眠っている町中の人々を起こして、「集まってください」と言うのです。それでも集まらなければ、棒でたたいて、強制的にでも引っ張ってきて、三十分、一時間、二時間、説教するのです。「悪い話であれば反対しなさい」と言うのです。

聞けば、有り難く思うようになっているのです。そのような絶対的権限をもって、一方的に一気に推し進めても、副作用がない環境条件ができあがってきているのに、これを目で直視しながら行動できなければ、ばかだというのです。そのような者たちは、乞食《こじき》に奪われてしまうのです。僕《しもべ》になるのです。（二八三―七五、一九九七・四・八）

＊

私たちの一片丹心とは何でしょうか。失ってしまった本郷の地を取り戻し、本郷の祖国を創建しようというのです。今日、「再建」という言葉を言うでしょう？　再建とは、あるものを取り壊して再びつくることです。

統一教会の群れは、再建ではなく、創建しようというのです。これは材料もなく、このこぶししかありません。本郷の地がありますか。本郷の国がありますか。ありません。ないので創建するのです。創建するのですが、何を材料にするのでしょうか。皆さんのこぶしが材料であり、皆さんの体が材料であり、皆さんの骨が材料です。この体を動かし、骨を削り、すべての血と肉を注ぐようになれば、世界の金銀財宝が飛んでくるのです。それで、材料を購入しようというのです。（一五五―五三、一九六四・一〇・六）

＊

皆さんにとって、「家庭盟誓《カヂョンメンセ》」の文をもったのは有り難いことです。他郷で悲しく歩んできた宗教圏でしたが、「家庭盟誓」は、「帰郷しなさい」と言っているのです！「還郷しなさい」と言っているのです！「故郷へ帰りなさい」と言っているのです！　忘れることのできない言葉です。（二八三―七九、一九九七・四・八）

③還故郷と氏族的メシヤの使命完遂

個人的なゴルゴタを越え、家庭的なゴルゴタ、氏族、民族、国家的なゴルゴタを越えて世界的なゴルゴタに向かっていかなければなりません。天は、私たちを前に立てていくことを望んでいるのではなく、今まで天が前に立って私たちの行くべき道を開拓し、私たちに「来なさい」と言っているのです。このような道を行けなければ、滅びます。滅びなければなりません。千回、万回、死ぬようなことがあったとしても、この道を行かなければなりません。今日、韓国人の手により、このような本郷が創建されれば、世界の人々は、私たちを祖国の民として迎えることでしょう。

私たちは、天が願われる園に向かって、きょうも歩み、あしたも歩んでいける準備をするために集まったのです。ですから、力と精誠をすべて捧げ、世の中の何ものよりも貴く思いながらこの道を行くのが、生まれながらの生涯の目的であることを、皆さんは絶対的に知らなければなりません。（一五五―五四、一九六四・一〇・六）

＊

故郷へ帰っていかなければなりません。今まではすべて追い出されました。追い出されたので、復帰していかなければなりません。完成した家庭として訪ねていけるのです。それで、本郷の地に訪ねていって何をしようというのでしょうか。そこで暮らすのではありません。失ってしまった地上天国と天上天国を、私が捜し出して築かなければなりません。

今は、サタンが本郷の地を占領しているので、天国をつくらなければならないのです。なぜこれをしなければならないのでしょうか。真《まこと》の父母が築き上げたものを相続してあげようというのです。

真の父母が来て、世界的舞台において本郷の地を訪ねていき、アダム家庭が失ってしまったものを復帰して地上天国と天上天国を完成し得る基盤を築き上げたのです。先生が世界的基盤を築いたので、皆さんは、氏族的基盤を築かなければなりません。(二六六―一四四、一九九四・一二・二二)

＊

なぜ氏族的メシヤとしての責任分担を果たさなければならないのでしょうか。第一の理由は、皆さんの父母を救ってあげなければならないからです。父母は第一のアダムの立場であり、皆さんは第二のアダムの立場です。父母を復帰し、再創造してアダムの使命を完遂しなければなりません。

第二の理由は、皆さんには故郷が必要だからです。氏族的メシヤの使命を果たすことによって、自分の故郷をもてるようになるのです。結局、氏族的メシヤの責任分担を果たさなければならない理由は、アダム家庭を完成するためです。具体的には、氏族を教育しなければなりません。(宗族的メシヤ―一六三)

＊

氏族的メシヤがいなければ、家庭基準を中心としてすべて連結されません。それが連結できなければ、皆さんの故郷はあり得ません。先生の故郷はあっても、皆さんの故郷はありません。家庭をすべて復帰しておけば、今後、入籍時代が到来します。入籍時代が到来すれば、部族の編成が起こり、入籍する順序の系列ができるのです。先に入籍する人々がお兄さんになり、彼らを先祖のように侍る新しい体制ができます。全世界をすべてそのようにして、初めて地上天国の完成が成されるのです。(二一〇―二七三、一九九〇・一二・二五)

＊

統一教会の教団は、氏族です。私の血が共に動じるのです。私が涙を流せば涙を流さなければならず、私が喜べば喜ばなければなりません。血族です。五色人種を超え、文化背景の異なるすべての国家基準を越えて、壁を突き崩して一つに団結した新しい天国創建のための民族です。

この民族が神聖になれば、天国の「創国」が顕現するのであり、そのような神聖な「創国」の民族として生きていく時、「創世界」が展開するのであり、その世界の上に天宙的な地上天国と天上天国が連結するのです。（宗族的メシヤ―一六八）

＊

今、先生は、皆さんに「メシヤ」という名前を与えました。氏族的メシヤです！それでは、皆さんはどのようにしなければなりませんか。メシヤとして何をしなければならないのでしょうか。国家的メシヤ、世界的メシヤ、天宙的メシヤになり得るすべてのものを準備しておいたのです。皆さんのために、山のように大きな宝物を準備しました。

皆さんがメシヤになりさえすれば、宝石の山のようなものが連結され、水が流れ下っていくように、皆さんにすべて相続されるのです。（宗族的メシヤ―一七三）

＊

地上天国で生きた人が、死んで入っていく所が永遠の天の国、天国です。それでは、ここでどのように一体となるかを考えなければなりません。これからは、ほかのことを考える必要はありません。自分を中心として、このすべてのことを完成し、解決し得る最後の終着点にとどまっていることを知らなければなりません。そして、これをどのように完成するかという問題が残っているのです。

それは、私自身の心と体の問題であり、家庭の夫と妻においては、自分と相対の問題であり、父母を中心として子女がいれば、親と子の上下関係の問題です。これが、皆さんの家庭全体が共通に連結された完成の表題となっていることを知り、どれか一つでも偏れば、すべてが傾くということの事実を、皆さんは知らなければなりません。（二九八―五四、一九九九・一・二）

＊

終わりの日が来たというのは何ですか。私たち人間の前に、本郷の地を取り戻せる時が近づいたということです。故郷の地で暮らせる人類が、歴史的な祖国を創建できる時代が近づいたということです。

ですから、創建理念をもってくるイエス様に、「王の王」というレッテルを付けておいたのです。それは不思議でしょう？　なぜそのようなものを付けておきましたか。しかし、それは偽りではなく事実です。動機がなくては、結果は出てきません。その結果の内容を追求してみれば、必ず動機があるのです。その動機は、人間が分からない動機です。すべて神様が動かすのです。（一五五―三四、一九六四・一〇・六）

＊

先生が願っていることは、今日の統一教会の青年男女を、どこにおいても通じ得る人々にすることです。国が慌しくなる時に、どのような分野でも任せられる人々をつくらなければなりません。

じっと座って土ばかり掘って農作業だけしているのならば、いっそのこと死んでしまったほうがよいのであって、そのようなことで何ができるのですか。土を掘るにしても、一度行けば、村の人々が想像もできない仕事をしてくるのです。十年後、二十年後にそれを知る時が来るはずです。私たちがそうです。とんでもないことをしながら、ほかの人ができないことをするために、準備している人々です。(一五五―五三、一九六四・一〇・六)

＊

行こう！ 行こう！ 本郷の地に早く行こう！ 本郷の地に早く行こう！ しよう！ しよう！ 伝道を早くしよう！ あらん限りの力を尽くして闘おう！ しよう！ しよう！ 早くしよう！ 一致協力して何をしようというのですか。真《まこと》のみ旨を立てようというのです。(一五五―五三、一九六四・一〇・六)

＊

私たちは、きょうも行き、あしたも行かなければなりません。皆さんを指導する先生も、この道を歩んでくるために袋だたきにも遭ったのです。監獄にも、何度も行きました。先生の監獄生活を計算すれば、何年くらいになると思いますか。監獄にも入り、むちで打たれて血を吐いたこともあり、悲しみと迫害の中で、ありとあらゆる恥ずかしさと惨状も味わいました。父母の恨《ハン》も、親戚《しんせき》の恨も、国の恨も、民族の恨も、数多くの宗教の恨も受けました。

しかし、行くべき道がそれよりももっと大きく、もっと貴いということを知っていたので、それらは問題にならなかったのです。ですから、きょうまで歩んできたので、あしたもまた行かなければならず、あした行けば、あさってもまた行かなければならず、今年行けば、来年もまた行かなければならず、十年、二十年、四十年の人生を歩んできたならば、また生涯が終わる時まで行かなければなりません。そのようにして行くべき本郷の地が残っているのです。その本郷の地とは、どのような所でしょうか。行きたい所、行って会いたい所、会って暮らしたい所です。

その道が、今日の世の中のどのようなものよりも、私の周囲のどのようなものよりも貴い道であることを知り、どのようなものよりも切実であるがゆえに、それらをすべて捨てていかなければならない運命があるのです。ですから、今日、これが私たちの行く統一の道であり、師が歩んでいく道であることを皆さんは知らなければなりません。生涯の最後まで行かなければならないのです。（一五五―五四、一九六四・一〇・六）

＊

家庭の最終着点の美化を、完成しなければなりません。芸術的な家庭理想を備え、神様に侍り、真《まこと》の父母様が自分の家庭に来られれば、永遠に離れたくないと思われるような家庭を築かなければなりません。同じように、神様も永遠に離れたくないと思われるような家庭を築かなければなりません。万民のすべての責任者、指導者、さらには天国にいる真の父母様の直系の息子、娘、そして皇族圏があるとすれば、どのような皇族圏もその家に行って暮らしたいと思えるようなモデル的家庭を築かなければなりません。それが私たちの責任です。

天は、このことを、今の時代の当面の課題として提示していることを知らなければなりません！　成就しなければなりません！　責任をもった中心者にならなければなりません！　そのようになれば、神様が願われる地上天国、永遠の家庭の出発がなされるのです。（二九八—五五、一九九九・一・二）

二　家庭盟誓《カヂョンメンセ》第二節の解説

天一国《てんいちこく》主人、私たちの家庭は真の愛を中心として、神様と真の父母様に侍り、天宙の代表的家庭となり、中心的家庭となって、家庭では孝子、国家では忠臣、世界では聖人、天宙では聖子《せいし》の家庭の道理を完成することをお誓い致します。

1　代表的家庭、中心的家庭となって

①アダム家庭が代表的家庭、中心的家庭

「私たちの家庭は真の愛を中心として、神様と真の父母様に侍り」です。神様と真の父母様に侍らなければならないのですが、エバが堕落することによってアダム

家庭が追い出されてしまったのです。神様と真《まこと》の父母に侍らなければなりません。神様と真の父母が縦的な父母と横的な父母であり、二つの父母が一つになることによって、初めて私が出てくるのです。神様は縦的な父母であり、完成したアダムとエバは横的な父母であって、この二つの父母が一つになったその上で統一が成され、天国と神様が連結されるのです。ですから、神様と真の父母に侍らなくては何もできません。それで一つになって天宙の代表的家庭になるのですが、その家庭は、堕落する前のアダムとエバ以上の立場なのです。（二六〇―一八〇、一九九四・五・八）

＊

アダムの位置は、世界人類の過去と現在を代表した位置であり、頂上の位置です。数億万年の人類先祖の頂上です。最初は、この一つしかありませんでした。アダムとエバは頂上で結婚し、地上の中心家庭として着地して世界に拡大していくようになっているのです。そのような位置で天国の孝子となり、天国の忠臣となり、国をもって忠臣となり、国をもって聖人となり、国をもって聖子の道理を果たさなければならなかったのですが、アダムは、それを成すことができなかったのです。（二六四―一八八、一九九四・一〇・九）

＊

第二節は何でしょうか。「私たちの家庭は真の愛を中心として、神様と真の父母様に侍り、天宙の代表的家庭となり、中心的家庭となって、家庭では孝子、国家では忠臣……」、このように続いていきます。それは、何を意味するのでしょうか。天宙の中心家庭は、アダムとエバです。アダムとエバが中心家庭であり、代表家庭です。代表は一つしかありません。中心も一つです。それが種です。アダムとエバがその種です。そして、祝福を受けた家庭の種は、すべてイコールです。皆さんの家庭も、全く同じでなければなりません。（二六二―六一、一九九四・八・一六）

＊

アダムとエバは、真の愛に絶対的に侍る道を通ることによって、家庭から国家、世界、天を無事通過するのです。家庭から国家、世界、天に直行するようになっています。

今までの歴史時代の思想観は、そのような内容になっていませんでした。すべてジグザグに上がっていったのです。このように、万年不破の愛を中心として、一体的な家庭拡大の理想に従って歩んでいかなければなりません。家庭のモデル形態は変わりません。それが代表的家庭であり、中心的家庭です。（二八三―七六、一九九七・四・八）

＊

堕落せずに完成したアダム家庭が天宙史的な代表家庭になるのです。代表的家庭、中心的家庭になるのです。「家庭盟誓《カヂョンメンセ》」の第二節にあるように、中心家庭であると同時に、代表家庭だというのです。頂上、すなわち神様の前まで上がっていき、アダムとエバと神様の三者が一つになるのです。（二六九―八〇、一九九五・四・八）

＊

アダムとエバが天地の中心です。全世界の人類を代表した中心家庭です。ここから上がっていくのです。国の大統領の家庭があります。世界の大統領も家庭があります。神様も家庭があります。

＊

同じです。これをしっかり押さえれば、世界版図なので、八段階に拡大されれば標準は一つになるのです。これが大きくなり、軸が一つになるのです。家庭という軸を中心として一つになるのです。私は家庭軸の代表なので、世界に一つしかない位置に立つのです。それで、王子、王女になりたいと思うのです。欲望は、神様を占領し、この地上における最高の男性、女性となって最高の神様の相対になることです。そのようになることによって、神様が私のものになると同時に、神様がつくられたすべての被造世界も私のものになるのです。愛は、一体になることです。所有権が決定されるのです。これは驚くべき言葉です。（二七三―二八三、一九九五・一〇・二九）

＊

「家庭盟誓」の第二節に「代表的家庭となり、中心的家庭となって、家庭では孝子、国家では忠臣」と続いていくでしょう？　孝子の道理、忠臣の道理、聖人の道理、聖子《せいし》の道理をすべて愛によって連結させなければなりません。そのようにすれば、アダムとエバの代表的家庭です。一番頂上の家庭です。頂上で結婚すれば、地上に着陸するのです。天上で愛を中心として着陸すれば、中心家庭になるのです。それは聖子の家庭であり、聖人の家庭であり、忠臣の家庭であり、孝子の家庭です。それが永遠の種となり、それが実を結ぶことによって拡大していくのです。千代、万代、この原則に立脚した人になることによって、間違いなく天国の民になるのです。（二六二―一四八、一九九四・八・二二）

＊

アダムとエバの家庭という一つの起点を中心として、氏族は、その周りを形成するのです。家庭は核です。核は、移動することができません。そのような家庭を中心として、氏族、民族、国家、世界、天宙、神様を解放させることができる位置を備えなければなりません。神様と同居することができなければなりません。神様が家庭に同居でき、氏族、民族、国家、世界、天と地に同居できる家庭的価値の内容を備えてこそ、堂々と天国に入ることができるのです。

アダム家庭は、世界家庭の代表です。時間的な未来にそれを残しておきましたが、彼が行かなければならなかった所は、全世界家庭の代表の位置です。それで、今日、蕩滅《とうげん》復帰の原則によって私たちが立った位置は、世界的代表の位置です。（二六三―二〇五、一九九四・一〇・四）

＊

アダム家庭は、代表的家庭です。ここにおいて神様は、一番頂上にいらっしゃるので、一番頂上に立たなければなりません。その前でプラス・マイナスとして一つになることができる最高の位置に連結されるのです。代表的です。代表的家庭です。ここで植えたので、植えたものは、後代を通じて広がっていくのです。

家庭、氏族、民族、国家、世界、天宙、天と地を中心として、この中心地に植えつけられて連結されるのです。それで、代表的家庭なのですが、家庭は、地上に植えなければならないので、平面図上で中心的家庭になるのです。八段階です。全宇宙の中心になります。このような種を植えれば、ここから家庭が広がり、氏族、民族、国家、世界が展開していくのです。全く同じ価値の種です。同じです。（二六一―三二八、一九九四・七・二四）

＊

アダム家庭において、天がアダムとエバに祝福した種、それは結婚の種です。結婚の種がそのようになっているので、今日、人類が家庭をもつようになれば、それは世界家庭として、種から実を結んだものなので、アダム家庭の種も、今日その数千万代の子孫となった種も、その価値は同等になります。種の価値が違っていてよいでしょうか。松ならば、松の種を一つ植えれば、それが世界へ広がっていき、数千万の松の中から数億個の種ができたとしても、その種はすべて一つの種と同じ価値をもった松として培養されなければなりません。（二七三―一八三、一九九五・一〇・二九）

②祝福を受けた家庭は本然の家庭と同じ価値

アダム家庭は、代表的であり、中心的立場に立つのです。それで、自分たち夫婦は、世界の人類を代表する家庭であり、世界の中心家庭だと、そのような観念をもたなければなりません。神様の息子、娘は、そうでなければならないでしょう？　天国に入る家庭なので、そうでなければならないのです。それで、祝福家庭がアダム家庭に入るためには、盟誓文《メンセ》を知らなければならないというのです。（二六五―一一三、一九九四・一一・二三）

＊

祝福というものは、堕落していない本然的な神様の愛と連結され得る基準なので、堕落していないアダムとエバの家庭と同じ価値をもたなければなりません。そうであってこそ同じ種になるのです。夫婦を中心として兄弟がいれば、その兄弟に神様が対するのは同じだというのです。どんなに広がっていっても、一つの家庭がもつ価値は、アダム家庭のもつ価値と同じです。同じ種の価値をもたなければなりません。（二六二―一九六、一九九四・一〇・四）

＊

祝福を受けた家庭は、名実共に世界を代表した家庭です。したがって、世界を代表した家庭として、真《まこと》の父母の血族と氏族、民族、国家の数多くの血族の前に恥ずかしくない、神様を身代わりした家庭にならなければならないということは間違いのない事実です。このような意味で代表的家庭であり、中心的家庭です。そのようになることによって、アダムとエバの家庭と私の家庭が同じ価値になるのです。それが結論です。ですから、皆さんは、ここではこのように生き、あそこではあのように生きるということはできません。（二六二―二〇五、一九九四・一〇・四）

＊

盟誓《メンセ》文の二番目は代表的家庭です。代表的家庭とは何ですか。アダムとエバ、二人しかいません。神様とアダムとエバ、二人しかいません。天地の最高の位置であり、代表的位置です。代表的位置になり、結婚することによって、地に着陸するのです。なぜですか。息子、娘を繁殖しなければならないからです。代表的家庭は中心的家庭です。家庭は二人です。男性が二人ではなく、女性が二人ではありません。相対を合わせるのです。

単一の男性と女性が、神様の前に代表的位置に立つのは、アダムとエバと同じことなので、アダム家庭を種といえば、私たちの家庭も種です。松の種は、千年、万年、どこへ行こうと同じ価値をもっているのです。同じ価値、対等な価値を備えます。これを植えれば、どこでも松が出てくるのと同じことです。ですから、今日、先生が結婚したことは世界的です。（二七三―四九、一九九五・一〇・二二）

＊

祝福を受ける位置は、大韓民国の金氏《キム》ならば、金氏の息子として祝福を受けるのではありません。神様の直系である堕落前のアダムとエバと、同じ位置で祝福を受けるのです。それは、どういうことでしょうか。その家庭を中心として、全体を代表しているということです。アダム家庭が全体の代表となり、アダム家庭の一点を中心として宗族《そうぞく》が連結され、氏族が連結され、世界まで発展して一つにして、しっかり押さえておけば、一点を中心として球形と円形に発展するのです。それと同じです。

それと同じように、中心者であるアダムと同じ本然の種の位置を自分が再び譲り受けたので、アダムが成そうとしていた氏族、民族、国家、世界型と、等級は違っ

ても同じ内容の価値をもたなければなりません。（二六三―一九七、一九九四・一〇・四）

＊

真《まこと》の父母の家庭、これは種です。種が完全な種であれば、その種を植えて繁殖した数億万の家庭があっても、種は同じ価値をもちます。イコールです。神様が定着される家庭の基準は、何千代、何万代、何億万代になったとしても同じ価値を認められるので、種はイコールです。それゆえに、私たちの家庭は、代表的家庭です。大韓民国を代表しているのです。

それで、盟誓《メンセ》文の第二節に「私たちの家庭は真の愛を中心として、神様と真の父母様に侍り、天宙の代表的家庭となり」としたのです。代表は頂上です。その次には、中心家庭になるのです。縦横に連結するようになれば、縦横が連結される位置です。代表的家庭であり、中心家庭です。そのようになれば、宇宙は、すべて皆さんのものです。（二八二―三二〇、一九九七・四・七）

＊

「代表的家庭となり、中心的家庭となって」、これを考えなければなりません。皆さん、祝福を受けた家庭は、五十億人類の五十億分の一ではありません。逆です。五十億人類を代表しているのです。代表的家庭であるアダムとエバの二人で出発したものを失ってしまったので、代表的家庭として、世界中のすべての男性と女性に推薦させて、その代表者一人一人として残った者を引き抜いてきて組み合わせた結婚です。代表的家庭は、地上の頂上でしっかり押さえれば中心的家庭になります。

ですから、中心的家庭となって、家庭では孝子、国家では忠臣、世界では聖人、天宙では聖子《せいし》、イエス様の恨《ハン》、このようなすべてのものを解いたというのです。先生がこれを完成したので、皆さんに相続してあげるのです。ゆえに、従ってきて収拾すればよいのです。（二六七―一四九、一九九五・一・四）

＊

皆さんが結婚する時、一対一の男性と女性として行くのではありません。人類を代表した位置で結婚した家庭だということを考えなければなりません。真の愛を結ぶ夫婦は、人類を代表した位置で結ぶのです。アダムとエバと同じ位置です。八段階です。一、二、三、四、五、六、七、八、八段階です。アダムとエバは、この頂上にいるのです。これがすべて、アダムとエバの伝統を相続して大きくなっていくのです。これが王権です。（二六六―一四五、一九九四・一二・二二）

＊

天宙の中心家庭は、アダムとエバです。アダムとエバがその中心家庭であり、代表家庭です。代表は一つしかありません。中心も一つです。それが種です。アダムとエバが祝福を受けて結婚した家庭の種です。その家庭の種は、すべてイコールで

す。皆さんの家庭も、全く同じでなければなりません。（二六三—六一、一九九四・八・一六）

＊

「祝福を受けた家庭は、復帰された家庭だ」と言うとき、アダム家庭とその内容の価値は違いますか、同じですか。皆さんの家庭に行けば、皆さんの家庭は家庭の王宮です。また、氏族の王宮であり、国家の王宮であり、世界の王国であり、天宙の王宮です。皆さん、男性に尋ねれば「王になりたい」と答え、また女性に尋ねれば「女王になりたい」と答えるでしょう？　いったいそれはどういうことでしょうか。本来のアダムとエバは、王であり、女王だったということです。

世界を代表し、宇宙を代表するのです。家庭を代表するのはもちろんのことです。王と女王です。それが種です。皆さんは、その結実です。実というものは、同じ種から出てくるのです。種と同じ価値をもっているのです。同じ脈絡です。皆さん、男性と女性の二人を連れていって植えつけておけば、堕落しなかったアダムとエバになり、家庭の王国、国の王国、天上・地上天国の王国の基地となることができると思いますか。統一教会で真《まこと》の父母を通じて祝福を受けた家庭が、そのような対等な価値をもたなければ、雷に打たれるのです。（二六一—三一七、一九九四・七・二四）

＊

真の父母を中心とした家庭は、神様の愛を中心とした直系の血統圏内に入っていくのです。このような真の父母の歴史性の結実として世の中に現れたものが祝福家庭です。祝福家庭は、世界的です。世界の平面図上で祝福されるのです。その下には、数多くの国家があり、氏族があり、家庭があり、数多くの個人がいるのです。逆になったのです。これを代表しています。したがって、アダム家庭が世界的家庭を完成することによって統一世界を成し遂げていれば、その価値と、私において成し遂げられた価値は同じです。種です。世界的な種なのです。（二六三―二〇六、一九九四・一〇・四）

*

先生が神様の家庭において孝子になり、国において忠臣になり、世界の聖人になり、天宙の聖子《せいし》になったように、皆さんもそのような伝統を受け継がなければなりません。それを受け継がなければ、代表的、中心的家庭になることはできません。代表的なアダム家庭は、家庭の中心であると同時に天宙の中心です。中心は一つです。代表は頂上であり、中心は垂直です。家庭、氏族、民族の、この八段階をしっかり押さえれば円形になるでしょう？（二六三―六一、一九九四・八・一六）

*

皇族圏の直系先祖は誰でしょうか。本然の愛の神様の直系子女であり、真の愛を中心として真《まこと》の生命と真の血統の基盤を中心とした堕落していない人です。そのお方が種です。その種から根が出てくれば、中心の幹の根となり、そこから中心の幹、中心の芽へと大きくなっていくのです。これが縦的に大きくなるにつれて、それに対応して横的世界へと拡大していくのです。ですから、それを見れば、家庭と氏族も連結され、民族、国家、世界も連結されるのです。

したがって、真の根と真の幹と真の芽に連結している枝も、すべて真の愛の枝となるので、そこで結ばれた実は、本然のアダム家庭と同じです。中心の幹の根となることができ、中心の幹となることができ、中心の芽になることができる種の起源が結実として現れる時、その結実――家庭を中心とした夫婦を中心として――を植えておけば、一族を中心として、その一族の新しい中心の根となり、中心の幹となり、中心の芽となるのです。それゆえに、実には同じ価値があるのです。(二六三―一九五、一九九四・一〇・四)

＊

統一教会の食口《シック》は、「アダムとエバと同じように、私は天地を代表して立った」と思わなければなりません。そして、宇宙を代表していると同時に、平面的にはすべての国と世界を代表している家庭だというのです。縦的な基準においても代表的であり、横的な基準においても代表的な中心です。これは最高の代表家庭です。地上においては、これが横的な世界の中心にもなるのです。そのようになってこそ、同じ皇族圏としての心情をもって天国に入っていき、神様に侍り、王に侍り、王の一族として暮らすことができるのです。そのような所が天上天国だということを知らなければなりません。（二六一―三一八、一九九四・七・二四）

＊

神様と真の父母に侍り、代表的な家庭となり、中心家庭となって、家庭ではもちろん孝子、孝女、国では忠臣、烈女、世界では聖人、天地では聖子《せいし》の道理、このような、天が願ったすべてのものを私たちの家庭で完成しようというのです。父母として子女教育をなし、国家では民族教育、世界では……。そして、天と地ではその天国の一族として、家庭の一員としての合格者になることができるようにしようというのです。（二六〇―一九〇、一九九四・五・八）

＊

時間と場所に関係なく、古来、すべての人間は、みな自分が中心存在になりたいと思ってきました。それは人情の常です。私たちはみな、それが人間としてもっている共通の内容であることを知っています。それでは、人間は、どうしてこのような欲求をもつようになったのでしょうか。それは、自分が生まれたのちにもつようになったのではありません。生まれながらにしてそのようなものをもって生まれてきているのです。ですから、生まれてみると、そのようにならざるを得なかったのです。本然の基準にこれがあり、避けることができないものとして、歴史性とともに私たち人間に連結されているので、誰彼を問わず、自分が一番の存在になりたいと思うのです。(二二六―七、一九九二・二・二)

2 家庭では孝子、国家では忠臣、世界では聖人、天宙では聖子《せいし》の家庭の道理を完成

①必然的に行かなければならない孝子、忠臣、聖人、聖子の道

家庭において、孝子、孝女とは、どのような人のことをいうのでしょうか。父母のために心と体を犠牲にしても、それを超えて父母を愛したいと思う人のことを孝子、孝女というのです。愛国者とは、何でしょうか。国家のために自らの一身を顧みず、いくらでも犠牲になり、投入して忘れてしまう人が真《まこと》の愛国者です。十回投入して忘れてしまう人と、十一回投入して忘れてしまう人がいるとすれば、十一回投入して忘れてしまう人が主体になるのです。

この原則によってのみ、すべてのものが平和に収拾されるのです。愛を除いてしまえば、「ため」に生きる道を除いてしまえば、それを成し遂げる道はありません。（二五五―一九一、一九九四・三・一〇）

＊

家庭には孝子が必要です。父母と絶対的に一つになった息子のことを「孝子」といいます。国の忠臣は、国の中心存在と絶対的に一つにならなければなりません。これが宇宙の存在的実相です。世界には聖人がいて、聖人と絶対的に一つになりたいと思い、それを越えて天宙では、すなわち天と地を中心としては、中心である神様と絶対的に一つになりたいと思うのです。（二六二―一二八、一九九四・七・二三）

＊

「孝」というものは、孝子に従っていこうとします。年を取って老いていきますが、彼らの父母のことを思う心情に従って、未来の自らの後孫や父母に属するすべての兄弟までも、その孝子に任せようとするのです。神様に向かい、神様が願われる家庭と世界を神様のために創建するのです。誰がですか。私がです！　駄目でも私に任せ、後援することができるそのような情緒的な神様であることを知って、信念をもつ人は滅びることはありません。（二六二―一七〇、一九九四・八・二三）

＊

神様は、御自身の愛の相対が自分よりも優れていることを願っていらっしゃるので、神様に命令して暮らすことができる位置にまで行くことができるのです。孝子が父母に、「来てください」と言えば、来ますか、来ませんか。来るでしょう？　どのようなことでも、新しいことをしなければならないのが孝子の道であり、忠臣の道であり、聖人と聖子《せいし》の道理です。（二六三―一八四、一九九四・八・二三）

＊

「家庭盟誓《カヂョンメンセ》」の第二節に出てくるように、家庭では孝子、国家では愛国者、忠臣にならなければなりません。この孝子とは、地上のサタン世界における孝子のことではありません。歴史上、初めて現れる孝子です。神様は、アダム家庭を失ってしまった恨《ハン》を残したのです。

それで、真《まこと》の父母を探し出すために、さまよい歩んでこられました。それゆえに、真の父母というもの自体が、どれほど貴いものなのかということを知らなければなりません。（二六三―二〇六、一九九四・一〇・四）

＊

父母のために、自分一身の生命を投入して忘れてしまう、そのような一生を経ていく人を真の孝子といいます。真の孝子、孝子の中の真の孝子だというのです。

国もそうです。王様に対して忠臣になろうとすれば、自分の生命まで投入して、また投入して忘れてしまえるようになるとき、真の忠臣だといえるのです。ですから、聖子といえば、世界のために自分の生命を投入し、また投入しようとすることができ、より投入し、投入しようとする人が聖子の中の聖子だ、このようになるのです。（二六三―二七六、一九九四・一〇・一五）

＊

妻を探し求めていく夫が、その愛の前に絶対服従するとすれば、妻は幸福でしょうか、不幸でしょうか。絶対的に幸福だというのです。夫を探し求めていく妻もそうであるならば、その夫も絶対的に幸福だというのです。

父母の前に絶対服従できる者を「孝子」といい、国の前にそのようにできる者を「忠臣」といい、世界の前にそのようにできる人を「聖人」といい、天地の前にそのようにできる人を「聖子」というのです！　アーメン。それは、すべて私を教育してくれる教材であり、教本だったのです！　「アー」、舌まで踊りながら、「メン！」。腹の肉、腹の皮、はらわたまで踊りながら「メン」です。メン（man）とは「人」のことです。「アーメン！」と言えば、「アー！　驚くべき人だ」というのです。「アーメン！」です。そのような意味を考えながら、「アーメン！」と言うのです。分かりましたか。（二六四―一四一、一九九四・一〇・九）

＊

「どんなに難しくても、孝子の道を取り戻す道であり、忠臣の道を取り戻す道であり、聖人と聖子《せいし》の道を築いていく道であるので当然だ」と言うことができる信念が必要です。父母のためには、自分一身だけではなく、自らの妻子を犠牲にしたとしても、孝子の道を行こうという思いをもたなければなりません。

この孝子に対して父母が一つになり、「父母まで犠牲にしてでも国を救わなければならない」と言えば、忠臣の位置に立つのです。それから、この忠臣に対して国が一つになり、「国まで犠牲にしてでも世界を救おう」と言うとき、聖人の道理を果たすようになるのです。それが、アダムの行く創造の理想です。私が孝子にならなければならず、忠臣にならなければならず、聖人になり、聖子の道理を果たさなければなりません。「家庭全体をすべて犠牲にしてでも聖子の道理を果たそう」と言うことができなければなりません。(二六六―一〇五、一九九四・一二・一八)

＊

家庭において孝子という場合は、すべての息子、娘の中で、一番犠牲になりながら投入したがゆえに孝子となるのです。国においても、どの氏族、どの国民よりも投入したがゆえに愛国者となるのです。聖人も、世界のためにより投入した人が聖人になるのであり、天地のためにより投入した人は、イエス・キリストのような王子になることができるのです。そのように生きなければ、天国に行けません。天国は、そのように生きた人が行く所であって、そのように生きられなければ、天国に行けません。

ここに来て仕事をするのは、食べて暮らしていくためではありません。出世するためでもありません。天国の民となり、天国の孝子、忠臣、烈女、聖人、聖子の道理を果たすために集まっているのです。神様が求め、神様が好まれる家庭と、神様が好まれる家族を愛し、そのような家庭において生きたのちに逝《い》った人が地上天国と天上天国の民となり、家族になるということを知らなければなりません。（二六九―二五三、一九九五・四・三〇）

＊

完成した私は、世界人類を代表した家庭における孝子であり、歴史的国家を代表した忠臣であり、世界を代表した聖人であり、天の摂理全体を代表した聖子として完成した私だという自信をもってこそ、個人からサタン世界を完全に越えて天に帰っていくのです。そのような私です。そのような孝子、忠臣、聖人、聖子として完成することができる私であり、そのような夫と妻が夫婦的孝子であり、夫婦的忠臣であり、夫婦的聖人であり、夫婦的聖子です。それから、そのような国家的夫婦であり、そのような世界的夫婦であり、そのような天宙史的な夫婦であり家庭だということができる家庭が、創造理想的み旨を完成した家庭になるのです！　アーメン！　アーメン！　アーメン！　そのような家庭を完成することに自信があるという人は手を挙げて誓いましょう。そうです。万歳！　万歳とは何かというと、すべてのものが億万年まで「万事亨通《こうつう》」（注：万事滞りなくうまくいくこと）ということです。永遠に継続するという意味です。（二七〇―一〇四、一九九五・五・七）

＊

地上に地上天国があれば、地上天国は天上天国のために投入しなさいということです。私たちの統一教会の誓いは、「私たちは真《まこと》の愛を中心として、神様と真の父母様に侍り、天宙の代表的家庭となり、中心的家庭となって、家庭では孝子、国家では忠臣、世界では聖人、また天宙では聖子の（家庭の）道理を完成しよう」ということです。これは、投入しなくては不可能だということです。

孝子になるのは、忠臣の道理を信奉できる踏み台をつくるためであり、忠臣になるのは、聖人の道理の踏み台であり、聖人になるのは、聖子の道理を行くための踏み台です。それまで過ぎ去ってこそ、天まで帰って神様の息子、聖子の姿になって自分の家に戻るようになるとき、地上に天国顕現が可能だということです。（二七四―一一四、一九九五・一〇・二九）

＊

「ため」に生き、また「ため」に生きようとする人が中心存在になるのです。間違いありません。家庭において孝子とは何かというと、父母のために生きる人です。そのように生きれば、その家庭の中心存在になり、家庭の相続を受けるのです。愛国者も同じです。国王のために生き、国のためにすべてを投入して、投入して、犠牲となり、もっと犠牲になろうとするならば、国の責任を負うことができる人になるのです。そのような人が大統領や首相になるのです。そのような人が必ず中心存在になります。

ですから、私の良心は「そこまで行きなさい」と言うのです。「家庭では孝子になり、国家では忠臣になり、世界では聖人になり、さらには、天地において聖子《せいし》の道までも行きなさい」と教えてくれるのです。（二七五―三九、一九九五・一〇・三〇）

＊

家庭で、命を捧げるまで父母のために生きる人は孝子になり、国のために命を捧げて生きれば愛国者になり、世界のために人類を救おうと死の道を何度行っても、また「ために生きる」という人は聖人になり、天地のために生き、死んでいくとしても、ために生きながら行く人は聖子になるのです。そのような人が歴史に残るのです。（二七五―一三七、一九九五・一二・四）

＊

真の子女は、神様を中心とした家庭の王です。始まるその時から真の孝子、孝女にならなければならず、したがって、その王が国の忠臣の位置に上がっていくのです。国の王子、王女が忠臣です。その次には、世界の王子、王女の位置が聖人です。聖人になるということです。

その次には、天地の王子、王女の位置に行って息子、娘になるという時に、それが聖子《せいし》の道です。聖子になりますか、聖人になりますか。なぜ、どうしてですか。聖人の前に誇れるからです。聖子になりますか、忠臣になりますか。なぜですか。忠臣の前に誇れる、ということです。忠臣になりますか、孝子になりますか。なぜですか。孝子の前に誇れるというのです。

孝子が従っていく忠臣の道であり、忠臣が従っていく聖人の道であり、聖人が従っていく聖子の道であり、聖子が従っていく神様の道だということです。（二八〇—一一八、一九九六・一二・一二）

＊

家庭で心安らかに暮らす人々は、間抜けです。家庭天国の垣根の中にしかとどまれません。必ずそのようになるのです。それで、代表的家庭となり、中心的家庭とならなければならないというのです。孝子、忠臣、聖人、聖子の道理は、私が行く道です。私が必然的に行かなければならない道です。

それゆえに、家庭では孝子にならなければなりません。その次に、国では忠臣です。忠臣というものは、生まれつきその道理を外れることがありません。夜でも昼でも焦点を合わせていかなければなりません。一生の間、先生は、み旨という焦点を失ったことがありません。寝ても覚めても、布団から起きれば続けます。千年、万年続けるのです。（二八三―七八、一九九七・四・八）

＊

真《まこと》の孝子、本物の孝子に対する父母は、王様よりももっと難しいのです。言葉一つにも注意し、行動にも注意するのです。

それはなぜでしょうか。家庭において王様に侍ることができることを見せてあげなければなりません。そのように侍ろうとすれば、息子、娘も父母に対する時、いい加減に対することができないのです。子女を敬って丁寧に対する父母にその子女たちが対する時、どれほど大切に思いながら侍るでしょうか。一言でも、いい加減に言えないのです。何度も考えてから言うのです。（二八五―一六、一九九七・四・一九）

＊

「家庭では孝子になりなさい」と言うでしょう？　孝子になって何をするのでしょうか。「孝子になりなさい」と教える父母は、みな自分の利益のためにそのように言うのだと思うかもしれませんが、それは違います。「父母の愛の上にあなたの愛をプラスさせなさい！」。このようになるのです。そのようになってこそ球形が生じるのです。大きくなるのです。運動する存在は、すべて大きくなるでしょう？　運動すると、なぜ大きくなるのでしょうか。すべて愛というものを中心として作用するので、大きくなっていこうとするのです。（二五三―二三六、一九九四・一・三〇）

＊

人の夫になり、人の妻になるということは簡単なことではありません。息子、娘は、自分の息子、娘ではありません。この世界の息子、娘です。世界の息子、娘の父母になるということは簡単なことではありません。また、先生になることは、簡単なことではありません。また、そのような父母の前に孝子、孝女となることは、簡単ではありません。それゆえに、家庭において完全に「ため」に生きる訓練を、祖父母から、父母から、夫婦から受け、自らの息子、娘にもそのようにし、「ため」に生きることができるモデル的形態の家庭を築くようになれば、その家庭は天上世界のどこに行こうと、どの国、どの村に行こうと歓迎を受けるのです。（二五二―二六六、一九九四・一・一）

＊

聖書に「生きんとする者は死に、死なんとする者は生きん」という話があります。ろくでもない者たちが死ぬことを言っているのではありません。忠誠を尽くして孝子、忠臣、烈女になった立場においても生命を捧げて死のうとする基準の人々や、堕落した世界の孝子以上、堕落した世界の忠臣以上になった、そのような天の側の人を中心として言っている話です。そのような人々が、その立場に立っても生命を捧げようとする時は生きるというのです。地獄のどん底にいれば、生命が何百個、何千個になっても、神様とは関係ありません。露骨に言えば、そのような意味のみ言《ことば》になるのです。（二六一―五八、一九九四・五・二二）

＊

神様が救援摂理を行う理想には、そこからすべて区別しなければなりません。その中には、神様のためにすべての生命を捧げて感謝することができる、特別な何かがなければなりません。アダムとエバの背反的な歴史の基準を越えなければなりません。それを知らなければなりません。

神様が現れなければ、堕落する以前のアダム、その人類の先祖以上に神様が現れることを願いながら、御飯を食べずに、寝ないで待つことができる、心情的に孝子、忠臣、烈女以上の位置に入っていかなければなりません。（二六一―五七、一九九四・五・二二）

＊

孝子は、地獄には行きません。地獄に行かなければならない場合には、再臨主が来られる時まで保留されるのであって、地獄には行きません。中間霊界というものがあるのです。

皆さんは、孝子になろうと思いますか、愛国者になろうと思いますか、聖人になろうと思いますか、聖子《せいし》になろうと思いますか。父母に孝行しなくても、愛国者になった場合には、父母への孝行を完成したものの上に立つのです。（二四六―一八八、一九九三・四・一六）

＊

統一教会で忠臣になるのならば、世の中にいない忠臣になろうと思いますか、世の中にいる忠臣になろうと思いますか。孝子になるとしても世の中にいない孝子、忠臣ならば歴史にいなかった忠臣、聖人ならば歴史にいなかった聖人、聖子ならば歴史にいなかった聖子の道理を果たしてこそ、神様に侍ることができるのです。

このように悔しく、無念な恨《ハン》が、エバの一日の失敗によって生じるようになったのです。これを知る時、今日、私たちが統一教会において血統を転換し、所有権を転換し、心情圏を転換するためにどれだけ深刻にならなければならないか、ということを知らなければなりません。（二七三―一一四、一九九五・一〇・二二）

＊

真《まこと》の愛を中心とした対象となり、御自身よりも何千倍も優れているといえる愛の相対を迎えるようになれば、神様は、自動的に解放されるのです。それゆえに、孝子の中の孝子、烈女の中の烈女、忠臣の中の忠臣、聖人の中の聖人、聖子の中の聖子にならなければならないという事実を知らなければなりません。そのようにならなくては、神様を解怨《かいおん》することはできません。それ以上にならなくては、解放できないのです。

イエス様に従っていったとしても、楽園にしか行けません！　独身生活をするのです。ほかの宗教では、すべて「出家をしなさい」と言い、「独身生活をしなさい」と言いますが、統一教会では何でしょうか。「出家しなさい」と言いますか。「故郷へ帰りなさい」と言うのでしょう？　そして、「結婚しなさい」と言うのでしょう？　反対です。どのような理由で、そのようにするのでしょうか。宗教は必要ありません。宗教を克服した位置に立ったのです。（二六五―九四、一九九四・一一・二〇）

＊

天国の孝子になり、天国の忠臣になり、国をもって忠臣になり、国をもって聖子の道理を果たさなければならないのですが、アダムはそれを成せなかったのです。先生の恨は何かというと、青春時代の血気旺盛《おうせい》な時代に孝子の道理を果たせなかったことです。時を逃したのです。

また、忠臣の道理を果たせなかったのです。国が生きるならば、いかなる冒険を冒してでも先頭に立ち、愛国者としての血を流しながらも感謝できる、その道を歩

めなかったのです。(二六四—一八八、一九九四・一〇・九)

なぜ私は、歴史をつづりながらこのような衝撃的な宣言と刺激的な話をするのでしょうか。これが神様の事情なのです。その事情は、死んでいません。胸に積もり積もった恨《ハン》を、いまだに解けずにいるのです。真《まこと》の父母様の胸に積もり積もった恨を、解けずにいるというのです。

＊

青春時代において、神様の前に孝子の道理を守れなかった真の父母様の恨！ 国をもてずに忠臣の名誉をもてなかった恨！ 万国を代表して聖人の道理を果たせなかった恨！ 天と地の勝利の覇権を備えて包括し得ず、神様を解放して聖子《せいし》の道理を果たせなかったその恨！ このような恨が残っているのです。(二六四—六五、一九九四・一〇・九)

＊

孝子、愛国者、聖人、聖子、これらがなぜ必要なのでしょうか。父母に孝行したといっても、長くても百年くらいです。ずーっとすることはできません。父母は、千年、万年生きることはできません。生涯孝行しても、百年未満です。しかし、愛国者は一代を越えるのです。愛国者の伝統は、祖父母から父母、自らと自らの子孫にまで相続されるのです。そうでなければ、国が成り立ちません。聖人の思想は、愛国者を超越するのです。宇宙全体を愛した上で生きなければなりません。ですから、聖人の道は、愛国者の道を超越し、聖子の道は、聖人の道を超越して最高の位置に立つのです。

地上天国と天上天国の法律、その両国の法律をすべて尊重し、内外の縦横の関係を維持しているのです。(二四六—一八八、一九九三・四・一六)

＊

真の父母様は、どのようなお方かというと、家庭においては歴史始まって以来、初めて現れた孝子だということを、皆さんは知らなければなりません。天国においては、一人の忠臣と同じ位置、代表的な忠臣の位置に立っているのです。それから、聖子の道理を果たした聖子の位置に立っています。それゆえに、今、皆さんがもたなければならないものは、真の父母様の思想です。息子として、孝子として、忠臣として、聖人、聖子の道理をすべて経たように、皆さんも、それと同じ伝統を真の父母に従って受け継ぎ、全世界のたった二人の息子と娘だという心情をもたなければなりません。

世界を代表した息子と娘の位置に行き、真の父母によって祝福を受けたという事実は、相対圏を許されるということです。そして、祝福家庭は、先生の家庭と生活を共にしたという心情的体恤《たいじゅつ》圏をもたなければならないことを皆さんは知らなけ

ればなりません。（二六六―八九、一九九四・一二・一八）

②聖人と聖子《せいし》の違い

聖人と聖子の異なる点は何でしょうか。聖子とは、堕落していない本然的アダムとエバが、神様の愛を中心として、神様の生命体として、神様の血統として一つに結ばれた位置から出てくるものです。神様の息子、娘の血統を受け継いだ位置から聖子が出てくるようになっているのです。しかし、聖人はそうではありません。ゆえに、堕落した世界には聖子がいないのです。聖人までは出てくることができます。今まで、聖人たちは、外的な相対的世界の道理は教えてくれましたが、内的な主体的な道理は教えることができませんでした。なぜでしょうか。父母が現れず、聖子が現れなかったからです。父母と聖子の道理を植えつけるものが再臨の思想です。それがメシヤ思想です。（二二六―一一四、一九九二・二・二）

＊

この世の聖人の中で、最も中心の聖人は誰でしょうか。イエス様です。イエス様の血統は、既に腹中にいる時から聖別されていたので、サタンのどのような条件にも引っ掛かりませんでした。神様を中心として、神様の愛によって身ごもったその赤ん坊は、最初の真《まこと》なる愛の結実体です。したがって、そのお方は、偽りの愛とは関係がありませんでした。そのような聖子として生まれた方は、イエス様以外にはいません。

釈迦牟尼《しゃかむに》もそのような人ではありません。ムハンマド（マホメット）も、孔子も違います。しかし、イエス様は、心情圏を中心として神様のひとり子になるのです。神様は、絶対的な父母であられ、イエス様は絶対的な夫であり、絶対的な兄の立場です。イエス様が教えられた内容は、すべて家庭を中心とした内容で、愛の内容がその中心になっています。その愛は、世俗的な愛ではなく、神様的な内容です。そのような内容をすべて世界に連結した中心者がイエス様なので、どこに行っても自分を中心とした考えがない、という結論が出てくるのです。（二二九―二二一、一九九二・四・一二）

＊

歴史時代において、血統を清めて最初に生まれた息子がイエス様です。したがって、神様の前において、その息子は長子であり、ひとり子となるのです。宗教圏において、このように血統を清めて生まれた聖子は、イエス様しかいないので、「聖子」と言うことができるのです。（二四四―二五〇、一九九三・二・一四）

＊

イエス様は、聖人の中の聖人です。初めて血筋を清めることによって、初めての愛の先祖になることができたのです。（二五一―二九七、一九九三・一一・一）

＊

血統を転換させた国家的勝利版図の上に生まれたので、国家的サタン世界の誰もイエス様に対して、自分の血族関係をおいて、「蕩減《とうげん》されていない内容がある」と言って讒訴《ざんそ》できる何の条件も提示できないということです。それで、神様の愛を中心として、国家的基準で神様の第一号の息子として生まれたひとり子です。血筋が清められたでしょう？　有史以来、そのように血統を清めてきた聖人はいません。孔子も、釈迦《しゃか》も、ムハンマドも、誰もそのような伝統的背後の血統を清めて生まれた方はなく、お一人しかいないというのです。（二五一―二五三、一九九三・一〇・三一）

＊

聖子《せいし》は神様の息子です。神様の息子にとっては、現在の世界だけが問題になるのではありません。霊界と地上世界を共にまとめて、天上の王宮法と同じ法で統治するのです。これは、一国の国民が守るべき国法ではありません。天上と地上の宮殿法が一つになるのです。その愛に連結する位置に立つ方が聖子です。すべて愛に焦点を合わせなければなりません。（二二九―四三、一九九二・四・九）

＊

イエス様は、ひとり子の聖者であり、真《まこと》の愛を中心とした一代目の先祖です。（二五一―二九九、一九九三・一二・一）

＊

世界的な人物になるためには、どのようにしなければならないのでしょうか。人倫道徳だけを中心としては、そのような人物になることはできません。人間のみを中心としてはなれないのです。人間のみを中心としては、国を越えることができません。国を越えることができる内容は、天にあるのです。天宙思想をもつことなくしては、国を超越することはできません。（三八―二六〇、一九七一・一・八）

＊

それゆえに、聖人たちは、人間だけを紹介したのではなく、神様を紹介したのです。聖人の列に加わった人々を見れば、その人たちは、神様を崇拝しましたか、しませんでしたか。神様を除外して聖人になった人はいますか。また、聖人たちは、人倫の道理のみを教えてくれたのではなく、それとともに天倫の道理を教えてくれたのです。（三三―二九一、一九七〇・八・二二）

＊

家庭で父母のために生きて愛する人は孝子であり、国のために生きて愛する人は愛国者であり、世界を愛する人は聖人です。それでは、先生が教えることは何ですか。神様と世界と宇宙を愛する聖子になりなさいということです。皆さんは、どれになりますか。聖子《せいし》になりますか、孝子、孝女になりますか。そのようにしようとすれば、神様と同じ愛を心にもたなければなりません。（一二九―九九、一九八三・一〇・二）

＊

今までの聖人の教えは、心身一体圏は強力に教えませんでした。人間はもともとそうだと思ったので、間違ったのです。まず問題を外的世界に置いたのです。孔子も「修身斉家《せいか》治国平天下」と言ったでしょう？　「修身」をどのようにし、「斉家」をどのようにするのですか。「平天下」はどこから始まるのですか。家から始まると思ったのでしょう？　「平天下」は、そのようにはなりません。そこに、天下が一つになる道はありません。どこからですか。自分自身からです。心身の闘いです。火が自分から燃えているのです。（二五〇―一六六、一九九三・一〇・一四）

＊

「聖子」と言えば、神様の息子のことですが、聖子は、神様はもちろん、天と地を愛そうとされるのです。天と地の愛の圏だけではなく、天国の王宮法まで愛そうとされるのです。聖子は天国の王子なので、天国の王宮法も守り、地上世界の王宮法もすべて守らなければなりません。

その上で天国の王孫たちも愛し、天国の民たちも愛し、地上の国の王孫たちも愛し、地上の国の民たちも愛さなければならないのです。そのようにして、二つの世界の宮殿と、二つの世界の民を愛することができるようになる時に、神様の息子だというのです。神様の息子は、この地上の民も必要であり、この地上の王族たちも必要であり、あの世の民も必要であり、あの世の王族も必要とするのです。そのようになってこそ聖子になるのです。（二二九―一八三、一九九二・四・一二）

＊

宗教も同じです。宗教の出発は、どのようになされたのでしょうか。聖人たちが、すべて宗主《そうしゅ》となっています。宗教の主人になっているのです。この人たちが精誠を尽くし、道を通じて神様の教訓を受けることができる位置から出発したのです。しかし、より高い位置に上がっていくようになってからは、徐々に世俗化されていってしまったのです。

それゆえに、世界が混乱する中にあるこのような時に、本質的で明確な内容をもって、正しい道へと指導することができる宗教体制がありません。ブロック的な体制はありますが、世界全体をカバーして収拾し得る宗教がないというのです。

宗教も実験済みです。すべて実験済みです。政治も実験済みであり、すべての思想も実験済みであり、すべて失望的な帰着点に到達しました。今はもう、進んでい

こうとしても進んでいけない限界線にぶつかっています。（二五三―一三、一九九四・一・二）

＊

今まで、神様が共に暮らせる家庭がなく、国がなく、世界がなかったということは繰り返して言うまでもありません。皆さんは、常にこのような概念をもたなければなりません。私自身においても、神様が共に生きることができず、家庭においても生きることができず、国においても生きることができず、世界においても生きることができなかったのです。そのような神様を再びお迎えし、堕落した世界のいかなる孝子、いかなる忠臣、いかなる聖人、いかなる聖子《せいし》よりも、高い位置において神様に侍って生活しなければならないという、そのような信仰のモットーを強化しなければなりません。（二六六―八六、一九九四・一二・一八）

＊

「聖人」といえば、世界人類を愛する人々です。今まで、宗教指導者たちが聖人になってきましたが、聖人の中でも大聖人は誰かという時、人類のために血を流し、いくらでも命を投げ出そうとすることができ、それを続けてきた人が聖人の中のナンバーワンだという論理が成立するのです。そのような意味で、歴史を通じてキリスト教が数多くの血を流してきたので、キリスト教が第二次大戦以後に世界を統一したのです。（二二八―四七、一九九二・三・三）

＊

私たちは、命を投げ出して生きているのです。既に覚悟した体であり、天の前に誓った体です。ゆえに、たとえ客死する運命であっても恨みはありません。神様がその場に訪れてこられて、私の体を引き取ってくださる孝子となり、国王が訪れてこられて、その場を整えてくれる忠臣になったとすれば、またそのような聖人になり、聖子になったとすれば、それ以上の幸福はありません。そのようになれば、倒れたその場所は、名勝地になるのです。

天下の万民を蘇生《そせい》させる祝祭の基台となり、記念の基台となるのです。そのような悲しい場所によって、数多くの後代の若者たちが新しく生まれ、その国を身代わりして活火山のように爆発するのです。そのような材料を統一教会はたくさんもっています。（二二七―二六二、一九九二・二・一四）

③人間が行かなければならない真《まこと》の道

人間が願う最高の願いも、愛を通じた願いです。神様の願われるすべての願いも、愛を通じた願いです。神様がもし孝子の位置にいるとすれば、父母のための愛を通じた孝子を願うようになるのです。夫婦をもったならば、愛を通じた夫婦、また愛

を通じた父母、このようなことを願うようになるのです。（二六三―三一〇、一九九四・一〇・二七）

＊

自らの体を燃やして犠牲になっていく所に、家庭の光が現れるのです。それを孝子といい、国のために全国民が犠牲となって光を発するところに国の忠臣が現れ、そして、世界の聖人、天地の聖子《せいし》が現れるということを知らなければなりません。（二七六―一六〇、一九九六・二・一八）

＊

心と体が一つになり、全宇宙のために生き得る人は、宇宙の中心存在になるということを知らなければなりません。「孝子」と言えば、家庭において、父母に対してより「ため」に生きる人が孝子になるのであり、国において、国王と民に対してより「ため」に生きる人が愛国者となり、世界を中心として、より「ため」に生きる人が聖人となるのです。そして、天地を中心として、より「ため」に生きる人が神様の息子になり、聖子になることができるのです。（二七六―一八一、一九九六・二・一九）

＊

孝子というものは、父母に面倒をかけるのではありません。父母に面倒をかけさせるのです。忠臣とは、国に面倒をかけるのではなく、国に面倒をかけさせる人です。聖人は、世界に面倒をかけるのではなく、世界に面倒をかけさせる人です。また、天地の前に面倒をかけるのではなく、面倒をかけさせることによって聖子の道理を果たすということを知らなければなりません。今や世界は、真《まこと》の父母様を中心として動くことができる時になったのです。世界途上においてサタン世界の孝子、サタン世界の忠臣、サタン世界の聖人、サタン世界の聖子の道理はありましたが、天国を中心とした孝子と、忠臣と、聖人と、聖子の道理、標準はありませんでした。それを私たちが創建しなければならない、ということを皆さんは知らなければなりません。(二六六―一〇三、一九九四・一二・一八)

＊

皆さんの家庭は、天と地を与えて買った以上の価値をもっているということを知らなければなりません。皆さんの祝福家庭の価値が、これほど途方もないものであったという事実を知らなかったでしょう？　けんかをしたり殴ったり、このようなことをしてはいけないのです。この途方もないものが、地上において天国を代表した孝子の基盤をつくるのであり、忠臣の基盤をつくるのであり、聖人の基盤をつくるのであり、聖子の基盤を経ていくことによって、神様がアダムを中心として願われた理想世界になるということを知らなければなりません。

真の父母様は、そのような立場に立っているので、あの世に行き、孝子たちに対する中心のプラス、すなわち主体になり、忠臣の主体になり、聖人の主体になり、聖子《せいし》の主体になるのです。

皆さんの父母の理想、皆さんの国の理想、忠臣の理想、聖人たちの世界理想、天と地の理想、そしてイエス様が願われた願いを皆さんの一身で蕩減《とうげん》することによって、解放が成されるのです。これが建国理想であり、建国理念の中心であり、一番の基調となるのです。(二六六―一〇六、一九九四・一二・一八)

*

聖子になってくれることを誰が願うのですか。神様が願われるのです。聖人は、誰が願うのでしょうか。世界が願うのです。国は、何を願うのかというと、忠臣を願うのです。家庭は、孝子を願うのです。まさしく、これが真《まこと》なる真理の道です。真なる父母がいるとすれば、「あなたは孝子になったので忠臣になってはいけません。忠臣の道を行ってはなりません」とは言いません。真なる父母は、その孝子に、「あなたは家庭を犠牲にし、忠臣の道を求めて国に仕えなければならず、聖人の道理を果たさなければならず、聖人の道理を犠牲にして天が願われる道を行かなければならず、天地を犠牲にして神様を探し求めていかなければならない」と教えてあげなければなりません。

このような概念があるということを知らなかったのです。投入して犠牲にならな

ければなりません。そのようにしなくては、一つの世界、一つの国は永遠に現れません。（二八五―二一九、一九九七・五・一九）

＊

理想的な人間、人間構成、人格の完成において必要となる、孝子、忠臣、聖人、聖子のような前進的なものを教えてあげなければなりません。自らの息子に、「孝子、忠臣、聖人、聖子の道理を果たし、最後は神様まで行かなければならない」ということを教えてあげなければなりません。

そのように教える父母がいるとすれば、神様が御覧になるとき、「いやあ、あの人は父母の役割を果たしている。あの人は先生の役割を果たしている。あの人は主人の役割を果たしている」と思われるでしょうか、思われないでしょうか。「あなたには、父母の資格があり、先生の資格がある」と言われる時は、主人の資格があるのであり、さらには、王になれる父となるのです。西欧の人々に孝子という概念がありますか。忠臣の概念がありません。聖人の概念がありません。聖子という概念がないのです。ですから滅びるのです。（二八五―二一八、一九九七・五・一九）

＊

犠牲にならなければなりません。愛を求めるためには、犠牲になる道しかありません。孝子とは何かといえば、一生の間、父母のために、父母だけのために犠牲になる道を行った人です。忠臣とは何かというと、国を中心として一生の間、犠牲になった人です。個人だけでなく、自分の家庭まで犠牲になった人です。自分だけではありません。自分の妻も犠牲にしなければならず、それから息子、娘も犠牲にする人です。犠牲という代価を知らない者は、孝子であれ何であれ、なることができません。

復帰の心情圏内に手鉤《てかぎ》で引っ掛けることができません。これを引っ掛けなければならないのです。引っ掛けるには、このくらいの家庭を引っ掛けることができてこそ、家庭で孝子になるのです。国を引っ掛けて国がぶら下がっても、手鉤が広がらないように引っ掛けなければなりません。神様は、杭《くい》のようで広がりません。そこに引っ掛けてゆがまないだけでなく、どれだけ支えられるかということが問題です。犠牲にならなくてはできません。(二八三―一二八、一九九七・四・八)

＊

皆さんは、神様よりも優れた者になりたいという欲望をもっているでしょう? そのような欲望をもっているでしょう? そのようになることはできるのです。嘆き悲しんでいらっしゃる神様を慰労する孝子であれば、神様を慰労し得るように、神様よりも次元が高くなくてはならないのではありませんか。泣いていらっしゃる神様を慰労しようというのに、神様よりも劣っていて神様を慰労することができますか。そうではありませんか。理論的なのです。そのようになる世界が、今後、迎える私たちの永遠なる本郷の地なのです。行きたいですか、行きたくないですか。頑固な性格では行けません。東西南北に通じません。平面上の三六〇度にも通じられないのに、どうして縦に三六〇度回ることができるのですか。「東西が軸になり、反対に三六〇度回りなさい」。このように、自由自在に行ける立場になっていないではありませんか。（二八〇―一二二、一九九六・一一・一二）

＊

家庭完成、親族完成、国家完成、世界完成、天宙完成、神様解放までです！　神様を救ってあげなければなりません。親不孝者を迎えた父母の心を解放するためには、孝子の中の孝子にならなければなりません。

神様は、堕落世界を懐に抱いたかわいそうな神様であることを知らなかったのです。無念でかわいそうな事情を抱えてきた神様が私たちの父であったということを思うとき、千年、万年痛哭《つうこく》し、地を這《は》ってでもその涙を止めることができる、悲運をもって生きる孝子の道理を守らなければならないのです。それが、今日、地上で救いを受けなければならない人々の責任だということを知らなければなりません。深刻なのです。このようなことを誰が教えてくれるのですか。（二八三―一二七、一九九七・四・一二）

苦労の道から出発し、苦労の生涯で終わったとしても、いかにして神様の心情を解放してさしあげ、いかにして神様のために生きる立場に立つかということが、孝子として天に向かう、天の子女が取るべき態度です。天国に対して、先生は、そのようにして愛国心を残したいのであり、聖人が完成できなかったその世界を、聖子《せいし》の名をもって完成圏に移行させたいのです。先生は、そのように真剣です。（二五八―一〇八、一九九四・三・一七）

＊

神様が自分を御覧になって勇気をもたれ、悪なる世界を倒そうと思いながら進み出る、そのような神様になられるとすれば、その瞬間から、神様の活動舞台が自分によって生じるのです。それは、自分にとって、ある貴い立場や玉座、また栄光の立場において、一生ではなく何世代にもわたって、それ以上のものをプラスしても及ばない喜びの賜《たまもの》です。「自分は、歴史を越えてまでも、迫害に対して立ち向かっていこう」と思うのが、永遠の歴史を代表した孝子、孝女が行くべき道ではないかと思うのです。それが永遠の国に対する忠誠の道ではないですか。（二五五―一二一、一九九四・三・一〇）

＊

人間がいなければ、神様は愛から解放されません。父母は、孝子を迎えることによって、心情世界が解放され、王は忠臣、また聖人は今後の世界の大統領、そして神様も、聖子が孝子の道理で愛の対象者としてすべてを成して、初めて解放されるのです。そのような意味です。驚くべき言葉です。（二八三―一七四、一九九七・四・一二）

＊

先生は、一生の間、不平を言うことができませんでした。批判してみることができませんでした。孝子の道、忠臣の道は、不平がありません。批判というものはあり得ません。完全な主体の前に、愛の関係を結んだ以上、不平や批評をすることはできないのです。

夫が過ちを犯せば、すべて自分の過ちです。私の過ちです。妻が過ちを犯しても、私の過ちだということを知らなければなりません。「私は、あなたが嫌だ」と言ってはいけないのです。（二六三―一〇六、一九九四・八・二一）

＊

今後、個人別に実績の統計を出す計画です。真《まこと》の父母と成約時代の安着とは何ですか。さまよい歩いていた天が、すべて帰ってきて、そこで生活をしなければなりません。

その国で生活をしようとすれば、税金を納めなければなりません。そのような忠臣が必要であり、孝子が必要です。家庭には孝子が必要であり、国には忠臣が必要なのです。忠孝の道がすべての国家形成の基本ではありませんか。自分は飢えるような困難なことがあっても、また死ぬようなことがあったとしても、天に侍り、国を滅ぼしてはいけないのではありませんか。（二五四―一一九、一九九四・二・二）

＊

人間に必ず必要なものは、孝子の道理、忠臣の道理、聖人の道理、聖子《せいし》の道理です。堕落したので、聖人が必要なのです。聖子の道理を完成するのです。それゆえに、神様のすべての相対圏は、私から、天から、世界から私たちの家庭にまで連結することができるのです。それがこの世で生きている間に成し遂げなければならない道です。完成する道です。このような言葉を初めて聞いたでしょう？　このような話は、具体的にはアメリカでのみしてあげたのであって、ここでは初めてです。

ですから、孝子にならなければならず、忠臣にならなければならず、聖子にならなければなりません。自分がどこにありますか。自分というものがありますか。母の骨と父のものしかありません。国でいえば、王様は父と母の骨です。そこに接ぎ木されて大きくなろうとするのです。私が家庭をもたなければ、国の前に立つことができないので、家庭も国の前に、サタンの国の前には破綻《はたん》させられるのです。国が必要ですか、必要ではありませんか。（二八五―九二、一九九七・四・二二）

＊

愛は、自分を主張するところからは徐々になくなり、逃げていきます。「ため」に生き、より「ため」に生きるならば、ますます大きくなっていくのです。それゆえに、真《まこと》の人は「ため」に生きるところから存在するのです。真の夫も「ため」に生きるところから、真の父母も「ため」に生きるところから、真の孝子、真の王、真の国家も、「ため」に生きるところからのみ存在するのだということを知らなければなりません。（二六八―二六〇、一九九五・四・二）

三　家庭盟誓《カヂョンメンセ》第三節の解説

天一国《てんいちこく》主人、私たちの家庭は真《まこと》の愛を中心として、四大心情圏と三大王権と皇族圏を完成することをお誓い致します。

1　四大心情圏と

「家庭盟誓」の三節は、堕落していない本然の世界のことを語っています。本然の世界に帰るのです。幼児が成長したのちに結婚をするということ、これは、夫婦の位置を尋ね求めていくことであり、父母の位置を尋ね求めていくことです。神様と一体になる位置を尋ね求めていく道です。四大心情圏の完成は、人間完成に向かって私が行かなければならない道です。（二八三―八〇、一九九七・四・八）

＊

エデンの園において、アダム家庭は、神様が理想とする真の愛の家庭でした。見えない無形の存在全体を表すための創造だったのです。神様と人間は、真の愛を中心として主体と対象の関係でした。神様の心中にある無形の子女、兄弟、夫婦、父母として、真の愛の実体完成を望んでアダムとエバの二人を創造したのです。それは、神様が実体として子女の真の愛の完成を願い、実体家庭の兄弟として、実体の夫婦として、実体の父母として、神様の真の愛の相対として完成を願われたからです。

父子関係の真の愛は縦的であり、夫婦の真の愛の関係は横的であり、兄弟の真の愛は前後の立場として、球形の真の愛の理想を願われました。すなわち縦には上弦・下弦、横には左弦・右弦、前後には前弦・後弦を全体に連結した一つの中心点で、統一は成されるのです。その点が、球形体の中心点になるのです。（二五四―一〇六、一九九四・二・一）

＊

いつ四大心情圏の子女、兄弟、夫婦、父母が一体を完成するのですか。神様を中心として人間が結婚し、初愛を結ぶ場がすべての完成の結実点であり、中心になるのです。したがって、結婚は、天地人の合徳であり、縦横、左右、前後、全体を完成することです。結婚は、真の子女、兄弟、夫婦、父母理想の真の愛の完成地なのです。それゆえに、アダムとエバの夫婦は、神様が最も愛する実体対象の第二先祖であり、そして、第二創造主の位置に立ったので、神様が第一創造主として感じる全体を相続して、子女、兄弟、夫婦、父母の位置で、神様の代わりに喜びを感じ、第一創造主の立場を体恤《たいじゅつ》するための子女の繁殖が、第二創造主としての喜びなのです。ここで神様は第一創造主であり、アダムとエバは第二創造主、アダムとエバの子女は第三創造主の立場になります。第一、第二、第三創造主、すなわち神様、アダムとエバ、子女は、四位《よんい》基台を中心とした公式的な範疇《はんちゅう》となり、全人類が従わざるを得ない存在の根本原則になるのです。

このように、アダムとエバを中心として見るとき、上下（父子）が連結すれば左右（夫婦）、前後（兄弟）が連結して家庭完成するのです。この場は、神様を求めて一人一人の心身が統一された場であり、男性と女性が統一され、神様を中心として安着できるのです。神様とアダムとエバと子女が統一された基盤になることによって、平和と自由と幸福と希望が結集する基地になるのです。（二五九―四四、一九九四・三・二七）

＊

アダムとエバをして、有形実体の第二創造主の位置で、実体的第三の創造主を刺激的に体恤するようにしたのが、アダムとエバの子女繁殖なのです。こうして、代々子女、兄弟、夫婦、父母の四大心情圏を体恤する基盤が家庭です。家庭は、すべての真《まこと》の愛を完成させる基地です。そして、家庭は、神人愛一体を成して天地を所有できる完成の出発が可能なのです。すなわち、理想的子女、兄弟、夫婦、父母が出発した源泉地になるのです。

ここにおいてのみ、心身統一の男性と女性が出てくることができ、また理想的男女一体を完成した夫婦を見ることができ、理想的父母の出発ができるのです。また、真の愛を中心として、子女、兄弟、夫婦、父母を完成できるモデルが創造されるのです。（二五九―四三、一九九四・三・一七）

＊

人間は、誰もが父母、夫婦、兄弟、子女の、この四大原則の中で生きるのです。人間の息子、娘である以上、誰もがこの過程を経なければなりません。誰かの娘にならなければならず、誰かの息子にならなければなりません。息子、娘が大きくなって兄弟となるのです。兄弟は何になるのでしょうか。母と同じように、また父と同じようになるのです。アダムとエバも兄弟であり、夫婦となり、そして父母になるのです。同じです。

ですから、妻というものは妹です。エバは妹です。夫は兄です。そして、神様の前には息子、娘です。神様の息子、娘として、男性は男性の行くべき道があり、女性は女性の行くべき道があります。学校を経て、男性の道理、女性の道理を果たし、父母に似ていくのです。父と母と同じように結婚するのです。（二六三―五八、一九九四・八・一六）

＊

「家庭盟誓《カヂョンメンセ》」の第三節では、アダムとエバが堕落していない天国のテキストブックの内容が出てくるのです。誰でも、そのことを完成しなければいけないのです。直接、その目標を中心として一体化させることにより、霊界にも引っ掛からず、地上にも引っ掛からない解放の家庭になるのです。そこから幸福と平和と理想の世界が出発するのです。地上天国と天上天国が始まるというのです。このように見るとき、四大心情圏とは何でしょうか。四大心情は別々になっているのではありません。アダムとエバが結婚式をする、そこにすべての実を結ばせるのです。

それでは、神様の完成と同時に、神様の赤ん坊の種から兄弟完成、夫婦完成、父母完成の場で、アダムとエバも子女から兄弟、夫婦完成、父母完成を成し、アダムの息子、娘もそのような位置で完成するのです。このような三代創造主の基準をこの地上に備えることができなかったのが堕落です。（二六四―一九四、一九九四・一〇・九）

＊

人間は、誰もが息子、娘として生まれ、兄弟として大きくなり、夫婦となって父母になっていくのです。これは、人間において必然的な公式過程です。これを経ることができなかった人は、あの天上世界に行って不幸なのです。夫の愛を知らない人、父母の愛を知らない人、また兄弟の愛を知らない人、子女の愛を知らない人は、神様の近くに行けません。ですから、統一教会では、四大心情圏を主張するのです。（二六三―五八、一九九四・八・一六）

＊

四大心情圏とは何ですか。子女の心情圏、兄弟の心情圏、夫婦の心情圏、父母の心情圏です。家庭においては、おじいさんが神様の立場にいて、横的なアダムとエバは、完成圏において垂直の神様と直接連結する立場にいて、自分の息子、娘は、未来の世界を代表する立場にいるのです。過去、現在、未来の三大王権を相続する基盤が私たちの家庭だということを、はっきりと記憶しておかなければなりません。このように、おじいさんが神様の位置に立っているでしょう？　それで、おじいさんは家庭において王です。そして、自分の子女は、未来の天国を相続する王子と王女なのです。（二三五―三一、一九九二・八・二四）

＊

「家庭盟誓」の三節とは何でしょうか。天国のテキストブックです。アダムとエバが完成し得なかったものが四大心情圏です。息子の完成の終着点、兄弟の完成の終着点、夫婦の完成の終着点、父母の完成の終着点が結婚生活です。結婚生活をして神聖な息子、娘を生まなければなりません。それが結実です。父母が子女を愛することは、千年、万年変わりません。結婚した夫婦の位置というものは、とてつもない位置です。

歴史時代において人類が望んできた子女としての希望峰が花開く位置であり、兄弟として花開く位置であり、夫婦として花開く位置です。そして、夫婦として愛した神様が創造を始められたように、息子、娘を生むことをもってアダムとエバが創造を開始するのです。それで、実体的創造主の立場となり、私を中心として平面的創造主の立場から息子、娘を生むのです。第三創造主をつくるのです。それが子女なのです。（二六二―一四九、一九九四・八・二二）

＊

夫婦の位置は、神様の家庭において子女が一つになった位置であり、兄弟が一つになった位置であり、夫婦が一つになった位置であり、父母が一つになった位置です。四大心情圏を中心として見る時、夫婦の位置は自分を完成させてくれる絶対的な位置なのです。

したがって、夫は、妻に理想的な神様の息子を迎えさせる位置であり、天の兄を迎えさせる位置であり、天の夫を迎えさせる位置であり、天の父を迎えさせる位置なのです。そして、妻も、夫にとってこれと同様の位置に立つようになるのです。

このような夫婦は、神様が体恤《たいじゅつ》されたのと同じように、子女を生み、その子女を通して自分たちが成長してきたすべてのことを、実体的に体恤することによって喜びを感じるようになるのです。（二五九―四五、一九九四・三・二七）

＊

四大心情圏とは何ですか。子女たちの願いは何ですか。子女たちも、願いは愛の道を尋ね求めていくことです。兄弟たちの願いも愛の道を尋ね求めていくことです。父母の願いも愛の道を尋ね求めていくことです。夫婦の願いも愛の道を尋ね求めていくことです。愛の道を尋ね求めていくのですが、四大心情が愛の道を尋ね求めていって定着する所がどこですか。家庭の愛です。（二七三―二四、一九九五・一〇・二二）

＊

縦的な神様の心情圏においては、四大心情圏が完成されなければなりません。子女の心情圏の完成、兄弟の心情圏の完成、夫婦の心情圏の完成、そして父母の心情圏の完成です。アダムとエバがそのように完成していなければならなかったのです。それゆえに、縦的な四大心情圏を完成し、神様の悲しみを解放しなければなりません。

家庭において、天国を創造した立場にいる人がおじいさんです。家庭において、王と王妃は自分のおじいさんとおばあさんだという事実を、皆さんは知らなかったでしょう？　これからは、天国を相続する基盤が家庭だということを、はっきりと記憶しておかなければなりません。

縦的な四大心情圏を実現できる基盤が私たちの家庭なので、その家庭においてどれだけ愛する生活をしなければならないか、今はっきりと分かったでしょう。（二三五―三二、一九九二・八・二四）

＊

神様の愛は絶対的なので、夫婦は別れることができないのが天理原則です。このような原則を失ってしまった堕落した人間世界を再び復帰して、本郷に帰らなければならないのです。そのようにすることによって、世界平和の目的が達成されるのです。そうして、家庭天国は国家天国に、国家天国は世界天国に、また天上天国に完全解放を見て平和の世界へと展開するでしょう。

結婚して夫婦が真《まこと》の愛をなす位置は、神様と人間の愛と、生命と、血統の根源となる王宮の位置であり、理想のための地上天国と天上天国の出発地です。

このような真の愛によって結実した子女は、真の愛を中心とした夫婦一体を完成し、神様に侍って暮らす家庭となり、平和と理想の出発基地になるのです。そして、半分である男性と女性は、一体となって神様の相対となり、神様の理想愛を完成させるようになるのです。

すなわち、真の愛を中心として、神様が人間を無限の価値ある者として完成させることによって、神様もその真の愛の完成を御覧になり、神様の創造理想である永遠の理想愛が宿る家庭理想を立てて、理想世界を完成しようとされるのです。（二五九―四六、一九九四・三・二七）

＊

アダムとエバは、息子、娘を中心として、縦的な面において四大心情圏を成し遂げなければなりません。また、家庭は、縦的なものが横的に展開したものなので、神様を中心として三段階の伝統を受け継がなければならないのです。現在は父母、アダムとエバが中心です。過去は神様の立場であり、それから息子、娘は未来の立場です。このように、三大王権の伝統を受け継ぐべきなのが、私たちの家庭だったということを知らなければなりません。このように生きた皇族が、永遠の国の民族に入っていき、永遠の国の皇族に入っていくのです。そちらが天国です。真の父母の位置が、正にそのような位置です。今日、真の父母が現れることによって、四大心情圏と三大王権が完成するのです。

また、父母がセンターである以上、父母様は全世界の人類の家庭を代表する王と同じ立場に立っているので、ここに所属した後代は、その王権を受け継いだ子女だということも同様の結論です。天国でも、今までイエス様が王の振る舞いをしましたが、父母がいなかったのです。今から先生が行くことによって、父母を中心として新しい王権が設定され、地上にもそのようになるというのです。それで、見えないプラスと見えるプラスが一つになるのです。心と体が一つになるのです。（二三五―二三二、一九九二・九・二〇）

＊

父母は、神様の代わりに、実体父母の立場から子女を神様の子女として養育するのです。そのようにすることによって、目に見えない無形の神様が子女を養育したことを、私が実体的に感じるのです。神様も、そのようにしながら大きくなられたのです。神様も子女の時代、兄弟の時代、夫婦の時代、父母の時代を通じて発展してこられたのです。

自分を中心として自分の息子、娘を生んで育てながら、目に見えない神様の過去の歴史、すなわち目に見えない神様の幼児時代の第一創造主、無形の創造主の姿を見るのです。第二創造主、すなわち目に見える創造主の立場から幼児を育て、兄弟として育てて夫婦にすることは、神様がアダムとエバを息子、娘から兄弟として育ててきたのと同じようにして、無形の内的なすべての実相を平面上で実体的に見る

ためです。これが自分の息子、娘です。（二六三―一四九、一九九四・八・二一）

＊

四大心情圏はいつ完成するのでしょうか。息子、娘がいつ完成し、兄弟がいつ完成し、夫婦がいつ完成し、父母がいつ完成するのでしょうか。それは、結婚するその時間です。結婚するその時間に子女の愛と兄弟の愛と夫婦の愛、三つの愛が結実するのです。地上でそのようになるのです。父母は、天上にいます。アダムとエバの父母は、天上にいるのです。この三つの愛の基盤の上に父母が立つのです。

このように生まれて、大きくなり、父母になったので、その父母である皆さんは、赤ん坊を生まなければなりません。自分の後代を生まなければなりません。後代とは、神様がアダムとエバを創造したのと同じように、第二創造主として息子、娘をつくるのです。第一創造主のようにつくればよいのです。第一の創造は、縦的創造主なので、縦的柱が二人で合わなければなりません。横的基準は無限に上がっていくのです。ですから、縦的基準は無限に広くなって円形が、無限の面積が球形に展開するのです。

ですから、父母は天の代わりをするのです。子女と兄弟と夫婦は地の代わりをします。夫婦を中心として一つになるとき、縦的基準が一つになるのです。それで、アダムとエバの完成は、神様の創造理想の完成になるのです。創造理想として願っ

たすべてのものが完成するのです。それが何ですか。愛の対象を必要とするのです。（二六三―五八、一九九四・八・一六）

＊

四大心情圏の完成は、神様を中心として、過去、現在、未来の表出化された対象が愛によって結実することです。ですから、一体となるその位置は、結婚して夫婦が愛によって一体となることです。その位置は独りではできません。神様を中心としなければなりません。神様が介在していってこそ、夫婦を中心としたところに王の位置が出てくるのです。そこにおいて、愛の一体が成されなければ王権が生じません。王権とは何かというと、王と女王のことですが、縦的な神様が介在して、初めて王権が生じるのです。

そのようになって、初めて神様自体が、地上に生まれたばかりのアダムとエバと完全に一つになるのです。これが一つとなり、息子、娘を横的に展開させることは、すべて同じ一つの四位基台《よんい》を成すのと同じです。三人の息子がいれば、その息子たちの四位基台は、同じモデル形態とみなすのです。そのようになれば、その価値は、アダムとエバの家庭と同じです。種というものは価値が同じだというのです。（二七〇―二五八、一九九五・七・一六）

＊

二代目の創造主の基準は約束されていますが、三代目の創造主である息子、娘、孫を見ることができなかった、ということを知らなければなりません。皆さんが孫にならなければならない、ということを知らなければなりません。その孫は、第一の目に見えない神様と第二の神様が育ってきたすべてのものを再現させ、神様も喜び、父母も喜ぶことができ、自らの過去の全体歴史を展開させて、二つの愛の世界を感じさせることができる存在です。そのような立場に立ったものが、アダムでもなく、神様でもなく、孫なのです。

それゆえに、神様も息子、娘を崇拝されます。神様も孫を崇拝されるのです。ですから、アダムも自分の息子、娘を崇拝しなければならないということです。息子、娘を誤って育ててはいけません。ゆえに、皆さんの家庭において堕落した子供が生じれば、家庭の脱落という、途方に暮れるような事態が起きるということを知らなければなりません。

四大心情圏と三大王権を完成しなければなりません。おじいさんは、神様の代身です。お父さんは、二世の中心になっているので、この世界の家庭の王になるのです。父と母に、国王と皇后のように侍らなければなりません。そして、おじいさんに、神様のように侍らなければなりません。それで、二つの愛を受け、神様の代わりに父母の二つの愛を受けることによって、孫の時代に入っていけば、地上天国と

天上天国の拡大世界へ越えていくのです。（二六四―一九五、一九九四・一〇・九）

＊

目に見えない良心をもってアダムとエバを愛していたところから、目に見える実体をもってアダムとエバの愛する息子、娘を愛するようになったのです。ゆえに、神様とアダム、エバが孫を愛する位置は異なります。それゆえに、結実を結ぶのです。二重になるので、結実を結ぶというのです。正、分、合です。

正から分かれ、神様がアダムとエバを創造される時に、子女から兄弟、夫婦を経て父母に上がってきたのと同じように、ここでも子女の愛、兄弟の愛、夫婦の愛を経て、父母の愛へ上がっていかなければなりません。ですから、父母の愛は、必ず縦横が連結されなければならないということを、はっきりと知らなければなりません。

それゆえに、天と地に縦的な基準が起きるのです。その次には、父母を中心として、ずっと拡大されていくのです。すべての歴史は、父母を中心として発展していきます。これが公式発展です。父母を中心とした家庭形態をもって発展していくのです。（二七〇―二五九、一九九五・七・一六）

＊

神様も成長してこられました。実体として創造されたアダムとエバが、子女、兄弟、夫婦、父母となることによって、無形の心の中にある子女、兄弟、夫婦、父母を第二の御自身として体恤《たいじゅつ》されることによって、真《まこと》の愛の理想を完成した神様として、無限な喜びを感じられるのです。

私たち人間も、神様と同じ喜びを感じるために、誰もが子女、兄弟、夫婦、父母の位置に立つようになります。人間は、誰もが四大心情圏を中心として家庭を形成するので、家庭は、理想の心情圏を体恤するための基地となるのです。私たちにおいても、神様のように実体の四大心情圏を体恤する者だけが地上天国や天上天国、どこでも一つになることができます。そのような理想的人間になるために、家庭を望むようになるのです。それゆえに、人間は、誰もがみな本然の家庭を探して、愛のすみかを復帰しなければなりません。（二五九—四四、一九九四・三・二七）

＊

四大心情圏と三大王権が分かったでしょう？　皆さん夫婦は、これを成し遂げなければなりません。そのようになれば、霊界から地上まで、いつでも思いのままに往来することができるのです。（二五二—七三、一九九四・一・七）

＊

四大心情圏の完成は、結婚して愛を中心として一つになることによって可能です。もしこれが壊れれば、子女の心情圏の未完成、兄弟の心情圏の未完成、夫婦の心情圏の未完成、父母の心情圏の未完成となるのです。霊界に行くには、このような心情圏を完成していかなければならないのですが、堕落したがゆえに、これまでその心情圏を完成したことはありません。それゆえに、蕩減《とうげん》復帰しなければならないのです。（二四九―二八九、一九九三・一〇・一一）

＊

四大心情圏は、夫婦によって愛の一体を成したところで結実し、三大王権は、アダムとエバが息子、娘を生むことによって初めて完成するのです。息子、娘を生んだのちにおいて初めて三大王権が完成するのです。霊界を代表しているのは、おじいさんを代表した神様であり、アダムとエバは現在を代表しています。過去、現在、未来です。現在を代表したアダムとエバを中心として、未来を代表した息子、娘が出てくるのですが、「正」から分かれたものが合わなければならないのです。（二七〇―二五八、一九九五・七・一六）

＊

私たちの地上生活は、そのまま霊界に移っていくのです。それを知らなければなりません。それでは、霊界に行って、どのように横的に連結するのでしょうか。私の家庭で感じたものが宇宙の家庭で感じる、そのような世界に入っていくのです。世の中で縦的父母を中心として、もちろん神様圏を中心としての縦的父母ですが、横的父母を中心として家庭において生活したのちに永遠の縦的世界、父母の世界へ行くのです。その世界は天国なので、それは一代ではありません。数千代がすべて入っていくのです。

この世において、神様を中心としておじいさん、父母、自分の息子、娘と暮らしていたことを拡大させた世界なので、そこに入っていって暮らそうとすれば、地上において、姉として、妹として、それから妻として、母としての責任、また兄として、弟として、夫として、父として、一家庭において感じた責任を横的に感じることができる因縁ができていなければなりません。そのようになって、初めて和するのです。（二四七—三一一、一九九三・六・一）

＊

皆さん、このような話は初めて聞いたでしょう？　四大心情圏と三大王権を復帰し、皇族の愛をもっていくべき祖国が天国です。死んでみてください。いくら優秀な人であっても、ここに引っ掛かるのです。その時になって、「文《ムン》総裁の言うことを聞いていれば良かった！」と後悔しないように、早く決定して祝福を受けてください。それが最も早い解決方法です。そのようにしながら学ぶのです。男性と女性が和合して、失ってしまった天国の家庭を取り戻し、神様を王として侍らなければなりません。ですから、おじいさんは神様の代身です。おじいさんを神様の代身として侍らなければなりません。自分の父母は、五十億人類の家庭を中心とした王です。その息子、娘に対しては未来の王のように侍らなければなりません。神様のように、現代家庭を代表した王のように侍る父母の道理を受け継ぎ、千代、万代にその道理を残していく世界が地上天国になるのです。アーメン！（二三九—七七、一九九二・一一・二三）

2　三大王権と

①三大王権は創造理想の基本型

本来、アダムが完成すれば天国の父が完成し、エバが完成すれば天国の母が完成し、そして家庭の主人になれば、家庭的天国の王権が生まれるのです。したがって、アダムとエバは個人的王であり、家庭的王であり、氏族的王であり、民族的王であり、国家的王であり、世界的王になるのです。（二〇一—一三一、一九九〇・三・二七）

＊

神様は天上の王であり、アダムは地上の王であり、アダムの息子は天上と地上の王として育つのです。ある人に、「あなたの家庭はどのような家庭になることを願いますか」と尋ねれば、「私のおじいさんも王になり、私の父も王になり、私も王になることを望みます。それが人間の最高の欲望です」と答えるのです。

皆さんは、三大王権の息子、娘だということを知らずに生きています。三大王子になるためには、おじいさんを天国の王のように侍り、自分の息子、娘を王子のように侍ることができなければなりません。そのような家庭の出発こそ、神様の理想を中心としたアダム家庭の出発だったのです。そこにはアダムの国があり、アダムの世界、アダムの天地がすべて内包されているのです。（二八〇―一六八、一九九六・一一・二四）

＊

アダムとエバは、神様の息子、娘でしょう？　神様の息子、娘なので、天国の王子であり、この地上の王子なのです。天国の王子であると同時に、成長すれば地上の王となるのです。王孫です。

それゆえに、天国の王宮における法度を守り、その道理をすべて実践し、神様の愛を中心として縦横、前後、左右に一つの理想的なモデルとなるのです。東に行こうと、西に行こうと、南に行こうと、北に行こうと、前に行こうと、後ろに行こうと、どこに行こうと理想的なモデルとなるのです。なぜかというと、この中心の位置に立っているからです。その位置というものは、中心を中心として東西南北、上下関係、どこにおいてもすべての核となるのです。そのような立場を見るとき、どこに行こうと、皆さんは模範とならなければなりません。（二二六―二五九、一九九二・二・九）

＊

おじいさん、おばあさんとは何でしょうか。天国が派遣した全権大使です。ゆえに、おじいさん、おばあさんを神様のごとく侍らなければなりません。自分の父母は、現在の五十億人類の家庭の王であり、自分は未来の王権の伝授を受けようとする王子、王女です。そのような伝統をもっています。

それでは、人間の目的とは何でしょうか。天国の過去の王権、現在の王権、未来の王権を伝授してもらうために生きるのが人間の目的です。ですから、みな王になりたいし、女王になりたいのでしょう？　そのような主流思想を基盤として、ここに相対的な兄弟の心情圏の国民となるのです。これは、直系の長孫（注：最初に生まれた孫息子）を中心として王族に、千年、万年継承するのです。（二二八―二八二、一九九二・七・五）

＊

本然の理想家庭は、天父王、すなわち天国の王であり、地父王、すなわち地上の王です。天国の王であり、地上の王ということです。

天父王は神様の位置であり、地父王は父と母の位置であり、子女は王子であり、息子、娘の位置になるのです。その三代を家庭として見れば、おじいさんは神様の代身であり、地父王は父と母の家庭を代表し、息子、娘は王子、王女となるのです。この三時代は、すべて王権を代表した代表者ということになります。

おじいさんは過去を意味し、父母は現在を意味し、息子、娘は未来を意味するのです。これらが連結して、過去、現在、未来まですべてが入っていくのです。（二二九―二四四、一九九一・九・八）

＊

四大心情圏と三大王権を完成した家庭が、理想的な家庭です。それで、おじいさんは神様と同じであり、父母は世界家庭の王であり、自分自身は天上と地上の王権を継承する未来の王です。これは天国の王権であり、これは地上でしょう？　これを相続する王です。このような三大王権が結実しなければならない所が私たちの理想家庭です。（二三九―一八七、一九九二・一一・二四）

＊

おじいさんは、過去を代表しているので、天国の特使として送られた家庭の天国大使です。父と母は、現在の地上天国の王です。孫は、父の愛を受けることができるのであり、おじいさんの愛も受けることができます。アダムとエバは、神様の愛しか受けることができませんでした。アダムの愛を受けることができる存在がいなかったのです。神様も一代しか愛することができませんでした。二代目の孫まで愛さなければならないのです。

そこから拡大していくのです。三代が一つの範疇《はんちゅう》です。それで、おじいさんを神様のように侍らなければならず、父と母を世界の王のように侍らなければならず、孫を未来の天国と地上天国の王のように侍らなければなりません。二重になるのです。三代は、おじいさんの愛と父母の愛を受けることができます。二重になるのです。ここから、地上天国と天上天国が展開していくのです。(二六六―一四九、一九九四・一二・二三)

＊

おじいさんとおばあさんは、神様の代身として振る舞わなければならず、父と母は、世界の大統領の代身として振る舞わなければならず、その息子、娘は、天国の王のごとく、王子、王女として振る舞いながら生きなければならないというのが家庭の理想であり、創造された神様の愛の本来的な家庭です。

家庭は天国の王宮であり、その構成員は天国の王族を代表するのです。おじいさんは、神様から見れば王子、王女の代表です。父母は、すべての国家世界の王子、王女の代表です。誰もがみな、そのような欲望をもっているでしょう？　全く同じです。子供たちは、未来の全宇宙の王子、王女の代表です。これほど価値のある場所のセンターが私たちの家庭です。本当に誇らしいことです。このような素晴らしい理論基盤の上に私たちが立っているということは、本当に貴いことです。「私は中心家庭として、理想的夫婦の代表的な家庭であることを自負します」。

このように言うことができるようになる時は、未来のあらゆる万物まで、すべてが歓迎するのです。そのような価値の家庭、歴史的家庭の背後が分かりますか。これがまさしく、神様が創造された理想家庭の組織です。皆さんは、その位置まで行かなければなりません。神様は、おじいさんの位置です。その場に行けば、誰もがその前で敬拝するのです。（二二六―三〇〇、一九九一・四・一四）

＊

おじいさん王権時代、それから父王権時代だけなく、天国王権時代と地上王権時代を一つにした統一的な理想が三大王権です。おじいさんは一代で、父は二代です。二代にしかなりません。三代になりません。孫がいて、父の愛とおじいさんの愛を受けなければならないのです。

本当に不思議です。先生も息子、娘を生んで育てましたが、孫が友達です。友達になりました。年を取れば取るほど孤独になり、環境が変化し、縮んでいくのです。

ですから、孫と結託するようになるのです。

それで、それが一人のおじいさんも完成し、お父様も完成し、このようにして一つの種になります。ですから、てっぺんがここまで連結すれば、すべて連結しなければならないというのです。二種類が連結してこそ、これが一つの種になるのです。それで、アダム家庭の息子、娘を中心として、その一つのモデル型を中心として、直系の王孫を中心として横的に連結し、家庭が横的に拡大されるのです。三大心情圏を体恤《たいじゅつ》した種にならなければ、拡大は不可能です。（二八三―八一、一九九七・四・八）

＊

神様は、アダムとエバが堕落することによって、三代の位置に立つことができませんでした。二代目で堕落したのです。ですから、今、アメリカの家庭において最も悲惨なこととは何でしょうか。おじいさんとおばあさんが孫に会うことができない、ということです。おじいさんは、幼児から成長しておじいさんになったので、幼児に帰っていかなければなりません。その友達が誰かというと、孫です。年を取ればぼけるでしょう？　ぼければ幼児のようになります。幼児のようになっていくのです。健忘症が出てくるようになれば、言葉もすべて忘れてしまうでしょう？それゆえに、一つにならなければならないのです。おじいさんになってみると、自分の息子、娘よりも孫のほうがもっとかわいいのです。慕わしいものが自分の息子、娘ではなく、孫なのです。そのようなものです。ですから、アメリカの年を取った人々は、どれほど悲惨でしょうか。（二六六―一四八、一九九四・一二・一二）

＊

おじいさんを愛し、尊敬することは、過去をすべて受け継ぎ、過去の世の中を学ぶことになるのです。父からは現在を学ぶのであり、子女を愛し、子女を貴く思うということは、未来を学んでいくことです。おじいさんとおばあさんを通し、父母を通して何を受け継ぎ、何の血統を受け継ぐのかというと、真《まこと》の愛です。真の愛を受け継ぐのです。おじいさんとおばあさんは年を取っていますが、その二人は真の愛で一つになっていて、父母が一つになっているので、私たちもそのようになり、未来を受け継ごうというのです。真の家庭にならなくては、絶対に未来を受け継ぐことはできないということを知らなければなりません。

家庭のこの三代を見るとき、それは宇宙を見るのと同じです。宇宙の愛は、現在と未来を代表した真の家庭にあるのです。真の家庭でおばあさんを愛し、母を愛し、姉を愛して……。おばあさんがいなければ不安定です。おじいさんがいなくても不安定であり、どの人がいなくても同様です。このようになってこそ、そのまま天国に移っていくのです。祖父母、父母、子女がそのまま天国に行くのです。

真の祖父母を愛し、真の父母を愛し、真の子女、真の家庭、真の国家、真の宇宙を愛した人が天国に行くのです。その模型の教科書が家庭です。

これを思う時に、神様のことを思えば永遠の未来になるのです。神様を愛しながら「私の愛は未来のために行きます」と言うとき、永遠の未来になるのです。(一六二―一四二、一九八七・四・五)

＊

今から地上天国時代に入っていくので、私の家庭は、王の家庭となるのです。ですから、どれほど模範的にならなければならないでしょうか。王が自分勝手に生きられますか。王と王妃、王子や王女たちは、その国の法をすべて守らなければなりません。それだけでなく、王宮の法もあります。法の中に王宮法があるのです。宮殿において貴族たちが暮らしていくための法があるでしょう? イギリスでも韓国でも、王の血筋を引く者たちは、どれほど暮らしにくいでしょうか。先生はその道、その復帰の道をすべて歩んできました。そのようにしてみなければ、天国を意識できません。

皆さんは、天国を治める王の位置に上がっていけません。女王に侍ることを知らずに、どうして男性の王になれますか。そうではありませんか。(二三二―三二六、一九九二・七・一〇)

＊

先生の教えは、歴史の最初であり、人類の希望の始まりであり、幸福と平和の始まりです。天国のあらゆることの出発なのです。したがって、先生の在世時に因縁を結んだ皆さんの家庭は、皇族圏に立つのです。間違いなくこのような生活をした場合には、その完成の程度に比例した基準の霊界に行って暮らすようになるのです。自分とは関係ない話だと思ったなら、大きな誤算です。

皆さんの家庭は、世界最上の欲望を完成できる立場にいるのです。家庭の希望は、おじいさんが王であり、お父さんが王であり、子女が王であり、三代すべてが天宙の王の立場に立つことです。それ以上の希望はありません。人間の欲望を完成させた最高の頂点に立てる自分たちであることを、新たに確信しなければなりません。

（二四九―一一三、一九九三・一〇・八）

②長子権・父母権・王権復帰

アダムとエバは、人類の父母であると同時に万国の王です。アダムとエバが堕落して、今日、私たち統一教会でいう三大権限を失ってしまったというのです。

人間の中で、アダムは最初の息子、長男です。長子権をもったというのです。その長子とは何かといえば、父になるのです。父母になり、そのあとには王になるのです。三大権限とは何ですか。一つは長子権、その次には父母権、その次には王権です。三大権限を与えられるために、私たち人間が生まれました。（二七三―二一三、一九九五・一〇・二九）

＊

三大王権には、必ず第一創造主、第二創造主、第三創造主の概念が入っていなければなりません。この概念が入っていなければ、三大王権は出てきません。ですから、神様は過去の先祖であり、アダムは現在の先祖であり、アダムとエバの息子は未来の先祖です。先祖の概念が入っていなければなりません。その概念が入っていなければ、三大王権が出てこないのです。それから、皇族圏は直系を中心として、相対的関係をもって、そのままついていくのです。（二七〇―二八七、一九九五・七・一六）

＊

復帰歴史の総合的な結論として、長子権復帰、父母権復帰、王権復帰、皇族圏復帰です。長子権復帰の目的は、父母権復帰です。父母権復帰の目的は、王権復帰であり、王権復帰の目的は、皇族圏復帰です。これが四大心情圏です。おじいさん、父、自分たち夫婦が三大王権を象徴します。おじいさんは過去を象徴し、父母は現在を象徴し、自分たち夫婦は未来を象徴します。そして、おじいさんは霊界の特権大使として自分の家庭に送られた方なので、おじいさんの言葉に絶対服従する家庭

は繁栄します。（二四九―三〇七、一九九三・一〇・一一）

＊

救援摂理歴史は、カイン、アベルが一つになって母を取り戻し、父を取り戻す歴史です。失ってしまったので、これを取り戻さなければすべてのものは無駄になるのです。母を取り戻し、父を取り戻したのちには、家庭を取り戻すのです。そのようにすることによって、永遠の理想家庭をこの地上で成し遂げるのです。最初は長子権復帰であり、二番目は父母権復帰です。これが一つになって初めて王権を復帰するのです。本来、アダム家庭は王宮です。アダムとエバは王と皇后なのです。

男性は天を象徴し、女性は地を象徴するのですが、二つの世界の王権が堕落しないで完成していたならば、理想的な家庭になっていたはずです。それがアダム家庭の理想です。その次には、皇族圏です。（二四六―一七二、一九九三・四・一一）

＊

三大王権とは何ですか。おじいさんは天国の王であり、父と母に対しては地上の王として侍るのです。自分たちは未来の王です。そのようになれば、天国の王であるおじいさんの訓示と父母の訓示に、絶対服従しなければなりません。孝子の道よりも忠臣の道を行こうとするので、絶対服従しなければなりません。

アダムの息子、娘である孫は、父の愛も受け、おじいさんの愛も受けます。アダムは、父の愛しか受けることができませんでした。おじいさんの愛を受けることができなかったのです。アダムの息子は、おじいさんの愛を受けなければなりません。それで、三代になるのです。

おじいさんの愛を受けて、初めて横的に拡大されるのです。三段階を経ていかなければなりません。それが一つのモデルです。それが四位基台《よんい》です。三代を連結させなければなりません。それゆえに、孫は、おじいさんの愛を受ければ、地上で天国と接するのです。天国の王孫の後継者となるのです。地上でも同じです。（二八三―八〇、一九九七・四・八）

＊

堕落は、三代を経てきたのです。おじいさんは旧約時代であり、父と母は新約時代であり、自分は成約時代であり、今後、息子は世界時代に越えていくのです。これを家庭で連結しなければなりません。ところが、これを連結させなければならない家庭において、父母を失ってしまい、長子権を失ってしまい、王権を失ってしまいました。しかし、父母と王権は、既に備えられました。父母権と長子権、そして王権を復帰できる道を真《まこと》の父母が築いておいたので、これを伝授するのです。

王権を中心としたこのような基準があるので、皆さんは氏族的メシヤです。国の王権、世界の王権、天上の王権を代表して、皆さんに氏族的メシヤの称号を付与し

たということは、皆さんが氏族的王だということです。氏族的真の父母です。（二二〇―一二七二、一九九〇・一二・二五）

＊

アダムが堕落しなかったとすれば、彼が長孫です。これが、第一のつまずきなのです。アダムがずれたというのです。長孫権を失ってしまい、父母権を失ってしまい、天宙の王だった王権を失ってしまいました。この三大権回復運動が、正に復帰摂理の終着点だということを知らなければなりません。これが結論です。復帰摂理は、アダムが真の父母権、真の長子権をもって天上世界と地上世界の王権を回復するためです。私たちの人類先祖が、そのような方にならなければならなかったのです。（二〇八―二七三、一九九〇・一一・二〇）

＊

本来、堕落していなければ、私たち人類の先祖は神様の息子、娘となり、地上天国と天上天国の王子、王女になるはずでした。それは、世界的です。根源であると同時に最後です。アルファであり、オメガです。アルファから善の父母が出てくることができずに悪なる父母が出てきたので、これをすべて取ってしまわなければなりません。それゆえに、悪なる父母として始まったすべてのものを消化できる、真の父母が現れなければならないのです。（二二六―三二一、一九九二・二・九）

真《まこと》の父母と一つになって伝統を相続し、皆さんの家庭が主体的伝統をもって万国を統治できる基盤となり、主体性をもつ家庭になる時、天国の皇族圏内に入籍するのです。このようにして入っていく所が天国です。天国は、誰でも入っていける所ではありません。「その道を行こう」と三代が決意しなければなりません。おじいさん、おばあさんから、父と母、夫婦、息子、娘まで、段階は四段階であり、夫婦を備えた系列は三代です。(二二八―二九五、一九九二・七・五)

＊

最初は兄弟権復帰、二番目は父母権復帰、三番目は王権復帰です。民主世界には、王という概念はありません。民主世界は兄弟主義です。ですから平面的に見るのです。それが兄弟主義世界なのですが、兄弟主義世界では互いに争いをします。あなたの物、私の物としながら、争奪が繰り広げられるのです。民主主義は、闘う概念ではありませんか。与党と野党が闘い……。その内容とは何でしょうか。王権を互いに奪おうとしているのです。大統領は何ですか。王権ではありませんか。これが行ったり来たりして、搾取するのでうまくいかないのであって、絶対的な王が現れれば問題がありません。絶対的な平和の世界が来るのです。(二〇五―一七四、一九九〇・九・二)

民主世界の政治の姿は闘争の体制です。ですから、私たちが父母の位置に上がっていかなければなりません。そのようにすれば闘いを止めることができます。すべての兄弟たちが父母を取り戻し、そこから真の子女、真の国家、真の平和を含むすべてのものが取り戻されます。それ以外に方法はありません。（二〇五—一八九、一九九〇・九・一）

＊

「神主義」は、真の父母を中心とした思想です。「神主義」は、垂直圏に属しているのですが、その垂直と平衡を合わせ、世界の形体のすべてを合わせて球体理想として現れるのです。愛は球体です。その球体はどこにおいても垂直と通じるのです。ですから、その表面は理想圏になります。それゆえに、表面圏である世の中は、不平を言うことはできません。サッカー・ボールが転がっていって止まる時、どの面でも垂直と通じる平等な面をもっているのです。ですから、その価値観によって平等な世界、バランスの世界に到達するのです。そのことをはっきりと知らなければなりません。（二一八—三四八、一九九一・八・二一）

＊

「神主義」を中心として統一するのです。真の父母は家庭の王です。家庭は、ほかの様々な家庭と交わることによって自動的にできます。

そのようになれば、氏族の王が出てきます。また、氏族は、ほかの様々な氏族と合わさって民族となり、民族の王が出てくるのです。国家、世界、天宙も同じです。このように、王たちが連結して神様までつながるのです。ですから、神様は、王の王になるのです。（二〇五―一八九、一九九〇・九・一）

3　皇族圏を完成することを

①天国は愛の皇族圏が行く所

天国は、神様の愛を中心として王子、王女となり、王と王妃の愛を受けた皇族たちが入っていく所です。今日、キリスト教では、「イエス様を信じて天国に行くのだ」と言っているでしょう？　どのようになるか、行ってみなさいというのです。文《ムン》総裁の言っていることが正しいか、正しくないか、行ってみれば分かるはずです。それは、理論に合っていません。今までのすべての宗教は、理論に合っていないのです。（二三七―一七三、一九九二・一一・一六）

アダムとエバは誰ですか。神様が被造世界の王だとすれば、アダムとエバは、その王の愛の相対者であり、皇族圏を相続する皇太子です。王子、王女です。堕落していないアダムとエバはそうだというのです。全宇宙の大王であられる神様を中心として生まれた長男と長女が、アダムとエバだったということをはっきりと知らなければなりません。(二二九―五八、一九九二・四・九)

＊

天国に入っていける人々は、神様の愛の直系子女であり、天国の王孫として……。神様の前に王子、王女の門を経なければなりません。天国はどこでしょうか。王孫として、皇族として行く所です。この地上で模範的な兄弟の友愛の直系子女と傍系的子女となり、模範的な一つの一族と国家を形成した立場で、皇族の名誉をもって生きたのち、そのまま移動していく所が天国です。(二三六―二〇四、一九九二・一一・八)

＊

今から皆さんは、真《まこと》の愛を中心とした皇族にならなければなりません。アダムが直系子女とすれば、傍系子女であるその兄弟や姉たちは、すべて民となるのです。それゆえに、天国の王子、王女の愛を備え、その権威と威信を堂々ともち、生涯の路程において足どりも堂々と威信をもって入っていかなければならない所が本郷の

国、天国だということを知らなければなりません！（二二〇―二一九、一九九一・一〇・一九）

＊

世界を愛さなくては、入っていくことができません。世界が私のものであり、世界の人類が私の一族だといって愛してこそ、入っていけるのです。神様の代わりに、彼らの痛みを私の痛みのごとく感じることができる位置に立つことができなければ、天国の王子、王女となることはできません。神様はそのようなお方です。そのような方が、王子、王女の位置に立つことができなければならないのです。それで、長子権復帰、父母権復帰、王権復帰です。その次には、皇族圏復帰です。

最後にこの門をすべて通ることなくしては、本然の世界で神様と出会うことはできません。先ほど話した根を探し求めていって結果が一つとなり、すべてのものが自由天地で循環するにおいて、衝突することなく歓迎一色で自分を迎えてくれることができるのかというのです。天上世界に行こうと、地獄世界に行こうと、その人が通り過ぎればみな頭を下げるのです。（二五三―三二一、一九九四・一・三〇）

＊

長子権復帰ができなければ、父母権復帰ができません。本然の兄弟を失ってしまったので、再び取り戻したその基盤の上で父母の位置に上がっていくのです。復帰は反対に行くのです。父母を取り戻したのちに父母、すなわちアダムとエバが王になるのです。氏族を中心とした王権、王権を中心として傍系的な血族が広がり、一族が広がることによって皇族圏が広がっていくのです。これが復帰摂理の全体の結論です。これは伝統的結論なので、誰もがこのようにならなければなりません。そのようになってこそ、真《まこと》の父母の息子、娘になるのです。（二四六―一四八、一九九三・四・七）

＊

四大心情圏と三大王権を、私たちの家庭で成し遂げなければなりません。これを完成した人々は、今日、イエス様を信じる必要はありません。先生も必要ありません。そのまま、神様の玉座の前に直行するのです。そのようになれば、神の国の皇族圏が始まるのです。皇族圏が始まろうとするならば、このように生き、今後、先生の息子、娘と同じ血統にならなければなりません。何の話か分かりますか。先生の息子、娘と姻戚《いんせき》を結んでこそ、皇族圏を連結させることができるということです。（二三八―四八、一九九二・一一・一九）

＊

完成した家庭とは、何を中心として築かれるのでしょうか。四大心情圏と三大王権、皇族圏の生活をすることによって初めて家庭理想、神様の創造理想が完成するのです。そして、王家にならなければなりません。王家は、王を中心として一つにならなければなりません。それで、皇族圏内で暮らしたのちに行く所が天国です。そこで暮らしたのちに移っていく所が天国です。（二四四—四八、一九九三・一・二九）

＊

四大心情圏と三大王権を成したのちに皇族圏に入っていくのです。それを中心とした真《まこと》の愛の位置が皇族圏の位置です。天国まで無事通過です。それが神様のアダム家庭に対する理想です。そこに真の息子と真の娘の完成があるのです。兄弟の完成がそこにあります。そこに夫婦完成と父母完成があるのです。（二四四—三二一、一九九三・三・一）

＊

長子権復帰は父母権復帰であり、父母権復帰は王権復帰です。王権を復帰することによって皇族圏が広がるのです。皇族とは、生活舞台のことをいうのです。そのような時代に入ってきました。それで、勝利して反対に越えていくのです。越えていけば、何をするのでしょうか。家庭で失ってしまったので、家庭を取り戻すのです。（二三五—四四、一九九二・八・二八）

＊

天国の国民、天国の氏族と国の民というものは皇族から始まるのです。したがって、本来、私たちがもたなければならない位置に帰っていこうとすれば、天国の真きませんでした。

王子、神様の愛を中心として、皇族的心情圏を体得しなくては、天国に帰っていくことはできません。そのようになっていないことが神様の恨《ハン》です。

神様が王子をもち、王女をもって、王子と王女を愛せなかったのが恨です。そして、王孫を中心として孫をもてませんでした。アダムとエバが成長しながら、王子、王女として、王の代を引き継げる位置において愛をなせなかったのです。すべて中間、すなわち原理結果主管圏内で堕落してしまいました。

ですから、神様の愛を中心として神様と直接話し合うことができる相手とならなかったのです。天地創造の大偉業を中心として父と息子がお互いに相談し、歴史を編成していく、そのような相談相手とはならなかったのです。（二二〇―四八、一九九一・一〇・一四）

＊

堕落していなければ、天地の王権と天地の父母権と天地の長子権を中心とした直系の息子、娘となって、この地上の王宮となり、天国の王宮になっていたはずです。また、そこにおける傍系的なすべての兄弟たちは、直系の王宮の伝統を横的に受けることができるのであり、これと一つになって生きた人々が天国に行くようになっていたのです。それでは、天国とは何かというと、愛を中心として、皇族の伝統を通過したその家庭と一族が入っていく所だということを否定することはできません。

それゆえに、前にいる人も、枝のほうにいる人も、同じ皇族の生活環境で生活した人が天国に行くようになっているのです。それゆえに、すべての家庭は、愛を中心とした、皇族の伝統的生活をしなければならないという結論が出てくるのです。(二一八―二二一、一九九一・七・二九)

＊

統一教会で見れば、今まで蕩減《とうげん》時代の歴史を歩んできました。ここで蕩減時代の歴史を歩んできた目的は何かというと、長子権を復帰して、新しい父母権を復帰して、新しい王権を復帰して、新しい皇族圏を復帰することです。それは何を中心としてですか。今日の人間世界ではありません。

神様を中心として復帰しなければなりません。ある王権や、ある家庭を中心としたものではありません。神様を中心とした長子権、神様を中心とした真《まこと》の父母、神様を中心とした王権、神様を中心とした皇族圏だというのです。これは、今までの人類の希望だったというのです。(二三〇―一七一、一九九二・五・三)

＊

私が求めている人は、天国の皇族です。天国の愛の皇族です。皆さんは、種にならなければなりません。種になるということは、収穫されて倉庫に入っていき、北風や冷たい雪、寒風が吹き寄せる冬の季節を越え、明くる年に南方から吹いてくる春風と春の日ざしを受けて新しい芽が芽生え、その太陽の光とともに方向を備えて自分自体内に創造力を発揮し、生命力をつくりだせる、そのような種になることです。そのような種になってこそ、生命の芽となるのです。（一八〇—一六二、一九八八・八・二〇）

②皇族圏とは

皇族圏とは何でしょうか。アダム家庭において、兄のカインがいて、弟のアベルがいました。アダムの息子、娘として、カインとアベルの兄弟が生まれたのです。カイン、アベルです。環境には、必ず主体と対象がなければなりません。この主体と対象が一つにならなければならないのと同じように、カインとアベルが一つにならなければなりません。一つになったその家庭を中心として、堕落した世界の家庭と一つにならなければならないのです。これが皇族圏というものです。

兄が中心者なので中心となり、自らの直系の兄弟たちは右側になり、復帰しなければならない立場にいるものは左側において、それを一つにしなければなりません。堕落したので、このようなことが起きるのです。堕落しなかったならば、アダム家庭の兄弟が一つになれば終わりです。ですから、世の中のサタン世界を救おうとするのでで、カインとアベルの兄弟が一つになったものをアベルとし、サタン世界をカインとして、それを一つにすることによって、長子権復帰、父母権復帰、王権復帰の基準を立て、これに弟が従順に従うことができるようになる時に皇族圏が成立するのです。

それゆえに、堕落した世界の息子、娘も、長子権の直系子女を通じて次子の立場に立ち、長子の立場に入っていくことによって、地上天国と天上世界で共に同居することができるのです。これが、皇族圏です。（二七〇―二六〇、一九九五・七・一六）

＊

皇族圏というのは、自分の息子、娘ではありません。堕落した世界の人たちですが、本来は堕落していない第一王子にならなければならない人たちです。堕落し、悪魔に群がり、サタン世界の長子権をもって天国を破綻《はたん》させてきましたが、アベルがいくつもの恨《ハン》の峠を越えて、それらを開拓し、自然屈服させることによって、長子が次子となり、次子が長子権を中心として、天地の大道《たいどう》を完全に変えなければならないのです。そのような場において、真《まこと》の父母を中心としたこのような基盤が広がったというのです。（二六四―一九七、一九九四・一〇・九）

＊

皇族圏というものは、堕落した人類を第一王子のように扱って、その本妻になったレアも、本妻のようにラケルに侍り、本妻になった者が妾《めかけ》と同じ位置に立たなければ、天の側に復帰されないのです。このような驚くべき逆説的な論旨があり、このように交替、遮断して行くべき道があることを、誰も分かりませんでした。

このような原則になっているので、イエス時代に来て、このようなことが起きます。長子権、父母権、王権、皇族圏を中心としたこのような基準を、イエス時代に来て蕩減《とうげん》復帰しなければなりません。失ってしまったものをそっくりそのまま、三角に穴が開いたのなら三角に穴を貫いて、そこを防がなければなりません。サタンがそのように侵害して被害をもたらしたので、天もサタン世界にそのような被害をもたらして復帰するのです。それが蕩減復帰です。（二六二―二〇四、一九九四・七・二三）

＊

第三に入るようになれば、四大心情と三大王権と皇族圏が出てきます。これがテキストブックと同じです。それは、誰でもそのようにならなければなりません。その皇族圏とは何ですか。皇族圏とは、サタン世界のすべての人たちは、長子として神様を破壊したのですが、これを救ってあげようとするのです。長子権を復帰して次子のように愛し、連れて入らなければならないというのです。連れて入る人がいるというのです。一人ではありません。それで長子権を復帰しなければならないのです。サタン世界のカインが弟になるのです。その弟がもっと多いのです。

全世界の人類がそこに入っていくのです。弟の立場にいるというのです。この長子権がひっくり返るのです。直系の子女、皆さんの息子、娘がサタン世界を連れて入っていかなければなりません。分かれていないで、連れて入らなければなりません。皆さんのお父さんもそうであり、すべての世代もそうであり、サタンが復帰される時までそれを継続するのです。皇族圏は、それをいうのです。それで、特別にそれを入れたのです。（二六五—二五二、一九九四・一一・二三）

＊

本来、皇族圏はありません。これは、堕落した世界の息子、娘を、悪魔を弟にするのです。皇族に参与することができる立場に立たなくては、サタン世界のカインが天国に入っていくことはできません。カインも、皇族圏、神様の次子の愛の圏内に入らなければなりません。長子として天を破綻《はたん》させて長子権を失ったからといって、追放すると考えてはいけないのです。弟の位置に立ったので、兄と父母たちが愛さなければならない環境圏を立てて愛することによって、堕落していない天国に入っていくのです。天国には、皇族愛を受けた人々が入っていくのです。このようなモデル家庭ができましたが、残っているものとは何かというと、世の中が残っています。（二六七—一五一、一九九五・一・四）

＊

皇族圏とは何ですか。今は、家庭しかないのに、皇族圏とは何ですか。それはカインです。カインを救ってあげなければなりません。王子の道理を身代わりし、誤っている世界の王権を教育し、導いていかなければなりません。カインとアベルを救って弟にし、王家のすべての伝統を教えて弟の立場に導いていってこそ、地上の後孫たちも、王孫としてあの世に入っていくことができる皇族圏に連結されるのであり、地上にいるこのすべてのカイン世界が兄弟の因縁を結ぶことができなくなれば、皇族圏は地上に残るようになります。

ですから、カインを忘れてはならないのです。自分の家庭が皇族圏になるのではありません。その家庭と自分の家庭という兄弟が一つになることによって、世の中の王権をすべて引き継ぎ、カイン家庭を弟の位置に立てて、引き連れて入っていかなければならないのです。そのことをいうのです。ここで収拾されれば、カイン、アベルが逆さまに一つになるのです。それについて言っているのです。

皇族圏というものは、自分の一族がなるのではありません。必ずカイン、アベルが一つにならなければなりません。そのカイン、アベルにカイン的な父母がいて、カイン的なおじいさんがいるでしょう？　彼らを教育しなければなりません。それで、そのすべてのカイン圏の息子を中心として、その一族のおじいさん三代が、自動的に自然屈服できなければなりません。そして、私たちの家庭が皇族圏に行けば、

彼らも弟の立場で連れて入れるということです。それをいうのです。（二八三―八二、一九九七・四・八）

＊

皇族圏とは何でしょうか。これはアダムとエバの直系子女のことではありません。この堕落した世界が残っているので、皆さんが復帰されたとしても、祝福家庭を中心として、皆さんの息子、娘を中心としてカイン圏、氏族的メシヤ圏、世界カイン圏が残っているのです。それを復帰して長子の立場に立たなければなりません。サタンの反対を受けたアベルが、天の長子の立場である長子権を復帰し、昔、長子だった兄を弟にして、共に天国に入っていける、そのような責任を中心として皇族圏と言っているのです。

カインとアベルは横的に怨讐《おんしゅう》となったので、横的に一つにならなければなりません。それで、誤って逆さまになっているアベルがお兄さんになり、カインが弟となることによって、堕落していない本然の神様の息子、娘を中心として、カインとアベルの兄弟が復帰されて天国に入っていかなければなりません。それで、故郷に帰って孝子、忠臣、聖人、聖子《せいし》の道理を果たし、神様が来られて成そうとされた、家庭における公式的なテキストのすべての内容を完成すれば終わりです。（二六六―一四九、一九九四・一二・一二）

＊

長子権、次は父母権、その次は王権、その次に皇族圏です。皇族圏とは何ですか。神様の前で、大きな事件が起きました。どのような事件かというと、み旨を成してみると、願わなかった女性と息子、娘が生まれたというのです。そして、その直系の息子、娘が生まれたというのです。ここから悲運の歴史が始まりました。今までこれを知らなかったので、収拾する道がなかったのです。向こうの群れは五十億人類なのに、こちらは息子、娘が数人しかいません。

文《ムン》総裁がそのような立場にいるとすれば、十三人の息子、娘しかいないのです。十三人しかいません。カイン・アベルをどのように収拾するのですか。どこに収拾する道がありますか。怨讐を愛さなくてはできません。アベルが愛をもって教育しなければならないのです。蕩減《とうげん》復帰した長子権をすべて復帰したのちには、彼らを自らの皇族圏として認定しなければなりません。皇族のように認めてあげなければならないのです。皇族として認めてあげなさいというのです。（二四九―二三二、一九九三・一〇・一〇）

＊

長子権を中心として次子までも上がっていける道をつくったので、アダムの体が過ちを犯したのですが、縦的な再臨主が来られて長子権復帰をなし、次子圏を認定することによって、第一アダム、第二アダムも一つの体と同じ位置に立てられるようになったのです。ここから皇族圏が出てきたのです。

皇族圏とは、すべて堕落したサタン側の長子として生まれてきたのですが、天の側の長子権復帰を願って承認されれば、サタン側の長子が弟となるロイヤルファミリー（皇族）として扱われるのです。このことは、堕落していないアダムの体と同じ扱いをするということです。それが兄弟になります。再臨主はエルダーサン（長子）アダムであり、これはヤンガーサン（次子）アダムになるのです。（二五三―九〇、一九九四・一・七）

＊

縦的な王権が主体です。この縦的な王権と横的な皇族圏が一つになり、より大きな統一された世界をつくるのです。そこで神様と連結されるのです。最高の相対と連結されるというのです。マイナスの立場で、より大きなプラスと一つになって発展するのが理想世界です。これが再創造の公式です。統一教会のこの概念以上の代案はありません。ですから、大統領であろうと、何であろうと、みなレバレンド・ムーンのあとに従ってこなければならないのです。（二四六―二六二、一九九三・四・一八）

＊

神様も皇族圏をもてませんでした。先生が国さえ取り戻し、王権を備えるようになれば、皇族圏を編成していくのです。憲法によって一遍に秩序が確立するのです。今、統一教会の教会員たちは、そのようなことを知りません。「それは何の話ですか」と言うのです。霊界にはそれがありません。「天国が空いている」という話は、そういうことです。中心がないので空いているのです。これは唖然《あぜん》とすることです。（二七〇─一八〇、一九九五・七・一六）

＊

五十億人類は、長子権の直系王権を受け継いだ王家の親族です。その皇族圏の心情を体恤《たいじゅつ》した人々が天国に入っていくようになっているのです。それゆえに、全世界的に平面化された王族圏を中心として、それを実体化させた世界統一の心情圏を体恤する生活をしなければなりません。そこから、真《まこと》の父母も長子の上の真の父母です。真の父母の王権です。このような王権を中心として、周辺の王族を率いていかなければなりません。天国は、このような家庭の兄弟はもちろん、父母を中心として、王権を中心として、王族を率いて王権に侍って入っていく所です。そのような心情を体恤して入っていく所が天国です。（二四七─一六七、一九九三・五・九）

＊

先生のみ言《ことば》を中心として見るとき、どれほど遠い関係にあるのかを、皆さんははっきりと知るようになるはずです。みだりに会うことができる先生ではありません。

血統内の血統、心情内の心情を主流的な立場で収拾しておかなければ、永遠の主流世界へ行くことはできません。

神様は、愛でいらっしゃるので、永遠の主流圏の相続権を、堕落した後孫である姦夫《かんぷ》の子女たちに接ぎ木させ、真《まこと》のオリーブの木の実と同じ価値を認めて天国の倉庫に入れようとされるのです。それで、このような立場のことをいうのが皇族圏なのです。（二四九―三二〇、一九九三・一〇・一二）

＊

皇族圏とは、本来、ここに生まれた息子、娘は皇族になるのです。神様が完成した成約時代と真の父母時代を発表する時は、五十億人類の世界万民をすべて皇族として扱うのです。皇族圏として認めます。しかし、皇族圏の資格は認めません。皇族圏に入ってくることは許可するのですが、皇族になるためには蕩減《とうげん》復帰原則によって、個人からこの世界まで、誰よりもアベルを愛したという歴史がなければなりません。（二五一―一六九、一九九三・一〇・一七）

③皇族圏は直系子女ではない

皇族圏は、先生の直系ではありません。先生の直系は蕩減を越えています。今まで、堕落した人々が長子権の権限をもってすべての人々を地獄に連れていくようなことをしてきたのですが、今は長子権を譲渡し、自分たちは次子圏に立っているのです。そのようになったので、次子の立場から、王族として全く同じく認められて神側に入っていくことによって、サタンとサタンに属するすべてのものは、神様を讒訴《ざんそ》するただの一点もなくなってしまうのです。ですから、公平な神様です。皆さんの一身と一族を中心として、一国を中心として、各自がこれを成し遂げなければならないということが今の使命です。（二五八―二三〇、一九九四・三・一七）

＊

皇族圏とはいったい何でしょうか。皆さんが先生の直系の子女だと思うことは、大きな錯覚です。復帰された立場から見れば、復帰された女性と復帰されたカイン、アベルがいます。そして、本来、先生の直系の子女であるカイン、アベル、すなわち先生の子女とお母様がいます。二つの流れがあるのです。復帰して世界が一つになれば、そのカイン圏の人々をどのようにするのですか。これを殺せば大変なことになります。本来のアダム家庭においては、それは皇族になるはずでした。皇族だったのです。それがサタン的な存在の前に引っ張られていったので、原状復帰されれば、本来の権限に接ぎ木してあげなければならないのです。それで、復帰された女性と子女たちを皇族圏に加入させてあげるのです。全世界の人々を皇族圏にしな

ければなりません。（二五六―三一七、一九九四・三・一四）

＊

皇族には二つの法律があります。国家の法律を守らなければならず、皇族の法律も守らなければなりません。アダムの子孫である五十億人類が皇族圏に立つためには、先生の直系の息子、娘を中心としてカイン、アベルです。絶対的に一つにならなければならないということです。実際には、皆さんが先生のいる所に直行してくることはできません。祝福家庭は、サタンにもどこにも属さず、天の側にだけ属したカイン、アベル、長子と次子の立場にいます。

皆さんの中で、何人が選択されるかが問題です。五十億人類が皇族圏にいるといっても、直接関係をもっているかどうかが問題です。先生の直系の血統と皆さんの子女が結婚することによって皇族圏と一つになり、カイン・アベルがなくなるのです。ここに集まった女性たちの最大の願いは、いかにして自らの子孫を先生の子孫と結ぶようにするかということです。（二四九―一一四、一九九三・一〇・八）

＊

再臨主の直系子女たちには蕩減《とうげん》条件がありません。蕩減条件に引っ掛かりません。これは何かというと、直系ではなく、地上でカイン圏の女性とカイン圏の息子に残してあげるのです。お母様を中心として見てもそのようになるのです。聖進《ソンヂン》の母親と聖進を中心として、全くそれと同じことが起きるのです。カイン圏をすべて皇族圏として認めるのです。復帰された弟の位置に立て、皇族の扱いをすることによって、サタンが讒訴《ざんそ》する道理がなくなるのです。

なぜサタンがそれを認めるのかというと、「自分の息子だ」と言うことができる条件が成立しないからです。皇族圏というものを認めなければ、堕落したサタン圏内に皇族から外れた群れがいるという話が出てくるので、サタンが残されるのです。しかし、皇族圏を認めるので、サタンはなくならなければならないのです。これは重要な話です。これを混乱させてはいけません。（二六〇―一五八、一九九四・五・二）

＊

今まで、歴史を通じて、数多くの宗教の宗主《そうしゅ》や数多くの聖賢たちが現れましたが、真《まこと》の愛とは何の関係もありませんでした。このようなすべてのことを解決するために、この地上にイエス様がメシヤとして来られ、新郎新婦の基盤を築こうとされたのです。それでは、メシヤが来られてなさなければならないこととは何でしょうか。新しい家庭と、新しい氏族と、新しい国家と、新しい世界に向かって新しい皇族圏を設定しなければなりません。

皇族圏の直系の先祖は誰でしょうか。本然の愛と神様の直系の子女であり、真の愛を中心として真の生命と真の血統の基盤を中心とした堕落していない人です。そのお方が種です。その種から根が出てくれば、中心の幹の根となり、そこから中心の幹、中心の芽へと大きくなっていくのです。これが縦的に大きくなることによって、そこに対応して横的世界へ拡大していくので、家庭と氏族が連結され、民族、国家、世界が連結されるのです。（二六三―一九五、一九九四・一〇・四）

＊

地上に生まれたすべての人間で、真《まこと》の父母を通して生まれた人は一人もいません。真の母と真の父、すなわち真の父母の血統を受けずに生まれた者は天国に入っていく道がありません。神様の創造理想から見れば、真の父母の血統を受け継ぎ、天上天国と地上天国の王権の主人である真の父母に侍り、その親族圏内で愛を中心として真の父母様と共に暮らしたのち、自らも結婚して子孫を残し、そのまま移っていく所が天国です。ですから、皇族圏の愛を中心とする体恤《たいじゅつ》的な経験をもっていない人は、天国に入っていけません。はっきりしています。（二五〇―四九、一九九三・一〇・一一）

＊

今までの愛の理想を、すべて総括的に標準として収拾してみれば、歴史になるのです。摂理史の主流思想になるのです。摂理史の主流思想とは何でしょうか。大きく見れば四種類です。今までの堕落したこの世の主流思想や、創造以前の主流思想は、第一が長子権復帰です。長子権の創立です。それから二番目が父母権であり、三番目は王権、その次には皇族圏です。このように四種類です。この四種類がすべて入っていきます。

アダムが長子にならなければならず、アダムの兄弟が皇族にならなければなりません。アダム家庭において、アダムが堕落していなければ、長子が王になると同時に、次子は王族になるのです。姉や次子は、王族になるのです。この長子権を千年、万年引き継いでいくことによって、国となり、世界となって人類になっていたはずです。

ですから、主流の王権は一つであり、それは、皇族圏を中心とした王権であり、父母権を中心としてすべて一つの世界になるのです。根は一つです。二つではありません。(二四七―一三五、一九九三・五・一)

④皇族圏を中心として天国が編成される

真の父母と一つになって伝統を相続し、皆さんの家庭が主体的伝統をもって万国を統治できる基盤となり、主体性をもつことができる家庭になる時、天国の皇族圏内に入籍するのです。このようにして入っていく所が天国です。天国は、誰でも入っていける所ではありません。「その道を行こう」と三代が決意しなければなりません。おじいさん、おばあさんから、父と母、夫婦、息子、娘まで、段階は四段階であり、夫婦を備えた系列は三代です。(二二八―二九五、一九九二・七・五)

＊

アダムとエバは、神様の息子、娘として、神様から王子、王女としての教育を受けることができませんでした。それから、兄弟の教育を受けることができませんでした。兄弟の教育を受けていれば、兄弟の因縁を中心として、天下の万民が一つになることができていたはずです。神様の兄弟が人類ではありませんか。そこで長子権の宗孫《チョンソン》(注：宗家《そうか》の一番上の孫)を中心として、兄弟が横的に広がっていったものが氏族となり、国となって、世界へ拡大していったはずです。このように本来の人間たちは、天の王宮において王子権、皇族圏の心情を体恤《じゅつ》して生活した人々なので、天国に行くのです。天国は、誰でも行けるようにはなっていません。(二二六―一三一、一九九二・二・二)

＊

天国の皇族圏を中心として民族を編成していく時代です。今後、すべてブルドーザーで押しならしていく日が来るのです。私が教えるすべての原理のみ言《ことば》、教えるすべてのものを中心として世界へ行く時、この世界の伝統を遮る韓国人がいるはずはなく、この世界の伝統を遮る統一教会があるはずはありません。根を抜いてしまわなければなりません。

私が父と母を捨て、妻子を切り捨てた薄情な歴史時代を回想しながら、目を閉じて断行しなければならないのです。天国の伝統を立てるためにメスを入れなければならない時は、メスを入れる度胸がなければなりません。（一八四―二四三、一九八九・一・二）

＊

皆さん、今は夢のような話みたいに思えるでしょう？　しかし、行ってみてください。悪魔の愛を中心として、悪魔の生命と悪魔の血統を受け継いだ者が、天国の純潔な神様の愛を中心として、神様の生命と神様の血統圏内に、統一的に理想化された皇族圏内に入っていけますか。自動的に地獄に入っていくのです。地獄に入っていって、それを望むことができますか。望むこともできないのです。何代、何十年かに一度、方向を合わせて望むことができるのです。なぜでしょうか。父母を愛する本性的欽慕《きんぼ》の心情があり、愛のその吸引力の方向性が残っているので、何年かに一度、その回っていく運勢に自分の運が一致し、体と心が合う時があるのです。それも、アダムとエバが十五、十六歳まで育った基準があるがゆえにそうなのであって、それもなければ完全に不可能です。そのような怨恨《えんこん》の垣根を残しているのです。これをけ飛ばしてしまい、いかに平準をつくるかということが大きな問題です。
(二二〇—一八、一九九一・一〇・一三)

＊

本来は、夫婦同士で尊敬語を使うでしょう？　士大夫の家門では卑しい言葉を使いません。そのような国は、韓国しかありません。天の法がすべてそうです。それ以上です。これは、神様が介在していませんでした。国家は介在していたとしても、これが天地の道理と連結されていなかったのです。ゆえに、統一教会の教えを受けなければなりません。そのようにしなければ、皇族圏に帰っていく道がないのです。
(二五三—三二五、一九九四・一・三〇)

＊

女性たちが誤ったことと男性たちが誤ったことを、すべて正してあげなければなりません。少しでも曲がれば、サタンが罠《わな》で捕まえようとするのです。「この者は誤った者なので、私が連れていきます」と言うのです。ですから、真《まこと》の父母は、すべてを正してあげなければなりません。

男性と女性が、生涯にわたって行く道を正してあげなければならないのです。それは何かというと、四大心情圏です。この点に行って、四大心情圏と三大王権と皇族圏を体験するのです。(二四六—一四六、一九九三・四・七)

＊

いくら高速道路が敷かれたとしても、車がなく、ガソリンを買うお金がなければ、免許証は役に立ちません。皆さん自身が消化しなければなりません。先生の家庭に似ようとしなければなりません。皆さんの家庭は、自動車と同じです。コントロールできる運転手が必要であり、様々なものが必要です。運転の仕方を学ばなければならず、お金も稼がなければなりません。そして、負債を負ってはなりません。負債を負えば、霊界に行って恥ずかしいのです。私が何をプラスしてあげるかを考えなければなりません。そのようにしなくては皇族圏に入っていくことはできません。科学的に組織されている所が天国です。そして、家庭が天国の縮小体です。（二四六—八〇、一九九三・三・二三）

四　家庭盟誓《カヂョンメンセ》第四節の解説

天一国《てんいちこく》主人、私たちの家庭は真《まこと》の愛を中心として、神様の創造理想である天宙大家族を形成し、自由と平和と統一と幸福の世界を完成することをお誓い致します。

1　神様の創造理想

「家庭盟誓」の四節は、「私たちの家庭は真の愛を中心として、神様の創造理想である天宙大家族を形成し、自由と平和と幸福の世界を完成することをお誓い致します」です。ここから幸福が広がっていくのです。神様が願われる創造理想的家庭から、幸福と自由と理想が成し遂げられるのです。（二六〇—三〇七、一九九四・五・一九）

＊

神様の理想は、世界がすべて一つの家庭になることです。一つの家族です。四大心情圏と三大王権を完成した人々が満ちあふれたところなので、神様を中心として一つの家庭なのであって、二つの家庭とはなり得ません。私たちは、創造理想である天宙大家族を形成して、世界が一家族になるのです。（二六〇―一九一、一九九四・五・八）

＊

統一教会でいう神様のみ旨とは何ですか。それは創造理想を完成することです。創造理想を完成するのです。神様のみ旨を成すためには、私個人が完成する前に、神様の創造理想を完成しなければなりません。その創造理想は、どこで完成しなければならないのでしょうか。個人を中心として家庭で完成しなければなりません。家庭を中心として完成しなければなりません。（一七〇―六一、一九八七・一一・八）

＊

創造理想とは何でしょうか。統一教会では、「アダムとエバを中心とした四位基《よんい》台の完成である」と言います。四位基台の完成は、神様の創造の面から見るとき、み旨の完成です。四位基台を完成しようとすれば、そこには完成したアダムと完成したエバがいなければなりません。

そのように、完成した女性と男性が一つになって完成した子女を繁殖していたならば、完成した勝利をもった創造理想の実体、主体、あるいは被造世界の中心となる人間完成体、人間完成圏が成し遂げられていたのです。それを中心として、神様と神様の愛が連結されることによって、神様が創造しようとされたすべての理想が実現されるのです。真《まこと》のアダム、真のエバ、すなわち完成したアダム、完成したエバ、完成した子女、このような神様の前につくられた四位《よんい》基台を中心とした家庭が、神様の愛と連結されることによって、すべての創造理想が実現されていたのです。

最後に残されるものは何でしょうか。愛を中心として神様と人間関係が残される、このようにみなさなければなりません。神様を中心として人間との不変の愛です。この愛の法度は、誰も変更させることはできません。いかなる力をもっても変更させることはできません。このような愛を中心として、人間関係、すなわち人間対人間の関係と、神様を中心とした関係が残されるのです。その世界のことを何というのでしょうか。その世界のことを地上天国というのです。天国の世界です。その世界のことを地上天国といい、そこで生活したのちに天上に行って永遠の理想生活をするようになるのですが、そこを天上天国というのです。私たちは、常にこのような概念をもっていなければなりません。（一六四―九、一九八七・五・三）

＊

「神様のみ旨」と言えば、創造理想を実現することです。それでは、創造理想とは何でしょうか。創造理想とは、「統一原理」で糾明したように四位基台の完成です。このような定義を下しています。それでは、その四位基台とは何でしょうか。それはもちろん、神様とアダムとエバと子女のことをいうのです。それでは、この四位基台の中心は何でしょうか。それは神様でもなく、アダムとエバでもなく、子女でもありません。皆さんは、四位基台というものについて語りますが、この中心に何をおいて連結されるのでしょうか。何がセンターを設定するのかということが問題です。それは、神様でもなく、アダムとエバでもなく、子女でもありません。真の愛のみが中心を設定することができるのです。（一三二―一〇七、一九八四・五・二七）

＊

父母と子女が、完全な愛の一体を成した真の家庭は永遠です。それは、永遠であると同時に絶対的です。その愛の起点というものは、唯一であり、不変であり、絶対的です。そのような愛は、神様にだけあるのでもなく、父にだけあるのでもなく、母にだけあるのでもありません。家庭基盤の上で成立するのです。愛を中心とした家庭の信義というものは、愛が絶対的なので、絶対的です。それから、すべての関係においても、これは絶対的です。

そこにおいて、一つが侵犯されるということは、全体の破壊を意味するので容認することはできません。したがって、四位基台自体は、愛が侵犯される問題があるので、その愛を審判するものが自らの生命を凌駕《りょうが》するものであったとしても、これを擁護して保護しなければなりません。最も恐ろしいことは、この愛の基盤が壊れることなのです。それが一つの核になって拡大されたものが世界です。アダム家庭でその息子の家庭が生まれて、父母の家庭と息子の家庭が一つにならなければなりません。それで、四位基台が展開すれば、この四位基台は、未来において霊界の四位基台に移動するのです。(二〇六―五八、一九七九・一二・九)

＊

平和の世界をどのようにしてつくりあげるのでしょうか。平和の世界は一つです。統一の世界も一つです。なぜ一つでなければならないのでしょうか。神様の創造理想が絶対的だからです。絶対的な創造主の創造理想は絶対的です。絶対的に一つしかありません。二つあるものを絶対的とはいいません。永遠に一つです。一つしかないその中心的存在が神様なのですが、神様の創造の偉業、創造理想のみ旨を成し遂げることができませんでした。アダムとエバが堕落したがゆえに、めちゃくちゃになってしまったのです。(二六二―一一、一九九四・八・一六)

①天宙大家族の基本は家庭

アダムとエバを真《まこと》の父母として生み殖えた人類は、一つの大家族を築き、アダム文化圏の平和世界を成し遂げていたはずです。したがって、復帰歴史の帰結は、真の父母と真の愛を中心とした真なる家庭を探し立て、これを中心として編成されるようになっているはずです。この時、中心である真の家庭は、人類の願いであると同時に、神様の願いです。この真の家庭は、真の愛と真の生命の始源となり、人類の平和と幸福の起点となります。（二九四―六七、一九九八・六・一一）

＊

「神様の創造理想である天宙大家族を形成し」は、大きな家庭です。堕落していない皇族圏として天宙の大家族を形成するのではないですか。それを成し遂げられませんでした。皇族が連結した平和の基準を通して、天宙の大兄弟の友愛をもった一族にならなければなりません。天宙大家族を形成するのです。その次には、大家族を形成したので「自由と平和と」です。神様も自由だというものです。

神様や神様の息子、娘も、詰まるものがありません。自由と平和です。詰まるものがないのです。それから統一が詰まることがありません。それから何ですか。幸福の世界を完成することを誓うのではないですか。全部入っているのです。ところが、つくっておいたとしても、見てみると天上世界が残っています。堕落した先祖は、心情的紐帯《ちゅうたい》ができていないのです。(二八三―八二、一九九七・四・八)

＊

第四節は何ですか。天宙大家族です。世界が兄弟であり、一つの血統です。神様のように保護しなければならないのです。ですから、神様の王宮に座っていたとしても、この第四節は成し遂げなければなりません。天宙の大家族を形成し、自由と平和と統一と幸福の世界を成し遂げなければなりません。先生の心情は、そのような心情です。天宙大家族主義者です。自由と平和と統一と幸福を植えつけてあげなければなりません。その言葉は、何を意味するのでしょうか。先生の歴史を表しているのです。先生の歴史が表題です。はっきりと知らなければなりません。(二八〇―二三七、一九九六・一〇・一三)

＊

神様が立ててこられた家庭を中心として、天下が要求する標準を立てようとするので、祖父母のモデル型、父母のモデル型、夫婦のモデル型、子女のモデル型がなければなりません。韓国は、親族大家族主義です。七代が一つの家で暮らせる主義をもって、何百人、何千人が、一つの家族として生活できる伝統的歴史を、皆さんがつくっていかなければなりません。

統一教会の氏族的メシヤの道と、どうしてこのようにぴったり一致しているのか分かりません。そして、今後、皆さんの家庭が、お互いに大家族を抱き、世界の前に誇っていく競演大会時代が来るのです。そして、一族の家庭が祝福を受け、一族で賞金をもらう時代が来るのです。その人々は、すべて皇族になることでしょう。

（二七六―一八〇、一九九六・二・一九）

＊

「神様の創造理想である天宙大家族を形成し」とは、神様のみ旨である大家族を完成しなければならないということです。ゆえに、サタン世界を切ることはできません。

自分がいくら王権を備えたとしても、アダム家庭の王権はないので、堕落していない王権を代表しようとすれば、サタン世界のすべての人を大家族へと収拾し、同じ自由と平和と統一と幸福の位置に立った者にしなければなりません。そこにおいて初めて、自由と平和と統一と幸福なのです。私たちの理念は、平和統一です。（二六七―一五二、一九九五・一・四）

＊

平和というものは、全人類が個人、家庭、社会、国家、世界において神様の真《まこと》の愛と真理を共有し、それを実践することによって人類が兄弟姉妹であることを悟り、地球大家族社会を成し遂げた時においてのみ実現されるものだということを、はっきりと悟らなければなりません。(二五九―四八、一九九四・三・二七)

②共生・共栄・共義の社会の核心は愛

理想的な社会や国は、すべての人が国境と皮膚の色を超越し、相互協力して調和を成して幸せに暮らしていく社会です。この社会は、人々が唯一なる神様の息子、娘であることを自覚し、真《まこと》の父母を中心として一つの兄弟になった大家族社会、そこは血統と所有権と心情を復帰した祝福家庭が、真の父母の言語、真の父母の文化のもとで自由と平和と統一の世界を成し遂げる所です。人々は、そのような神様の心情文化の中で、共生、共栄、共義の生活をするようになるのです。(二六九―一五六、一九九五・四・一七)

＊

私たちの理想世界は、経済的には共生主義であり、政治的には共栄主義であり、倫理的には共義主義の社会です。共生主義とは、神様の真の愛を基盤とした共同所有をその中心内容とします。共生主義社会の基本となる典型は家庭です。単純な物質的所有だけではなく、神様の愛を基盤とした共同所有です。

家庭におけるすべての財産は、たとえ法的には父母の名義になっていたとしても、実質的には父母と子女、すなわち全家族の共同所有となっています。それと同時に、家族の個々人は、各々部屋と衣類、お小遣いをもつようになります。このように、家庭においては、全体目的と個体目的が調和を成すようになっています。このような愛が基盤となった家庭の理想的な所有形態が社会、国家、世界へ拡大されたものが、理想社会の所有形態です。

神様と人間の本然の関係は、真の愛を中心とした関係です。神様と私の共同所有、全体と私の共同所有、また隣人と私の共同所有など、様々なケースはありますが、神様の真の愛が中心となった感謝する心をもって共同所有するようになっているのです。

神様の愛を完成した人間がつくりあげる理想世界においては、全体目的と個体目的は自然に調和するようになっています。人間には欲望もあり、愛の自律性もあるので、個人所有や個体目的は許されています。だからといって、無制限な個人所有、あるいは全体目的を害する個体目的を追求することはありません。完成した人間は、自らの良心と本性によって、自分の分限に合った所有量を取るようになるのです。

特に、真の愛による万物の真なる主人の人格をもった理想的な人間の経済活動は、愛と感謝を底辺とするので、欲張ることや不正はあり得ないのです。同時に全体目的に反して地域や国家利益が強調されることはあり得ず、経済活動の目標は、利潤の追求ではなく、全体の福祉に焦点が絞られるのです。

共栄主義は、神様の真《まこと》の愛を基盤として共同参加し、自由、平等、幸福の理想が実現される政治を追求する主義です。共同政治参加の形式は、代議員を選出することになります。しかし、政治の単位が愛中心の家族であり、政治はその愛中心の家族関係を拡大したものであることを理解するとき、代議員の候補者はお互いに敵対関係にはなり得ません。一人の神様を父母として侍る兄弟関係によって、周辺から推薦され、奉仕するための使命感をもって候補になるのです。

そして、いくつかの選出段階の過程を経る時や最後の決定には、人為的な条件が介入されるのではなく、神様のみ旨に従って決めなければなりません。すなわち、祈祷と厳粛な儀式によって抽選で当選者を確定する方式になるのです。

神様のみ旨と天運によって当落が決定するので、みな感謝し、結果を喜ばしい心で受け入れるのです。（二七一―七六、一九九五・八・二二）

＊

共義主義は、真の愛を中心とした普遍的な倫理道徳を守り、構成員すべてが善と義の生活を追求する主義のことをいいます。これは、神様の真の愛による絶対価値のもとで、万民が倫理道徳を普遍的に実践する道義社会を指向する理想となるのです。

理想世界は、理想家庭と完成した人間を前提にしています。真の愛による理想的な父母、理想的な夫婦、理想的な子女の統一的な調和が理想家庭の要件になります。また、完成した人間は、真の愛によって心身の調和、統一を成した人になります。

このように完成した人々が、真の愛の基地である家庭生活、またその拡大である社会生活において、自律的に善と義を行う最高の愛の世界、道義世界がまさしく理想世界です。（二七一―七八、一九九五・八・二二）

＊

理想世界の国家の重要機関と部署は、共同目的のもとで、お互いに円満な授受作用をしながら調和します。

ちょうど人体の様々な器官が頭脳の指示による共同目的のもとで、合目的的、あるいは自律的に協助し合うのと同じです。（二七一―七八、一九九五・八・二二）

3　自由と平和と統一と幸福の世界

①私たちの理念は、統一された一つの世界

神様の世界的、宇宙的な家庭となり、自由と幸福と統一と平和の世界を完成しなければならないというのが「家庭盟誓《カヂョンメンセ》」の第四節です。代表的な家庭となり、すべて統一するのです。四大心情圏がそうではありませんか。そして、送り出すのです。いくら統一された四大心情圏を成したからといっても、それで終わるのではありません。その家庭を中心として世界を収拾しなければならない責任があるのです。世界の不安と、サタン世界の混沌《こんとん》と不幸と不自由な環境を収拾しなければなりません。

「家庭盟誓」の第四節は、そのことをいっているのです。

「私たちの家庭は真《まこと》の愛を中心として、神様の創造理想である天宙大家族を形成し、自由と平和と統一と幸福の世界を完成することをお誓い致します」なのです。

（二六七―一五一、一九九五・一・四）

＊

「家庭盟誓」の第四は、「私たちの家庭は真の愛を中心として、神様の創造理想である天宙大家族を形成し、自由と平和と統一と幸福の世界を完成することをお誓い致します」です。家庭連合が出てくるのです。

各自がすべて四大心情圏と三大王権、皇族圏を完成しなければならないのです。今、カイン世界の人たちは弟の位置にいるのですが、皆さんが兄の位置で正しく教えてあげて伝統を立てなければなりません。そうしてこそ、サタン側が皇族圏に復帰されます。私たちが失ってしまった長子権を復帰して、彼らを救ってあげるのです。彼らを第二王子に立てることにより、私は、第一王子権をもって天国に入っていくのです。二つがそのようにすることによって皇族圏が復帰されるのです。それをしなくては、長子権とか皇族圏は復帰できないのです。（二六四―二〇一、一九九四・一〇・九）

＊

「神様の創造理想である天宙大家族を形成し」とは、神様のみ旨である大家族を完成しなければならないということです。ゆえに、サタン世界を切ることはできません。自分がいくら王権を備えたとしても、アダム家庭の王権はないので、堕落していない王権を代表しようとすれば、サタン世界のすべての人を大家族へと収拾し、同じ自由と平和と統一と幸福の位置に立った者にしなければなりません。そこにおいて初めて自由と平和と統一と幸福なのです。私たちの理念は平和統一です。共産主義と一つとなり、統一するのです。（二六七―一五二、一九九五・一・四）

＊

今までの聖賢たちは、外的世界をいかにすれば一つにすることができるかということばかり考えました。しかし、統一教会の異なる点は何かというと、内的な私たち自身からどのように整備して一つにするかという点です。統一がないところには平和はなく、自由もありません。統一が成されたその上に幸福もあり、自由もあるのです。統一が最も重要なのです。（二二七―二四九、一九九二・二・一四）

＊

統一の基盤の上においてのみ平和があり、幸福があり、自由があり、希望があります。皆さんの心と体が一つになっていないのに、そこに自由がありますか。会社に行っても、心と体が世界大戦をして安定していないのに、自由がありますか。自由という言葉自体も嫌うのです。心と体が闘っているのに、そこに幸福がありますか。ですから、皆さんも人生問題において悩むのでしょう？　これは、根本的な大きな問題です。心と体が一つになっていないのに、どこに幸福があり、どこに平和があるというのですか。

問題は、すべてこの線上で起きるのです。平和もここで成され、幸福もここで成され、自由もここで成され、希望もこの線上で成されるのです。これが駄目になれば、すべてのものが壊れていくのです。共産党の輩《やから》の話です。マルクスやヘーゲルのような人は、よく見ると心と体が闘っていたのです。ですから、それが人の根本だと思ったのです。堕落ゆえにそのようになったということを知りませんでした。堕落したという事実を知らなかったのです。ここから闘争概念が出てきました。（二四二―六〇、一九九二・一二・二七）

＊

天宙大家族を成し遂げなければなりません。一つ一つの単位は家庭ですが、カイン、アベルで、それは一つの家庭ではありません。全世界の家庭が天宙的大家族理想を中心として、どこかの環境に行って自分だけ孤立無援将軍になり、自分だけを中心としてはならず、環境に合わせて生きなければいけないというのです。

人類は神様の息子、娘であり大家族です。このような大家族にならなければならないのですが、そのまま盲目的に生きるのではないのです。その大家族形成の地上世界というものは、天上世界の基準に合わせて生きなければならないということです。（二六六―一五〇、一九九四・一二・二二）

＊

統一がないところには自由はなく、統一がないところには幸福もありません。統一がないところには平和もありません。統一がないところには希望もないということを知らなければなりません。そのようになっているか、いないか見てみましょう。皆さんの心と体が一つになっていないのに、幸福ですか。心と体が闘っているのに、幸福ですか。そこに自由がありますか。お互いがよく回らなければならないのです。平和は、お互いにバランスがとれていなければならないのですが、バランスがとれていますか。皆さんは、夫婦同士でお互いによく調和していますか。皆さん夫婦が、朝、二人でけんかすれば、その一日は幸福ですか。そのようなことはありません。それを知らなければなりません。統一が成された基盤の上に自由があるのです。統一がなければ幸福もありません。統一がなければ平和もなく、統一がなければ希望もないのです。(二三二—二六九、一九九二・六・七)

＊

統一がないところには幸福はありません。幸福もなく、希望もないのです。すべての人間が願う幸福や希望やすべての平和や自由も、その基盤の上に立たなければなりません。統一の基盤の上ですべてのものが成されるのです。父母と子女の間でも、統一の基盤の上に自由があり、幸福があり、真《まこと》の喜びがあるのです。このようになっています。それを考えてみてください。

今日、人類は、自由を求め、幸福を求め、平和を求めています。それは、どこで探し出すのですか。どのように探し出すのですか。統一的基盤の上で、主体と対象、縦と横、あるいは前後左右の関係において、その相対的主体と対象関係において、幸福や平和や自由が成し遂げられるのです。今まで、これが分からなかったのです。実際そうですか、そうではありませんか。（二二五―九三、一九九二・一・五）

＊

平和というものは、統一の土台がなければ成し遂げられません。平和や幸福という言葉があるでしょう？　そして、自由という言葉があります。このすべてのものが一つにならないところでは何も存在しません。夫婦がけんかするところに平和がありますか。一つになるところに平和があるのでしょう？　夫婦が一つにならなくて幸福がありますか。幸福が逃げていってしまうのです。自由も同じです。男女がぶつかり合うところに自由がありますか。対立するところには平和や自由はありません。自由も統一の土台の上にあるのです。（二二九―二二九、一九九二・四・一二）

＊

息子、娘が一つになり、平和の国を取り戻すために統一がなされるところに自由が生じます。また、平和と幸福が生じます。私の夫までそこで踊る家庭になれば、幸福と平和圏が生じるのです。踊った人がその次には、「おお、有り難い！」と言って、一家が踊り、国が踊り、世界が踊るようになれば、神様も歴史的に解放された息子、娘として宣布し、万国の万民がすべて統一王国の国民として改善されていくのです。（二三四―二一九、一九九二・八・一〇）

＊

平和というものは、水平線上におかれるのであって、傾斜したところにおかれることはありません。皆さんは、みな自由を求めているでしょう？　「自由！　自由だ、自由！」と、そのようにするでしょう？　その自由は、どこで暮らすことを願うでしょうか。統一された水平線上で暮らしたいと思うのです。その上に自由があり、その上に幸福があり、その上に平和があり、その上に希望があり、その上にすべてのものがあるのであって、傾斜したところには何もありません。皆さんの個人の希望、個人の自由がどこにありますか。心と体が一つになった上にあるのです。幸福がどこにありますか。皆さんの心と体が一つになった水平線上にあるのです。希望もそこにあるのです。（二五四―二五三、一九九四・二・一五）

＊

自由というものはどこに立つかといえば、平面上でなければなりません。統一の上です。幸福も統一の上に立ち、希望も統一の上に立ち、平和も同じことです。平和自身の名前がそうです。みな統一の上でなければ、それを得られません。（二五七―一四四、一九九四・三・一四）

＊

神様の愛と人間の愛の出発が同じでなければ、この方向が二つになります。方向が異なり、目的が異なるようになるのです。

そのようになれば、平和の世界、統一の世界を成し遂げることはできません。統一や平和、また幸福や自由や平和や希望がすべてなくなるのです。(二六五—二六一、一九九四・一一・二三)

＊

統一された基盤の上に立たなければ、自由はあり得ないのです。心と体が闘っているのに、自由のふろしきを置いて、その自由をつかんでうれしいといえますか。自由が生じるのかというのです。到底、望めません。

また、平和がどこにありますか。平和というものは、平坦《へいたん》な状態ですべてのものが欠如することなく、充満して自由なのです。ところが、心と体が闘っているのに、平和がとどまる所がありますか。幸福も同じことです。幸福、良いでしょう？　心と体が闘っているのに幸福を求められますか。到底、望むことができないということです。(二三一—一九〇、一九九二・七・六)

＊

一つになるところに自由があるのです。目も、焦点が一点に合う時は気分が良いのです。鼻が詰まれば大変ですが、鼻が通れば自由です。耳も自由です。手も自由です。体も自由です。一つにならなければ、自由はなく、平和もなく、幸福もなく、統一もありません。バランスのとれた平らなところに、すべての創造の完成があるのです。とがっているところには、とどまることができません。（二六七—三二二、一九九五・二・五）

＊

世界的に勝利した真《まこと》の父母を通して、すべて学んで知っているので、皆さんは家庭的天国だけつくればよいのです。先生は世界的天国をつくらなければなりませんが、皆さんが真の父母になろうとすれば、心と体を一つにし、夫婦が一つになり、子女が一つになって、アダム家庭が堕落することによって失ってしまったものを取り戻せばいいのです。これが始まりです。平和、幸福、自由、統一、天国を取り戻さなければなりません。そのようになれば、万事亨通《こうつう》（注：万事滞りなくうまくいくこと）です。ＯＫなのです。（二五九—三一九、一九九四・二・二四）

＊

理想的な社会や国というものは、すべての人が国境と皮膚の色を超越し、相互協力しながら調和をつくり出し、幸福に暮らしていく社会です。この社会は、人々が一人の神様の息子、娘であることを自覚し、真の父母を中心として一つの兄弟になった大家族社会であり、そこは、血統と所有権と心情を復帰した祝福家庭が、真の父母の言語と真の父母の文化のもとで自由と平和と統一の世界を完成した世界です。神様の心情文化の中で、人々は、共生、共栄、共義の生活をするようになるのです。
（二六九―一五六、一九九五・四・一七）

②愛だけが自由と平和と幸福の要素

堕落がなかったならば、真の愛によるアダム家庭は、どのように生み殖えていったでしょうか。アダムとエバは、真の愛による理想的な真の夫婦になり、さらには真の父母となって、その子孫と全人類の真の先祖になっていたはずです。

アダムとエバを真の父母として生み殖えた人類は、一つの大家族を成し、アダム文化圏の平和世界を成し遂げていたはずです。したがって、復帰歴史の帰結は、真の父母と真の愛を中心とした真なる家庭を探し立て、これを中心として編成されるようになっているはずです。この時、中心である真の家庭は、人類の願いであると同時に、神様の願いです。この真の家庭は、真の愛と真の生命の始源となり、人類の平和と幸福の起点になります。（二九四―六七、一九九八・六・一一）

＊

人類にとって最も緊急に必要なものは、真《まこと》の父母による真の愛の革命です。根本的な変革なくして、人類の幸福や平和の世界を願うことはできません。今日の諸問題は、真の父母が中心になった真の家庭主義と神様の真の愛主義によって整理されなければなりません。皆さんは、これまで先生が世界的に展開してきた平和運動と、真の愛主義の理念を深刻に評価しなければなりません。青少年に対する真の愛と純潔運動、また国境、文化、人種、宗教を超越した真の愛による「真の家庭運動」等を教団的行事としてのみ考えてはいけません。

世界平和は、まず平和な国家がなければなりません。そして、国家の平和は、家庭の平安が前提とならなければなりません。世俗的な人々が一般的に願ってきた権力や富や知識は、平和と幸福の必要条件となることはできません。真の幸福は、愛の所有に比例するのではなく、外的な生活の便利さによって左右されるものでもありません。真の愛とともにいる時に、真の平和と真の幸福を得るようになるのです。真の平和も、無限の幸福も、真の愛によって人のために生きて与える時、そして与えたものが全体を回って再び訪ねてくる時にだけ、確実に得るようになるのです。

（一九四一—六八、一九九八・六・一一）

＊

今、人類は、総体的危機時代を迎えています。特定分野の準備や努力だけでは不十分です。指導者たちは、時代の良心となって積極的に模範を見せながら、平和世界の基本単位であり、前提条件である真の家庭を創造し、それを人々に指導する運動に乗り出さなければなりません。先生が主管する三億六千万双祝福結婚式の儀式は、先生が生涯を捧げて理想家庭に対する教育をしてきた一つの結実です。祝福儀式に参加する者は、既に神様に婚姻を約束し、神様の真の愛を中心として、真なる夫婦、真なる父母となって、真なる家庭を成すことができる人々です。平和世界実現のために、真の家庭運動を通じた歴史的な真の愛の革命がとうとうと進行しているのです。(二九四―六九、一九九八・六・一一)

＊

愛がないところには、幸福もありません。平和もありません。男性と女性は、どのようにすれば平和になることができますか。男性と女性が平和であろうとすれば、凹凸を中心として一つにならなければなりません。それは、男性と女性の夫婦同士しかありません。ほかの男性やほかの女性と幸福になれますか。それは、大きな事故です。すべてそうです。ほかの男性やほかの女性とでは、自由になれません。事故です。ゆえに、愛を除いてしまってはすべてのものが未完成だということを知らなければなりません。(二七五―一八、一九九五・一〇・三〇)

＊

理想や自由や平和や統一や幸福というものは、愛を中心として展開するのです。男性世界、女性世界において、自由というものは、愛で一体となっていない場においてはあり得ません。この地上の自由の出発基地はどこでしょうか。お金でもなく、物質でもなく、知識でもありません。愛から出発しなければならないという論理が出てくるのです。出発点が一つなので、目的点、定着点が変わってはいけません。

（二七〇—二六九、一九九五・七・一六）

＊

自由と平和も一つです。一つになる所に自由があります。しかし、自由だけあったのでは、立つ場所がありません。自由は実体ですか、何ですか。男性と女性がいれば、お互いに気兼ねすることなく一つになって行動するのです。そのようになるためには、何が必要ですか。ただ二人だけでいたのでは、一つになることはできません。これが問題です。何が一つにするのですか。自由が一つにするのではありません。男性と女性が自由でいたければ逃げていくでしょう？　それが自由ですか。夫を忘れることができず、行く途中で帰りたいと思い、行く途中で涙を流すことが自由ですか。違います。すべてのものは、愛を中心としなければならないのです。愛を除けば、すべて壊れていきます。

父母が愛で一つになる時、一つになったその場が自由の天地です。そこに平和が訪れ、幸福があるのです。また、兄弟同士がみな一つになろうとすれば、何が一つにするのですか。自由が一つにするのではありません。「平等」という、そのような言葉が一つにするのでもありません。愛が一つにするのです。

父母と息子、娘、また小さな子供たちと年を取った人たちを、何が一つにさせるのですか。何が、おじいさんと孫を一つにするのですか。自由が一つにするのですか。何かの主義が一つにするのですか。愛です。愛なのです。国もそうです。国の大統領が一つにするのではありません。国を愛する愛国者が一つにするのです。人類もそうです。博愛、愛を中心として一つになるのです。これは、どうすることもできません。(二四七―一五二、一九九三・五・二)

＊

天国は、本然の神様の愛から出発しましたが、それは天上天国と地上天国の出発地です。自由の出発地、幸福の出発地、理想の出発地、平和と統一の起源がそこにあるのです。驚くべき話です。それを肝に銘じなければなりません。(二六七―二五八、一九九五・一・八)

＊

真《まこと》の愛がなければ、自由もなく、平和もなく、統一もなく、幸福もありません。真の愛を中心としてのみ、すべてのものを完成することができます。真の愛を中心

とした自由、平和、統一、幸福の完成時代です。（二八九―二〇七、一九九八・一・二）

＊

歴史的な闘いを終息させるためには、神様に帰らなければなりません。まず神様を中心として、個人の心と体が一つにならなければなりません。そして、そのような真なる男性と真なる女性が、神様を中心として真《まこと》の家庭を築くことによって、その中に再び神様を迎えるようになるのです。したがって、真の愛を中心とした真の家庭こそ、神様が宿る地上基地となるのであり、さらには真の国家と真の平和世界の出発地となるのです。そして、これによって、真の自由と幸福の世界が開かれるのです。（二七一―九〇、一九九五・八・二二）

五　家庭盟誓《カヂョンメンセ》第五節の解説

天一国主人《てんいちこく》、私たちの家庭は真の愛を中心として、毎日、主体的天上世界と対象的地上世界の統一に向かい、前進的発展を促進化することをお誓い致します。

1　主体的天上世界と対象的地上世界の統一

①天上世界が主体である

第五節は何かというと、「私たちの家庭は真の愛を中心として、毎日、主体的天上世界……」、天上世界は、私たちの主体の位置にあるのです。そこには、数多くの氏族と数多くの民族が入っています。このような天上世界の秩序を基準として、地上もこれに合わせていかなければならないという話です。「毎日、主体的天上世界と対象的地上世界の統一」です。一つになるためには分かれてはいけません。地上世界は、神様の創造理想である超家庭的基準を中心として一つになって暮らすだけではなく、常に主体的な天上世界に合わせて暮らしていかなければならないということです。ゆえに、皆さんの生活において、体恤《たいじゅつ》的な愛を感じなければなりません。霊界を感じて、神様が悲しまれること、喜ばれることを感じられる体恤的生活にならなければなりません。これはすべて復帰路程の完成に組み込まれたものです。

霊界と肉界を誰が統一するのかといえば、人を中心として統一されるのです。そして、統一に向かって前進的発展を促進化させるのです。前進、毎日のように後退してはいけないのです。それではいけません。前進的発展を促進化させなさいということです。促進化、早く早くです。皆さんがこの世の中で生きるとき、一つの地域だけで生きずに、いろいろな関係をつくって、全体に影響を及ぼせるように動かなければならないということです。

春夏秋冬、東西南北、四季があって東西南北が回るように、皆さんも一つの国にだけいてはいけないというのです。今から国境がなく、すべてこのように統一の世界になれば、思いどおりに世界へ歩き回りながら生きなければならないのです。行って損害を与えてはいけません。促進的な発展をさせなければなりません。遊んで生きてはいけないというのです。（二六〇―一五〇、一九九四・二・二三）

＊

宇宙大家族には、霊界があり、肉界があるということを知らなければなりません。ここで、天宙大家族をつくりあげようとすれば、地上天国と天上天国を一つにしなければなりません。そのような使命があるのです。

それで、「私たちの家庭は真《まこと》の愛を中心として、毎日、主体的天上世界と対象的地上世界の統一に向かい、前進的発展を促進化することをお誓い致します」なのです。毎日です。一年に一度ずつではありません。「毎日、主体的天上世界と」です。天上世界の天国があるのです。その次に、対象である地上世界があるのです。天上世界と地上世界の何ですか。「統一に向かい、前進的発展を促進化」です。そのように休むことなく、興奮し、刺激的に発展させて、一つにしなければなりません。休む暇はありません。天上世界と地上世界の大家族になろうとすれば、天地を一つにしなければなりません。（二六七―一五二、一九九五・一・四）

＊

堕落以後、地上はもちろんですが、天上の天の玉座の下までサタンの活動範囲になりました。それで、サタンは、霊界と肉界の人間たちを讒訴《ざんそ》してきました。サタンがこのような権限をもって動かしてきたということを、今日、信じる人たちはよく知らずにいます。アダムとエバを中心として、神様の栄光の創造理想を歌って楽しまなければならない被造世界が、人間の過ちによって、サタンの前にそっくりそのまま越えていくようになったことは、創造されたお父様に悲しみを抱かせる結果になったという事実を、皆さんは骨身にしみるほど感じなければなりません。（一―二八二、一九五六・一二・一六）

＊

皆さんは、主体的天上世界を知りません。一日に何回霊界のことを考えますか。全世界的に見るとき、霊界に行っている人が多いでしょうか、それとも現在この世界にいる人が多いでしょうか。皆さんは、今考える時、どのように考えましたか。霊界のことを考えましたか。今、この世のことだけを考えるのは、しっぽのことしか考えていないということです。

堕落することによって、霊界の観念がなくなったのです。ですから、ここで私たちの家庭は、毎日、主体的天上世界があるということを知らなければなりません。どちらがプラスかというと、霊界です。心がプラスなのと同じです。体は世界を代表し、心は霊界を代表しているのです。心はプラスと同じであり、体はマイナスと同じです。ですから、主体的な心の世界を無視する生活をすれば、地獄に行かなければなりません。体が心を打ったのと同じように、心の世界を否定したのですが、これを反対にしなければなりません。（二六〇―一九四、一九九四・五・八）

＊

今まで、皆さんが生活する中においては、毎日、天上世界が主体になっているという観念をもっていませんでした。そのような観念を、ひと月に一度ももちませんでした。それではいけません。毎日考えなければなりません。一日生活圏がすべて主体的天国に向かい、今日、その相対である地上の完成形態を備えなければ、未来に天上世界の完成基盤を成すことはできません。直接的関係です。毎日、一年、一生を通じて、その直接的関係を築いてこそ、あの世に行ったのちに、そこが自らの第二の活動舞台となり、居住地になるのです。（二六〇―三〇七、一九九四・五・一九）

＊

神様を中心とした霊界が主体です。今、霊界に連結されているあらゆる階層というものは、ないのと同じです。オリジナルは、神様が主体であり、地上の真《まこと》の父母が主体です。先生が教えることが神様の本質的な内容と一致しなければ、すべてのものが駄目になっていきます。この柱がつぶれていくのです。ですから、それらの内容が一致しなければなりません。内容が一致しなければならないのです。（二九二―三二一、一九九八・四・二七）

＊

「私たちの家庭は真《まこと》の愛を中心として、毎日、「家庭盟誓《カヂョンメンセ》」の第五節は何ですか。「私たちの家庭は真の愛を中心として、毎日、主体的天上世界と対象的地上世界の統一に向かい……」、統一です。霊界と肉界の統一です。これが問題です。皆さんは、一遍にこの網の目に引っ掛かるのです。それを越えるために、先生も血の涙を流し、恨《ハン》に満ちた峠を越えてきたのです。（二八三—二四三、一九九七・四・一三）

＊

皆さんは、統一教会の背後に潜んでいる秘密を知りません。何も知らないのです。また知る必要もありません。それを知れば、どれほど多くの重荷を負わなければならないでしょうか。真の父母様がこのように苦労されるのに、私が昼食を一食だけでも恵んでもらえば、涙がぽろぽろ出るのです。私はそれを願いません。蕩減《とうげん》条件に引っ掛かって、真の父母様たちが歴史的な恨をすべて清算するために苦労したことを中心として回想することは、神様も願わず、真の父母様も願いません。それを忘れてしまい、希望に満ちた地上天国の名を呼び、真の父母の代身者として意気も高らかに天下を自らの舞台とし、天地を自らの国の舞台として飛躍しなければならないのです。跳躍でなく、飛躍しようという欲望をもって走り、力強く生きていかなければなりません。（二八三—二四二、一九九七・四・一三）

＊

統一圏内に、皆さんは、個人から家庭、氏族まで八段階です。八段階まで統一的内容を経ていかなければならない道があるというのに、一つも知らなかったのです。これを見過ごす国があり、主体国があるという時、皆さんが霊界に入っていって、この法の統治を受けなければならないとすれば、どうするつもりですか。個人的に拘束されるのです。

霊界へ行けば、皆さんの夫婦もすべて別れ別れになります。家庭に十人の家族がいれば、すべて別れ別れになります。一つの所に行くことはできません。それを知らなかったので、そのようにしているのでしょう。そのようなことをすべて知った上で見れば、天上世界の影のように地上世界があるのです。すべて実体がなければなりません。映像も実体に従って似ていくのです。一つになっていくのです。（一八四―一一五、一九九七・四・一五）

＊

霊界と地上に通じる道を探すために、地獄からすべてを遍歴し、踏査しながらその内容を明らかにしたのです。皆さんは、歴史的な宝物を手に入れたのだということを知らなければなりません。「家庭盟誓」の第五節で何といっていますか。「毎日、主体的天上世界」です。毎日、主体的天上世界に対して知らなければなりません。

これが分かるのです。

「主体的天上世界と対象的地上世界の統一に向かい」です。対象的地上世界は、実と同じです。ここと、この霊界は同じです。ですから、統一です。霊界と地上を統一することができるという事実です。そのようになることによって、地獄の門と天国の門が開き、天国に入っていくのですが、それを一刻でも早く促進化させなければなりません。強制的に、たたいてでも追い立てていかなければなりません。(二九四―一三二、一九九八・六・一四)

②天上世界と地上世界を統一させなければならない

アダム家庭は、神様が造られた地上世界の相対的なすべての主体と対象の核であり、神様は天上世界の主体と対象の核です。それで、地上天国と天上天国の二つの核が合わさって一つの統一された天国になるのです。地上世界の天国の核になることができるアダムと天上世界の家庭の主人となる核が一つになるのです。(二六九―一二〇、一九九五・四・九)

＊

今、天上世界と地上世界が統一されていません。私たちが統一させなければなりません。五番は何ですか。「毎日、主体的天上世界と対象的地上世界の統一に向かって前進的発展を促進化することを……」です。前進するのも早く前進するのですが、さらに何ですか。促進化させなければならない時だというのです。

ところで、皆さんは、おなかがすいていれば、「ああ、お昼を食べてからすればよい」、みなこのように思いますか。先生はそのように生きません。一時間さらに延長しようとするのであって、早く行こうとはしません。皆さんは、そのようなことを感じなければなりません。そのことのためには、自分の肉を切って売ってでもしなければならないのです。（二八〇―三八、一九九六・一〇・一三）

＊

「家庭盟誓《カヂョンメンセ》」の五番に何といいましたか。「毎日、主体的天上世界と」です。毎日、主体的天上世界に対して知らなければなりません。これが分かるのです。「主体的天上世界と対象的地上世界の統一に向かって……」、対象的地上世界は結実と同じです。地上世界と霊界は同じです。ですから、統一です。霊界と地上を統一して地獄の門と天国の門が開かれ、天国に入る時間も忙しく促進化させなければなりません。強制ででも、たたき出さなければならないということです。（二九四―一三一、一九九八・六・一四）

＊

堕落した世界をすべて整理し、一つの世界にしなければなりません。真《まこと》の愛は、一つです。絶対的に一つです。真の愛を中心として連結された国は、全体が一つです。霊界と肉界は内と外と同じです。

「家庭盟誓《カヂョンメンセ》」の五番と同じように、私たちの家庭は真の愛を中心として、毎日、主体的天上世界と対象的実体世界が一つになって整理をしなければなりません。霊界が主体的な世界です。この地は、対象的な世界です。

今、二つの世界が一つになることに拍車をかけるのです。強制的にでも、早く行かせなければなりません。

死ねば霊界へ入っていくのです。たたいて追い立てなければなりません。地上で解決しなければなりません。霊界を解決しなければなりません。その世界は、この地上ですべて解決しなければならないのです。霊界に入っていって引っ掛かってはいけません。先生も、そのような世界が現実と同じだということを感じたので、迫害が多くても問題ありませんでした。反対して迫害することが観念ならば、これは実在です。そのようにしてこそ生き残るのです。霊界が実在するということをいかにして実感するかということは、最も重要なことです。

それゆえ迫害が問題ではありません。その目的を知っているのでそうなのです。朝起きれば、自然のすべての現実と同じように、霊界の事実をそれ以上にはっきりと知らなければなりません。霊界は膨大な世界ですが、そこにはイギリス人やアメリカ人だけが行っているのではありません。世界各国の人の中で、心霊状態がぴったり合う人同士で集まっているのです。五色人種が一箇所に集まっているのです。ドイツ人や、どこどこの人や、昔見た世の中の人の形態は知っていますが、心の世界を見るので、心の世界がどれくらい美しいか、そこにどのくらい近くなるかという問題がかかってくるのです。心の世界がより美しい人と一つになろうとするのです。ですから、「一つになってはいけない」と言っても一つになるのです。何千年、何万年前の人であっても、ぱっと会えばすぐに分かるのです。先生の話を観念や夢のように思い、事実として感じることができないでしょう？　言葉だけではなく、事実として感じて生きることができるかが問題です。この世は影です。影と同じです。

天上世界には境界線がないので、その世界で愛の心をもつようになれば、人と出会うたびにすべて通じるのです。心は老いません。心は、長生きすればするほど、もっと美しくなるのです。心は美しくなるのですが、霊界で神様を中心とした息子、娘の姿が見た目に醜くてもよいのですか。深い愛の中で和合して暮らす人は、みな美男美女になるのです。

女性たちだけではなく、男性たちも同じです。すべての問題を祈祷し、先生の教えと導きを受けなければなりません。エデンで堕落していなければ、神様に侍って暮らすはずでした。神様が実体をまといたいと思って創造されたのがアダムの体なので、先生を中心として霊界も通じるようになるのです。神様の愛を完成させるのは、神様御自身ではありません。人間を通して完成するのです。(二九五―二六二、一九九八・九・八)

＊

霊界を、はっきりと知らなければなりません。「家庭盟誓《カヂョンメンセ》」の五番を見れば、「私たちは真《まこと》の愛を中心として、毎日、主体的天上世界と対象的地上世界の統一に向かい、前進的発展を促進化することをお誓い致します」、このようになっています。ですから、霊界を知らなければならないのです。霊界を知らなければ、完成時代に入ることができません。(二九四―九九、一九九八・六・一四)

＊

霊界を知らなければなりません。「家庭盟誓」の五番は何ですか。「真の愛を中心として、毎日、主体的天上世界と対象的地上世界の統一に向かい、前進的発展を促進化」するのです。棍棒《こんぼう》で激しくたたきなさいということです。行くべき道が忙しいというのです。そのようなすべての言葉は、先生の生活的な一つの裏面を表示した内容にもなるのです。この世の生活というものは、いつもあるのではありません。

一度しかありません。一度しかありませんが、堕落したすべてを、個人から天宙まで、ふさがった垣根を壊さなければなりません。

そこに高速道路を造るだけでなく、レールを敷かなければなりません。電車が通れるレールまで、飛行場まで造らなければならないというのです。霊界は飛行場以上でしょう？　その基地が真の家庭です。真の父母、真の家庭です。その出発基地からいくら行っても、いくらでも戻れるのです。そのようなすべてのことを、皆さんが先生に侍ってしたということは、あの世に行って誇れる一つの標的になるのです。（二九六―二八一、一九九八・一一・一〇）

＊

それでは、救援摂理とは何ですか。霊界が天を中心としてぶら下がっているのと同じように、地上が神様のみ旨を中心として、どのようにぶら下がっているようにさせるかという運動をしてきたのです。数多くの宗教を立て、文化背景が異なり、レベルが異なりますが、そのような形態で復帰摂理を進行してきたというのです。

今まで、誰が霊界の中心的な役事をしたのでしょうか。イエス様が中心でした。イエス様と聖霊です。神様を中心としてイエス様と聖霊が一つになるために体制を整えてきた基盤である地上のキリスト教を中心として、神様とイエス様と聖霊の名を通じて、キリスト教文化の体制を形成してきたのです。霊界がそのようになっているので、地上もそのような形態になり、霊界と肉界の二つがすべて合わさって一つにならなければなりません。同じです。

そのようにして、霊的世界と肉的世界が、いつ一つに統一されるのでしょうか。再臨時代になって統一されるのです。そのようになれば、再臨される主は、霊界のすべての体制的内容を相続し、引き継いで地上に来られ、世の中をその体制に一致する環境に追い立てていって収拾するのです。世の中を収拾して上がっていくのです。（一六一―二二〇、一九八七・二・一五）

＊

天上世界と地上世界を連結させ得る内容は何ですか。それは、一時的に存在したものをもってはできません。時間と空間を超越したものであり、過去においても同じであり、今日においても同じであり、未来においても同じ内容にならなければなりません。そして、その内容は、私たちの日常生活において、接している四方の環境の、すべてのものが拒否せずに常に好む内容にならなければならないのです。夜でも昼でも、好むことができる内容にならなければなりません。そのようになってこそ幸福なのです。

そのようなものは何かというと、愛です。それは、お金では不可能です。知識でも不可能です。そのようなものは、一方的なものにしかなりません。権力もやはり同じです。その時代的環境によって、権力の限界はありましたが、その権力をいかにして拡大させるかという問題を考えてみたとき、「私」という個人的権力を国家的に拡大させるためには、そこには何が橋渡しとならなければならないでしょうか。また、国家的権力を世界的権力へ拡大させるためには、何が橋渡しにならなければならないでしょうか。やはりこれも、橋となることができる何かがなければならないのですが、それが愛です。（二三三―二八、一九九二・八・一）

＊

霊界は、先祖が暮らしている所であり、肉界は子孫が暮らしている所ですが、この二つは、カイン・アベル関係です。霊界は天使長世界であり、肉界はアダム世界です。これが一つになって統一されれば、天上天国と地上天国になって共に暮らすようになるのです。地上世界と天上世界が一つにならなくては、天国になりません。霊界と肉界が一つになり、天使長世界とアダム世界が一つになるのです。カインとアベルが一つになることによって、真《まこと》の父母がいらっしゃることができる基準ができるのです。堕落する以前の状況へ戻っていくのです。（二五五―二四、一九九四・二・二七）

＊

真の愛を中心として、毎日、主体的天上世界と対象的地上世界の統一に向かって前進しています。前進的発展です。出ていく時も、前進的発展をして促進化させなさいというのです。いかなる制裁を加えたとしても、私がこの地上で先祖から受け継いだ罪の皮を完全に脱がなければ、天に飛翔《ひしょう》し、解放された天国の神様の愛を受けることができる懐へ帰っていくことはできません。家庭復活です。家庭が行くにおいては、世界に遮るものがあってはなりません。（二九九―四六、一九九九・二・一）

＊

神様を中心として、地上世界と天上世界が一つになるのです。真《まこと》の父母を中心として、統一的立て札をもってくることによって、ここで一つになるのです。創造される時、神様は絶対信仰、絶対愛、絶対服従により、「ため」に生きる愛をもって創造されたので、私たちも、このような全体、全般、全権、全能の基盤の上に立たなければなりません。創造本然へ帰っていき、そこで愛の対象を取り戻すためには、絶対信仰と絶対愛、そして絶対服従の心情をもって、投入し、忘れてしまうのです。神様がなされたすべてのものを再び取り戻すために、私たち自身も、神様を身代わりして、この世界に対して絶対信仰、絶対愛、絶対服従しなければなりません。（三〇三―一五四、一九九九・八・一七）

＊

皆さんの心と体の焦点が合わないのです。これを是正しなければなりません。それゆえに、宗教は体を打つのです。それで、三年から五年の間で、習慣性を通じて、心の命令に絶対順応することができるようにしなければ、天上世界の道に直行することはできません。ここから京釜《キョンブ》線の線路を通じて北朝鮮と連結しようとすれば、レールの幅が同じでなければなりません。また、中国と連結しようとしても、レールの幅は同じでなければなりません。それと同じように、人間が地上世界で生きた幅と霊界に行く幅も同じでなければなりません。その軌道は何かというと愛です。霊界の愛と地上の愛が同じでなければ、統一はできません。(二四二―五二、一九九二・一二・二七)

＊

霊界をはっきりと知らなければなりません。「家庭盟誓《カヂョンメンセ》」の五番を見れば、「私たちは真の愛を中心として、毎日、主体的天上世界と対象的地上世界の統一に向かい、前進的発展を促進化することをお誓い致します」、このようになっています。ですから、霊界を知らなければならないのです。霊界を知らなければ完成時代に入ることができません。それで先生は、成約時代のみ言《ことば》と共に、霊界の内容を教育しようとするのです。(二九四―九八、一九九八・六・一四)

＊

神様は、思いどおりにすることができません。怨讐《おんしゅう》世界を殺そうとすれば、一瞬にして殺すことができる能力をもっているのですが、これを処断することができず、手をつけることができないのです。そのような血族が残されているのが堕落世界だということを、今日の宗教圏は知らなかったのです。真《まこと》の父母の名をもって、初めて霊界のすべての実相を詳細に知り、堕落の動機からサタンの秘密、そして神様の秘密までを探り出して知り、このようなことを明らかにした内容が統一教会の原理です。今、地上世界と天上世界に分かれて、混乱状態の相反的な歴史をなしているすべてのものを和合させるために、これをもって、霊界の根本や実相から、地上の人生の根本までのすべてを解消して連結させようとしているのです。（三〇四―二一五、一九九九・一一・八）

＊

「毎日、主体的天上世界と対象的地上世界の統一に向かい」です。統一です。霊界と肉界の統一です。これが問題です。皆さんは、一遍にこの網の目に引っ掛かります。先生もそれを越えて立つために、一生涯血の涙を流し、恨《ハン》に満ちた峠を越えたのです。（二八三―二四二、一九九七・四・一三）

＊

私たちは、毎日、地上天国を成し、大家族を成すのですが、その大家族はどこを標準として生きるのかというと、天上世界です。天上世界がより大きな大家族です。

毎日のように、相対的な世界のカイン的大家族が拍子を合わせ、統一を形成しなければなりません。内容がそのようになっています。「統一に向かい、前進的発展を促進化する」のです。前進的発展です。そのように一つになってじっとしているのではありません。発展していくのです。

家庭時代から氏族時代、氏族時代から民族時代、このようにして世界化へと進んでいかなければなりません。これができなければ、途中ですべて解散してしまい、めちゃくちゃになるのです。仕事をしても、どこに行っても、座っても、休んでも、いつも主体的霊界の前に対象として一つになり、それが停止しないで、発展に発展を重ねることによって、家庭から氏族、民族、国家、世界の峠を越える立場に立ち、そのようにして、初めて地上天国と天上世界に入っていくのです。このサタンが蠢動《しゅんどう》したすべてのものをきれいに整理して、統一的神様の本然の理想世界を完成するのです。ですから、促進化しなくてはいけないのです。順序がそのようになっています。（二六一―九〇、一九九四・五・二二）

2　前進的発展を促進化

①毎日、前進的発展を促進化しなさい

前進的な発展というものは、絶対に止まってはいけないのです。いつも前進しなければなりません。発展しなければなりません。前進的発展です！　これは、東西、四方に発展しなければなりません。

むやみやたらに盟誓文《メンセ》を立てたのではありません。ですから、心と体が一つにならず、夫婦が闘っていれば、盟誓文を唱えることができません。息子、娘を中心として、一つになることができなければ、覚えることはできないのです。家庭がどれほど貴重なのかを知らなければなりません。そのような家庭の盟誓文をもったということは、歴史始まって以来のすべての天上世界が注視します。あのようにできる地上の幸福者がどこにいるのかというのです。霊界に行ったすべての先祖がうらやむのです。ですから、私たちの母親は、何も知らずに祝福をしてあげるのですから、どれほど喜びますか。先生が初めて還故郷の話をし、万民の解放圏を中心として、

すべて共に祝福してあげるので、父母もそのケースに入っていくのです。このようにして秩序が立つのです。（二七一―二九〇、一九九五・八・二八）

＊

前進するにも全力を尽くしてするのですが、促進化するというのです。統一に向かって前進的発展を促進化するのです。前進的に発展するにも、棍棒《こんぼう》でたたいて促進化させるというのです。「家庭盟誓《カヂョンメンセ》」の五節は、何ゆえに出てきたのですか。地上無事通過、天上無事通過です！　地上と天上地獄の門は関係なく、天国の門にだけ入っていくための行列ができ、動き始めています。「統一に向かって前進的発展を促進化！」とは、激しく追い立てなさいということです。弟がたくさんいる兄ならば、弟を張り飛ばしてでも祝福されるようにしなければならないのです。自分の息子が祝福されないと問題が生じます。（二九四―一〇六、一九九八・六・一四）

＊

いくら世界大家族になっても、これができなければ、すべて途中で解散してしまい、めちゃくちゃになります。仕事をしても、どこに行こうと、座ろうと、休もうと、いつも主体的霊界の前に対象として一つになり、それが停止しないで発展し、発展することによって、家庭、氏族、民族、国家から世界の峠を越えるべき立場に立って、初めて地上天国と天上世界に入っていくのです。

サタンが蠢《しゅん》動《どう》したすべてのものをきれいに整理して、本然の統一的神様の理想世界を完成するようになるのです。ですから、促進化しなければなりません。順序がそのようになっているというのです。（二六一―九一、一九九四・五・一二）

＊

今日、統一教会の食口《シック》たちは、「霊界を中心として毎日歩調を合わせよう」ということを、数カ月に一度くらいしか考えません。ですから、自分勝手になるのです。これを毎日のように検討するのです。大家族を築いても、また堕落するかもしれません。これを保護するために、前進的統一に向かって、前進的発展を「促進化」するのです。拍子を合わせていくのです。その次には、「することをお誓い致します」です。まだ天上天国の統一は成されていないというのです。促進化して、そこに合うようにしていかなければなりません。これが、絶対必要です。（二六一―九〇、一九九四・五・一二）

＊

「家庭盟誓《カヂョンメンセ》」の五節は何ですか。私たちは、毎日このように暮らしているのですが、地上天国を築いて、大家族を成したとすれば、その大家族は、どこに標準を合わせて生きていくのかといえば、天上世界です。天上世界がより大きい大家族です。相対的な世界のカイン的大家族が、毎日のように拍子を合わせて統一を形成しなければなりません。「統一に向かって」です。内容がそのようになっています。「統一に向かって前進的発展を促進化すること」、前進的発展といえば、そのように一つになってじっとしているのではありません。発展していくのです。

家庭時代から氏族時代、氏族時代から民族時代、このようにして世界化に行かなければならないのです。それで、「前進的」といいました。停止する日には滑り落ちます。停止する日には地獄と連結します。一歩でも前進してこそ、繁栄と天国に連結します。そういうことです。前進的発展です。「発展」を促進化させなければならないというのです。絶えず発展するように催促させなさいということです。前進を早くしなさい、早くしなさいということです。（二六一―九〇、一九九四・五・一二）

＊

「毎日、主体的天上世界と対象的地上世界の統一に向かい、前進的発展を促進化」しなければなりません。統一に向かって一つになって行くのですが、前進的とは何ですか。統一して静かに遊んでいるのではありません。前進しなければなりません。世界が、霊界が残っているというのです。統一しても定着できません。さらに進んでいかなければならないというのです。前進的発展を促進化しなければなりません。早くしなさいというのです。促進化することを誓うのです。（二八三―八三、一九九七・四・八）

＊

「家庭盟誓《カヂョンメンセ》」の五番は何ですか。「真《まこと》の愛を中心として、毎日、主体的天上世界と対象的地上世界の統一に向かい、前進的発展を促進化」しなさいというのです。前進的です。いつも進んでいかなければならないのです。停止してはいけません。「前進的発展を促進化！」です。発展しながらも促進化させなさいというのです。重要な言葉です。

地上において、版図は小さくても、世の中の相対的世界を中心として、自分が暮らす環境に、天国と同じ模型的基準を備えた模型をつくっておいてこそ、あの国に移すことができるというのです。それはやむを得ないのです。そのようなことは、文《ムン》総裁が適当に言っているのではありません。天国と地上世界のすべてのことを総合して、天が願う道は、このように行かなければならない道であるがゆえに、「家庭盟誓」が出てきたというのです。（二七四―一一五、一九九五・一〇・二九）

＊

育たなければなりません。停止は、死んでいること、死亡と通じるのです。皆さんが統一教会に入る時、み言《ことば》を聞いてどれほど喜びましたか。今、それ以上に喜びますか。私の喜びを越えて世界の喜びと一つになろうというのが神様の心であり、願いであり、み旨なのです。先生もその道を行っています。ですから、私の喜びが私の喜びではありません。

世界の喜びと一つになろうとする努力をしています。すべて天に始まって、自分に帰りました。人間によってふさがってしまったというのです。（二七三―七〇、一九九五・一〇・二二）

＊

「家庭盟誓」の五番目は何ですか。「私たちは真の愛を中心として、毎日、主体的天上世界と対象的地上世界の統一に向かい、前進的発展を」です。前進的発展です。新しい人になるのです。生きている者は、育ちます。統一教会に入る時、喜んだその心が、ますます大きくなっていきますか、なくなっていきますか。大きくなっていくのです。育つことができないものは、死にます。生きているものは、育つのです。前進的発展を促進化させなさいというのです。霊界との相対的価値を失ってしまうために、失われてしまうというのです。それで、前進的発展を促進化させなさいというのです。（二七三―七〇、一九九五・一〇・二二）

＊

促進、急ぐのです。寝てばかりいて、怠惰で、食べて楽しんで、そのようなものは、歴史にありません。忙しいというのです。一生は短いのです。それで、「私たちの家庭は真の愛を中心として、毎日、主体的天上世界と対象的地上世界の統一に向かい、前進的発展を促進化することをお誓い致します」です。休まないで走りなさいというのです。

先生のようにということです。眠ることもせずに走りなさいというのです。(二六〇―一九四、一九九四・五・八)

＊

「主体的天上世界と対象的地上世界の統一に向かい、前進的発展を促進化することをお誓い致します」。毎日のように前進しなければならないというのです。停止すれば、死亡が展開します。死亡が展開するのです。ですから、停止してはいけないのです。「前進的発展を促進化」し、一歩でも、毎日毎日、前に行くべきだというのです。「そのようにすることをお誓い致します」というのです。ですから、天上世界に要求されるすべての内容を、地上世界で寸分も違わないように前進的発展をしなければなりません。(二六〇―三〇七、一九九四・五・一九)

＊

「真《まこと》の愛を中心として、毎日、主体的天上世界と対象的地上世界の統一に向かい、前進的発展を促進化」すると言いました。統一に向かって前進すればよいのに、前進的発展を促進化させなければならないと言いました。激しく追い込まなければならないのです。たたきなさいというのです。地上でぐずぐずして歩調を合わせるこ

とができなければ、激しく追い込まなければなりません。(三〇一—八三、一九九九・四・一六)

＊

私たちの「家庭盟誓《カヂョンメンセ》」の五節に、「前進的発展を促進化することを」というのがあるでしょう。一つにして前進するのはよいのですが、その促進化は、棍棒《こんぼう》で何度もたたいてするというのです。強制です。子牛のように強制的に引っ張ってきて祝福してあげれば、祝福を受けたその人が、霊界に入っていくときに地獄には行きません。長い時間がかからずに天国に行くというのです。ですから、強制的にでもしなさいというのです。(二九三—三一九、一九九八・六・七)

＊

毎日、主体的天上世界と対象的地上世界の統一、主体世界と対象世界が統一されなければなりません。統一に向かって前進的発展、前進していく発展です。「前進的発展を促進化することをお誓い致します」。促進化、早く早く早くするようにするというのです。停止してはいけません。停止すればいつの間にか落ちていくのです。地獄と通じ、死亡と通じるのです。停止は落ちていって地獄と通じ、促進は発展と通じるのです。休まないで走りなさい、走りなさいというのです。

先生のように、眠ることもせずに走りなさい、走りなさいというのです。そして、自分が考えた世界に私が関係を結ぶのであり、考えない世界にどのように関係を結ぶのですか。それでこそ統一がなされるのです。共に考えてあげなければなりません。相対的に考えてあげなければならないのです。(二六〇―一九四、一九九四・五・八)

②真《まこと》の愛のハイウェイを築こう

今までの霊界や地を、神様は見たくないというのです。完全に清算してしまわなければなりません。それを皆さん自体が、一つ一つ救援するのではありません。イエス様の代身として一族の家庭を清算したのちに、氏族的メシヤ、国家的メシヤ、世界的メシヤ圏の地上天国、天上天国を完成しなければならないのです。イエス様の心情圏を体恤《たいじゅつ》して、イエス様が十字架の死の位置に行きながらも果たせなかった、家庭の恨《ハン》を解いてあげなければなりません。

神様もそれを願っています。ですから、皆さんを通してそれを解いてあげなければなりません。その上に皆さんの家庭を築かなければなりません。皆さんは、今までのキリスト教のように信じる、そのような習慣的な統一教会だと考えるというのです。そのような統一教会ではありません。深刻です。全体に対して教えるみ言《ことば》を中心として、皆さんの世俗的な家庭観念を撃破しなければならないのです。

霊界と地上世界において、そのような観念をすべて清算しなければなりません。清算したのちに、新しい世界を成し遂げなければなりません。(二九二—三二一、一九九八・四・二七)

＊

神様は、このように汚された地を再び回復されようと、人間と関係を結ぶ救援摂理をしてきていらっしゃいます。堕落することによって、神様を裏切った立場にいる人間たち、万物とも比較できないほど完全に落ちた人間たちに、神様が再び向かい合うために、救援摂理をしてきていらっしゃるのです。サタンが支配し、サタンが讒訴《ざんそ》する人間を神様が主管されるために、橋を架ける役事をしてこられましたが、それが旧約時代を経て、新約時代を経て、今に至っています。(一—二八二、一九五六・一二・一六)

＊

「家庭盟誓《カヂョンメンセ》」の五節は、「私たちの家庭は真の愛を中心として、毎日、主体的天上世界と対象的地上世界の統一に向かい、前進的発展を促進化することをお誓い致します」です。これは、世界がすべて同じ家庭だというのです。

天地において、すべて主体的天国の対象的立場で一つにならなければなりません。一つになるだけではなく、まだ地上には地獄が、サタン圏が残っているので、これを早く促進化させなければなりません。一日の時間が惜しいのです。そこに二代、三代が展開すれば問題になります。ますます困難が繁殖していくということを知らなければなりません。至急だというのです。

二〇〇〇年までに、すぱっと断ち切って総進軍しなければならない時代だというのです。急進的な発展を催促するので、急進的な滅亡の形態が世の中に展開し、すべて分立されて地獄に落ちていくのを、皆さんが死ぬ前に目で見ることができるのです。復帰の型をもっていく私たちの家庭が果たさなければならない使命と不可分の内容を中心として、盟誓文《メンセ》として設定したということを知らなければなりません。（二六四—二〇二、一九九四・一〇・九）

＊

祝福を受けた家庭は、先生が来ることを願いますか。皆さんの家に来ることを希望しますか。いつ行くか分かりません。ですから、うたげのお膳をすべて売って十年間待ちながら備蓄しておいて、来るやいなや、何時間以内に祝宴できるように準備し得る心をもっていなければなりません。そのような家には、先生がどこかに行こうとしながらも訪ねていくというのです。行くことができなければ、車が家の前で故障して、その家に訪ねていけるようになるというのです。精誠を尽くさなければ考えられません。

先生が霊界を知らなければ、この道を行くことができません。霊界のお父様が先生のお父様です。ですから、霊界の秘密を誰よりも知っているのです。避難中にも空腹になった時は、先祖を動員するようにして接待するのです。道端の過ぎゆくお客さんのために、うたげのお膳を準備するようにしてもらいました。そのようなものもたくさん恵んでもらいました。そのような話をすれば、うそのようなことが多いので話しません。

結婚するまでは、アダムとエバに所有権はなく、すべて神様のものです。堕落していなければ、どうなるでしょうか。ですから、所有していればどろぼうです。国でも誰でも、すべてどろぼうです。アダム家庭で結婚する前の所有は、神様の所有です。

アダムが堕落することによって人間が所有権をもったという事実は、神様を追放したということです。追い出したのです。物質の所有権、愛の所有権、家庭の所有権を破壊しました。この怨恨《えんこん》を知っている神様の前に、この怨恨を知っている真《まこと》の父母の前に、これを蕩減《とうげん》しようとすれば、世界万民が真の孝子になり、忠臣にならなければなりません。そのためには、「体までも祭物としてください。自分がもっているすべての宝物、自分の生命までも捧げます」と言い、「これを父母のものとして神様に返してください」と言えなければなりません。（二九九―四六、一九九九・二・一）

＊

メシヤは、どのような位置に来るのですか。メシヤは、愛を中心として、地上の法も愛することができ、天国の王宮法までも愛することができなければならないのです。地上にそのような世界をつくるために来られるのです。

そして、天上世界と地上世界が合徳されるのです。天上世界と地上世界を何によって一つにするのですか。天上世界にプラスになり、地上世界にプラスになることとは何ですか。神様を中心とした愛です。（二〇七—二五一、一九九〇・一一・一一）

＊

聖子《せいし》とは何ですか。聖子は、天地を愛する人です。聖子は、霊界と肉界を中心として、神様を中心とした天上と、地上の王権を中心とした国を愛する人です。天上の王宮法も知り、地上の国法も知り、天地二つの世界のすべての法を守りながら愛そうとする人です。聖子は、神様の息子です。「聖」の字に子供の「子」です。「者」ではありません。聖子、神様の息子です。これがメシヤ思想です。（二〇七—二五一、一九九〇・一一・一一）

＊

真《まこと》の父母様がしなければならないことは何ですか。地上世界と天上世界のふさがった道を、すべて開いてハイウェイをつくっておかなければならないのです。ハイウェイを地獄から、ダンベリーから、霊界の地獄から天上までつくっておかなけ

ればなりません。(一三四―一二九、一九八五・二・二五)

＊

地上世界から天上世界まで行くことができる大きなハイウェイを、まっすぐに築こうというのです。この道は、真の愛の道でなくてはなりません。真の愛のハイウェイをつくり、終着と出発が同じ高さ、同じ広さの道を地上と天上に築いてみようというのです。その目的成就は、地上天国を達成したのちに可能なのです。(一三五―一六九、一九八五・一一・一二)

＊

神様の命令によって、天上世界と地上世界のすべての飛び石を片づけてハイウェイを、鉄橋をおくのです。出発すれば、休まずにロンドンまで走ることができるその道をつくろうというのが先生の希望です。それは、簡単なことですか、難しいことですか。難しいことです。どれほど難しいですか。死ぬようなことが一度や二度ではありません。途中でストップできません。なぜですか。冷遇されたことを耐えることはできません。無視されたことを忘れることができないのです。昼が来ても夜が来ても、それを忘れることができないので、昼も夜も走るのです。ついてくる者が一人もいないようにして神様に会うのです。

神様は、あの人類の果てにいらっしゃいます。そこに行って会い、談判することができて、覇権を握ってもってくるまでは休む時間がないのです。こうして霊界を統一して、地上の闘いで地上統一をしたのです。サタンの偽りの家庭出発によって壊されたすべてのものを、真《まこと》の父母が来て、神様に一八〇度反対した場で再び一八〇度背を向けて結婚することによって、地獄と天国が分かれるのです。天国は、家庭で入っていくところであることを知らなければなりません。（二七一—二〇二、一九九五・八・二八）

六　家庭盟誓《カヂョンメンセ》第六節の解説

天一国主人、私たちの家庭は真の愛を中心として、神様と真の父母様の代身家庭として、天運を動かす家庭となり、天の祝福を周辺に連結させる家庭を完成することをお誓い致します。

1　神様と真の父母様の代身家庭

「家庭盟誓」の六節とは何ですか。「私たちの家庭は真の愛を中心として、真の父母様の代身家庭として、天運を動かす家庭となり、天の祝福を周辺に連結させる家庭を完成することをお誓い致します！」です。真の父母様が何をされたかを見て、皆さん代身家庭となって、真の父母様が動けば天運がついて回るのと同じように、皆さんも父母様と完全に一つになって天運を動かす家庭となり、天の祝福を周辺に連結させなければならないのです。自分一人だけではいけないということです。周辺に自分と同じ家庭をつくるのです。そのような主体的家庭になることを誓うというのです。(二六七―一五三、一九九五・一・四)

＊

「私たちの家庭は真《まこと》の愛を中心として、神様と真の父母様の代身家庭として」、神様と真の父母の代身家庭にならなければなりません。このようになることによって、真なる家庭となり、天宙を動かす家庭として、神様の祝福を自分だけが受けるのではなく、周辺に連結させる家庭を完成するのです。動けば福となり、福を分け与えてあげることができる家庭になりなさいということです。皆さんの周辺に原理を知らない人がいれば原理を伝えてあげ、反対しても共に生き残って、どのようにしようと闘わずにそれを通過させていくのです。それからさらに周辺に教えてあげ、どんどん拡大させなさいというのです。一人で生きてはならないというのです。(二六六―一五一、一九九四・一二・二二)

＊

「神様と真の父母様の代身家庭として」。皆さんは、神様の家庭と真の父母の代身家庭です。神様と真の父母の代身家庭は、天運を動かす家庭です。

「天の祝福を周辺に連結させる家庭を完成することをお誓い致します」。私だけが祝福を受けて良い生活をするというのではありません。結局は、王族となり、全体の人々を民族にしなければならないというのです。(二六〇―一九五、一九九四・五・八)

＊

天の代表的家庭になり、この地上に平和と幸福と自由をもたらす仕事をしなければならないのです。それで、いつも天地に歩調を合わせなければなりません。その次には、神様と拍子を合わせたので、家庭を中心として周辺に天運を移してあげることができる家庭にならなければならないというのです。それが六節だというのです。結局は、そのようにして真の父母様の代身家庭と天の心情的統一圏が築かれ、心情文化世界が今日の全世界に出発するというのです。それが盟誓《メンセ》です。(二六六―一〇四、一九九四・一二・一八)

＊

先生だけが真の父母ではなく、皆さんも真の父母にならなければなりません。皆さんもやはり完成しなければならないのです。先生は大きい木になりましたが、細胞が繁殖するように、皆さんは細胞のようにならなければならないというのです。細大きい木である先生に似て出てきた種です。根本に似たのです。(二五九―三二九、一九九四・四・二四)

＊

心と体が一つにならなければなりません。男性と女性、カイン、アベルが一つにならなければなりません。堕落することによって心と体が分かれ、アダムとエバが分かれ、息子、娘が分かれたので、それを統一しなければなりません。それは、理論的にはっきりと知っているので問題ないというのです。真《まこと》の父母は、心身一体、夫婦一体、子女一体としての理想のモデルです。

世界的にすべて勝った真の父母によって、皆さんは、すべてを学んで知っているのです。先生は、世界的天国をつくらなければなりませんが、皆さんは、家庭的天国だけつくればよいのです。

皆さんが真の父母になろうとするなら、心と体が一つになり、夫婦が一つになり、子女が一つになって、アダム家庭が堕落することによって失ってしまったものを取り戻さなければなりません。これが、平和、幸福、自由、統一、天国の始まりです。万事亨通《こうつう》だ、ＯＫだというのです。（二五九―三一九、一九九四・四・二四）

＊

「家庭盟誓《カヂョンメンセ》」の六節は、何というのですか。真の父母様の代身家庭として天運を動かすというのです。創造理想がすべて従っていくようになっています。天の祝福を周辺に連結させる家庭にならなければなりません。それを築いておくのです。そして、神様の祝福世界と天上世界において、天国の功臣になれるかどうかという問題は、心情文化世界に絶対に血筋を汚さない歴史を何代、何千年残せるのかということにかかっているというのです。ぴたっと公式になっています。（二九二―一〇九、一九九八・三・二八）

2　天運を動かす家庭

天運が訪ねてくる道がどこかということを、私たち人間は知らなければなりません。天運は、永遠に動くのです。天運は永遠の道を行くのですが、その道は、永遠の原則に従って変わらずに巡り巡っていくというのです。

巡り巡っていきながら、因縁を合わせていきながら興亡盛衰の道をつづっていくのですが、ここに立っている私たち人間が、どのようにこれに合わせていくかということが問題です。（二四九―一五三、一九八六・一一・二二）

＊

天運を誰が調整するのですか。この宇宙を創造なさった主人が調整するのです。その主人とは誰ですか。宗教的術語では神様であり、そのほかにも様々な名詞がありますが、それは問題ではありません。しかし、ある中心存在がいなければならないのです。その中心存在がいることをはっきりと知って、その中心存在が行く道に確実に従っていくようになるときには、万事が亨通《こうつう》するのです。(二〇九—一七七、一九九〇・一一・二九)

＊

天理の運勢が巡っていくのですが、その天理の運勢は、いい加減にいくのではありません。秩序と軌道があり、法則があるために、それを通じて動くのです。それゆえに、天運に隷属しているすべての存在は、「ため」に生きる存在としてあるのです。(二三三—八二、一九九二・七・三〇)

＊

天運は滅びません。私たちの人生は、一生を通して環境によって偏り、横道に流れていってしまいますが、天運は、神様の経綸《けいりん》に従っていくにおいて変動がないというのです。永遠だということです。春夏秋冬の四季が変わらないように、人類を動かす天運の道義も、不変の軌道に乗って、人間の個人と家庭、氏族、民族、国家、世界に対しながら動いていくということです。それを知らずにいるというのです。(二〇四—五八、一九九〇・七・一)

＊

個人に運があるように、家庭や国家にも家運と国運があり、さらには世界の運、そして、天と地の全体には天運があります。いくら良い運をもって生まれた人でも、その家庭が傾く時は共に困難を経験するのであり、個人運と家庭運が良い人でも、もっと大きい国運が傾けば共に没落するしかありません。さらに、すべてのものを包括して、すべてのもののためにある天運の方向と進行によって、国運や世界の方向が決定するのです。世の中で天道を立てるということは、すなわち個人や国家の行く道を天運に合うようにするということです。（二三四―二五八、一九九二・八・二六）

＊

天運は、善の人が必要とするすべてのものを供給するようになっています。それゆえに、欲をもって、「私がこれをどのようにする」と考えてはいけません。善であろうとすれば、必ず私が高い位置に行くか、低い位置に行くか、その二つの道しかないのです。低い位置に行くようになれば、すべてのものが自然に供給されるようになっています。空気と水も満たされ、天運も入っていくようになるので、このくぼみが埋められるのです。（二三七―一一五、一九九二・一一・一三）

＊

文《ムン》総裁が一言言えば、世界がそのとおりになるので、みな恐れるのです。それは、ただそのまま成されるのではありません。歴史の行く道が明確なので、そのような時を知って話すのです。先生が予言して、それが当たるのではありません。そうなるようになっているのです。皆さんも、天運の方向をすべて見分けることができるようになれば、未来のすべてのこと、千年後のことも、「このようになるはずだ」と明確に話すことができるのです。(二三三―一六一、一九九二・八・一)

＊

先生はそれを知っているので、天運の風が吹くようにしたのです。低気圧になっていれば、高気圧の風が吹くようになっています。私たちが全力を尽くして、最大の低気圧の精誠を尽くせば、神様の高気圧の愛圏が押し寄せてくるので台風が吹くのです。このような話を信じなかったでしょう。この天運の風をつかみ取らなければなりません。(二三四―一六一、一九九二・八・一〇)

＊

先生を見て、おばけのような人だといいます。世の中の誰も知らないことを知って、天運がどのように巡っているのかを知っています。今、大韓民国の国運がどこに行き、アジアの運がどこに行き、世界の運がどこに向かっているのかを知っているのです。これを縛りつけておけば、すべて引きずられます。走る千里馬のおしりにくっついているはえは、血を吸い込みながらも千里を行くのです。そうなのです。天運にしがみついて落ちなければ、万事がＯＫだというのです。(二三三―六六、一九九二・七・三〇)

＊

世界を抜け出すことができない人々は、天運を扱えません。それゆえに、統一教会は、世界を乗り越えなさいというのです。天運をもって越えなさいというのです。それで、天運をもって神様を中心として神様と対等な位置に立ち、神様から、「あなたは、この地上に天運を活用できる主人である」という名前を受け、印《いん》を受けてきて、初めてメシヤになるのです。そうしてこそ救世主、真《まこと》の父母になるのです。それゆえに、先生一人をおいて全世界が打ってきましたが、本来、善の人は打ちません。(二三三―六七、一九九二・七・三〇)

＊

天運に乗ろうとするなら、先に天運が行く道がどのようなところかを知らなければなりません。そこは、万民が喜ぶところ、楽しんで飲み食いするところではありません。すべてが嫌う位置です。その場は、どのようなことでも常に感謝して、責任を遂行しながら栄光を神様の前に返して、自分自ら感謝することができる位置でなければならないのです。そのような位置に立つ人が天運に乗れるのです。それゆえに、皆さんは、必ず勝利しなければなりません。(一九―一四五、一九六八・一・一)

＊

大韓民国に、神様の愛を中心として、天上天下《てんげ》の代わりをし、歴史を身代わりし、

「ため」に生きる愛をもって、万国の愛、万民の愛の権限、自らの権限ではなく全体の権限を身代わりし、自分は影になって彼らを太陽にして、「太陽の光になりなさい」と言うことができる慕心の位置に立てば、神様が私を訪ねてこられて、直接太陽の光になってくださるというのです。天国を移していくことができる力が、万福を移してくることができ、天運を左右できる力が、真《まこと》の愛の道の前には同伴するというのです。(一七九—三一八、一九八八・八・一四)

＊

今、天運が韓国の地に発動できる時になったので、皆さんは、この民族のために、再創造するところに同参しなければならないのです。堕落したために、主体は、再創造しないといけないというのです。思想をもって神様の代身相対をつくっておかなければならないのです。それゆえに、家庭を新しくつくらなければならず、国家を新しくつくらなければならず、世界を新しくつくらなければなりません。皆さんは分かりませんが、このような使命が天道という命題のもとに、二十四時間、時間を超越して作用しているので、皆さんがこれを受け入れて新しい人生の春を迎え、世界を抱いて歌っていくことができる、人生行路の成功者にならなければならないのです。(一三七—八〇、一九八五・一二・一八)

＊

自分だけが幸せに生きようとしてはいけないというのです。私たち祝福家庭は真の愛を中心として、神様と真の父母様の代身家庭として――ですから、天運が神様と真の父母様と共にあるのです――天運を動かす家庭となり、天の祝福を周辺に連結させる家庭を完成するというのです。その言葉は、「私たち祝福家庭は、どこに行っても全体に福を分け与えることができる中心家庭になる」ということです。そのように生きられなかったのではないですか。(二六〇―一六〇、一九九四・五・二)

＊

その次は何ですか。「天運を動かすこと」が六節でしょう。「真の愛を中心として、真の父母様の代身家庭として、天運を動かす家庭」になります。真の父母様のすべての受難は、自分が幸せに暮らすためのものではありません。全人類を自分が解放させて天運を振り分けてあげ、天運を移してあげるためのものです。真の父母に従ってくる天運を、そのまま譲り渡してあげなければならないのです。祝福の基になりなさいということです。いくら促進化され、一つになっていても、その人が地上に来て、自分自体の福ばかり受けていってはいけないのです。地上に功績を立てて、すべての人が満足し、大きい天運の恩恵を受けることができるものを譲り渡していかなければなりません。(二六一―九一、一九九四・五・二二)

3 天の祝福を周辺に連結させる家庭

「家庭盟誓《カヂョンメンセ》」の六節は何ですか。「神様と真《まこと》の父母様の代身家庭として、天運を動かす家庭となり」です。神様のすべてを相続し、天運を動かす家庭となり、周辺に神様の祝福を分けてあげなければならないのです。周辺とは誰ですか。カイン世界のことをいうのです。それが必要です。自分一人で天国に行きますか。周辺にいる人、全員がつるはしを持って、「こいつ！　お前だけ天国に上がっていこうというのか。み旨がそうなっているのか。私が『統一教会は嫌いだ』と言えば、むちをたたきながらでも死ぬまで忠告しなければならないのに、なぜしなかったのか」。いつか、このようなことが起きるというのです。（二八三―八三、一九九七・四・八）

＊

「天の祝福を周辺に連結させる家庭を完成することをお誓い致します」。これは何かというと、祝福の基です。私が祝福を受けたのは、私一人がうまくいくためのものではありません。先に呼ばれれば、全世界の兄弟たちの家庭を私と同じ家庭にしなければならないのです。

「天運に従って、私と同じ家庭をつくるための家庭になります」というのです。

一人だけのためのものではありません。「家庭において『家和万事成《いえわしてばんじなる》』を成して、すべての家庭が和合して統一することができるようにします」、そのような意味です。（二六〇―三〇八、一九九四・五・一九）

＊

「私たちの家庭は真の愛を中心として、神様と真の父母様の代身家庭として、天運を動かす家庭となり、天の祝福を周辺に連結させる家庭を完成することをお誓い致します！」です。代身家庭、真の父母様が何をしたのかというと、代身家庭となり、天運を動かす家庭となったのです。ですから、父母様が動けば天運がついて回るのと同じように、皆さんも父母様と完全に一つになって天運を動かす家庭となり、天の祝福を周辺に連結させなければなりません。自分一人だけではいけないということです。周辺に自分と同じ家庭をつくるのです。そのような主体的家庭になることを誓うというのです。（二六七―一五三、一九九五・一・四）

＊

六番は何と言いましたか。「真の父母様の代身家庭として天運を動かす」といいました。創造理想がすべてついていくようになっています。天の祝福を周辺に連結させる家庭にならなければなりません。それをしておくことによって、心情文化世界、絶対に血筋を汚さない歴史を自分が何代、何千年残すかということが、神様の祝福世界で、天上世界で天国の功臣になるかどうかという問題がかかっているというのです。きちんと公式になっています。（二九二―一〇九、一九九八・三・二八）

＊

「真《まこと》の愛を中心として、神様と真の父母様の代身家庭として、天運を動かす家庭となり、天の祝福を周辺に連結させる家庭を完成することをお誓い致します！」。自分たちだけ幸せに暮らすのではないのです。自分だけ幸せに暮らしてはいけないのです。神様は、そうではありません。父母は、そうではありません。息子、娘がもっと幸せになるようにしなければならないというのです。四方にすべて連結させる家庭を完成しなければなりません。（二八〇―三八、一九九六・一〇・一三）

＊

「家庭盟誓《カヂョンメンセ》」の六番は、天運を動かすのです。「真の愛を中心として、真の父母様の代身家庭として天運を動かす家庭」になるのです。真の父母様の受難のすべては、自分が幸せに暮らすためではありません。人類を解放させ、人類に天運を分けてあげて、天倫を移してあげるためのものです。真の父母に従ってくる天運を、そのまま譲り渡してあげなければならないのです。祝福の基になりなさいということです。いくら促進化されて一つになっていても、その人が地上に来て自分自体の福ばかり受けて逝ってはいけないというのです。

地上に功績を立て、すべての人が大きな天運の恩恵を十分に受けられるものを譲り渡して逝かなければなりません。（二六一―九一、一九九四・五・二三）

＊

今から皆さんが、天の祝福を周辺に伝えてあげなければ、霊界の先祖が皆さん自身を蕩減《とうげん》させるのです。反抗するというのです。絶えず道を妨げて妨害するというのです。「盟誓文にこのようになっているのに、なぜ行動しないのか、こいつ！」と言います。ですから、すべて分けてあげなさいというのです。それをしなければ、霊界に行って引っ掛かります。

重要な一つの契約文書です、契約文書。盟誓文です。（二六六―一五二、一九九四・一二・二三）

＊

「家庭盟誓」の六節は、「私たちの家庭は真の愛を中心として、神様と真の父母様の代身家庭として、天運を動かす家庭となり、天の祝福を周辺に連結させる家庭を完成することをお誓い致します」です。祝福の基になりなさいというのです。それでこそ、一つになった天と地のすべてのものを備えて、その場を中心として神様が下さった祝福の基になるのです。福の泉になりなさいというのです。（二六四―二〇二、一九九四・一〇・九）

＊

大豆のもやしに毎日、水を与えれば、水は流れていきますが、もやしは育ちます。皆さんの立場は、ただ、何と言いましょうか、水におぼれたねずみのように哀れですが、統一教会が大きくなっていけばよいのです。先生の身の上は悲惨で、ダンベリーの監獄に入っていって指弾を受ける人になりましたが、これで神様のみ旨が拡張されると考えていった先生の道は、ダンベリー以後に、一躍飛躍したというのです。そのような事実を皆さんは見たでしょう。誰の名によってですか。先生の名前によってではありません。この宇宙の名によって、神様が共にいてくださったのです。天道が連結されているがゆえに、神様が運行できる道にならなければならないので、宇宙が協助して、勝利に向かって前進するようになっているということを知らなければなりません。（一四七―一九八、一九八六・九・二一）

＊

家庭における孝子とは何ですか。愛を中心とした孝子です。国の忠臣とは何ですか。愛を中心とした忠臣です。世界において、四大聖人とその教えを中心として文化圏を収拾し、世界的な新しい背景を形成したのも、愛を中心として民族を越えて世界の人を愛そうという者たちです。このようなことを見るとき、最後に天運に帰結するにおいて、旗手となることができる人は、どのような人でしょうか。神様は、天も愛して地も愛します。ですから、天地を愛することができる愛のチャンピオンでなければなりません！　そのような結論を得ました。（一九九一―二一七、一九九〇・二・一七）

七　家庭盟誓《カヂョンメンセ》第七節の解説

天一国《てんいちこく》主人、私たちの家庭は真《まこと》の愛を中心として、本然の血統と連結された為《ため》に生きる生活を通して、心情文化世界を完成することをお誓い致します。

1　本然の血統と連結された家庭

「家庭盟誓」の七節が重要です。簡単ではあっても重要なのです。「私たちの家庭は真の愛を中心として、本然の血統と」です。本然の血統です、堕落していないアダムの、堕落と全く因縁のない本然の血統を受け継いで、「血統と連結した心情文化世界を完成することをお誓い致します」です。私たちの世界は、心情文化世界です。

神様のただ一つの愛を中心とした、統一家族、一つの家族です。高いも低いもなく、五色人種が一つの家族生活をしなければなりません。今後、そのような時が来ます。（二六一—九三、一九九四・五・二二）

＊

神様を中心とした本然の血統です。その本然の血統を受け継げば、本然の心情文化が展開されるのです。本然の血統を失ってしまったところには、心情文化は生まれません。文化というものは、歴史性を通して連結するのです。家庭を中心として、社会を中心として、国家と世界を中心として、これが連結しなければならないのです。

＊

「本然の血統と連結した心情文化世界を完成することをお誓い致します」。純潔な血統を残すのが問題です。そのようにしなければ、自分たちと心情文化世界が中断されるのです。あの膨大な天国が私の暮らし得る心情的基盤になっているのですが、心情文化世界ができなければ、その世界が断絶されるのです。それゆえに、心情文化圏を中心とした生活をしなければなりません。（二六〇—三〇八、一九九四・五・一九）

＊

「本然の血統」とは何ですか。アダムとエバを中心として、純潔な真の父母の直系子女の血筋を、千年、万年残さなければなりません。この環境は、めちゃくちゃです。私たちは、節操を守り、貞操を守ることによって、めちゃくちゃな中ですべての最高の福を受けられる位置に行くのです。これは、先生の特権です。誰も手が出せません。誰も根本の根になり得ないのです。(二九一―一八二、一九九八・三・一一)

＊

本然の血統は、堕落した血統ではありません。サタンの血統を根絶した、堕落したものを蕩減《とうげん》復帰した血統です。接ぎ木をしたのです。根を抜いて接ぎ木をすれば、三代以後には、本然の血統の種を受けるというのです。接ぎ木をした木から種を受けたものが、本然の真《まこと》のオリーブの木にならなければならないというのです。そのためには、三代を経なければなりません。自信がありますか。皆さんは、偽りのオリーブの木でしょう。偽りのオリーブの木が接ぎ木される以上にならなければなりませんが、母の腹中に再び入っていって出てくることはできないのです。三代を経て、そこで収めた種を植える時、真のオリーブの木にならなければならないのです。三時代を経なければなりません。深刻です。(三〇一―八五、一九九九・四・一六)

＊

統一教会で最も重要なことは、本然の血統を汚さないことです。それは何かというと、皆さんの子孫が、アダムとエバが堕落したように血統を汚すことがあってはいけないというのです。「本然の血統と連結した心情文化世界を完成することをお

誓い致します」です。（二六〇―一九六、一九九四・五・八）

＊

エバが行った、たった一度の失敗によって破壊された本然の血統を、億千万世にわたって蕩滅条件を立てて取り戻したというのですから、考えただけでもむごたらしいというのです。血統関係とは、本当に恐ろしいのです。（二九〇―三二三、一九九八・三・四）

＊

本然へ帰るのです。七節は、そのことです。本然の血統、本然の血統は、神様を中心とした血統です。本然の血統と連結された「ため」に生きる生活を通じて、心情文化世界を成し遂げようというのです。血筋、数千代の清い血筋を残さなければなりません。千年、万年。男女が一瞬のうちに行った堕落が、このような歴史的な世界史を、願わない世界を霊界と肉界に広げてしまったというのです、これをどのようにしますか。（二九二―三二、一九九八・四・二七）

＊

本然の血統とは何ですか。堕落した血統ではないのです。皆さんは、堕落した血統と連結した夫婦でしょう。いくら誇っても、それを否定できません。本然の血統には、堕落していない本然の神様が連結しています。今から、「ため」に生きる生活を通して、心情文化世界を創造しなければなりません。神様は、それができなかったのです。本然の血統圏を中心として、地上に創造理想の根本である「ため」に生きる方策を連結できなかったので、心情世界は、地獄と連結しているというのです。それゆえに、これを天国側に転換させるには、本然のものに変えなければならないというのです。(二九七―三二二、一九九八・一二・一三)

＊

真《まこと》の愛を中心として、本然の血統、血筋です、血筋！　千年、万年、子孫が汚さないように精誠を尽くす第一代先祖にならなければならないのが統一教会の祝福家庭です。その前に、二度と堕落したものを見ることができないというのです。何百倍の世界的途上において堕落した代表的な家庭になるので、許しがない時代に越えていきます。恐ろしい時代が来ます。

それゆえに、私は、この話ができません。今は、結論を話すことができません。堕落した祝福家庭から生まれた息子、娘を、神様は見ることができないのです。これは、罪の中の罪を犯したので、地獄に逆さまに打ち込んでも、神様は見ることができないというのです。そのように、男女関係の愛において、支流を通じることは恐ろしいということを知らなければなりません。(二六一―九四、一九九四・五・一三)

2　為《ため》に生きる生活を通して

「家庭盟誓《カヂョンメンセ》」の七節で、「私たちは真の愛を中心として、本然の血統と連結した」の次に付加すべきものがあります。「為に生きる生活を通して」、これを入れなければなりません。「本然の血統と連結した為に生きる生活を通して、心情文化世界を完成」するのです。「為に生きる生活を通して」を入れなければならないのです。「為に生きる」では漠然とします。

具体的な為に生きる生活を通して、個人、家庭、全体の生活を通して、心情文化世界を完成するというのです。（二九七―二〇九、一九九八・一一・二〇）

＊

「真の愛を中心として、本然の血統と連結した為に生きる生活を通して」、「ため」に生きる愛です。愛を感じることができなければなりません。神聖なのです。愛を主管できなければなりません。自分の思いどおりにしてはいけないのです。

為に生きる生活を通して「心情文化世界」をつくるというのです。心情文化世界とは何ですか。神様の愛の文化世界であり、根本的な文化世界を追求するのです。どこかに愛があるならば、真の愛が関係していないものがないのが文化世界です。

(三〇四―一七三、一九九九・一一・九)

＊

私たちの中で、他人に主管されることは死んでもできない、と考える人々が多いと思います。しかし、一つ知らなければならないことは、今まで、人間たちのために存在するものに主管されて暮らすことがどれほど幸福なのかという事実を、夢にも考えることができなかったのです。霊界の組織を見れば、天地の大主宰であられる神様、その神様は、宇宙万有の存在の中で、「ため」に存在する中心存在であるがゆえに、その方に支配されることが、どれほど幸福でしょうか。それが分からなかったのです。千年、万年支配されても、感謝することができる理想的統一圏が、ここに成立することを知っているので、神様は、「ために存在しなさい」という原則を立てざるを得なかったのです。(七五―三二一、一九七五・一・一六)

＊

「ため」に生きる人になりなさい。これが、天宙生成、形成の根本です。神様も「ため」に存在していらっしゃるのです。天宙のすべてのものの中で、これに逆らうものはありません。このように主体的、生成の根源、エキス的、核心的な位置に立ったその人は、天宙、神様までも歓迎するのです。先生のような人がそうです。皆さんは、それを知らないので実感できないのです。霊界も先生を中心として動いているのです。そのような世界を知らないでしょう。ですから、いい加減にしているのです。（二五五―一七六、一九九四・三・一〇）

＊

愛は、一人では成り立ちません。愛は、どこから出てくるのですか。私から出てくるのではなく、対象から来るのです。対象から出てくるので、私が頭を下げて対象のために生きなければならないのです。「ために生きなさい」という天理が、ここから生じるのです。限りなく高貴なものが私を訪ねてくるので、それを受けようとすれば、敬って「ため」に生きなければならないのです。「ために生きる哲学」を成してこそ、愛されるのです。（一四三―二七八、一九八六・三・二〇）

＊

真《まこと》の愛を中心として「ため」に生きる人は、夜でも昼でも、天宙万宙、どこに行こうと歓迎を受けるのです。皆さんは、いずれ霊界の展示場に展示されるのです。人間の博覧会をする所が霊界です。霊界では、地上でどのような生涯を送った人間なのか、すぐに展示されるのです。そこでびりになってみたいですか、全員が称賛する人になってみたいですか。どちらですか。最高に称賛を受ける人になってみたいでしょう。そのようになるためには、先生が話すとおりに生きなければならないというのです。最高に称賛を受けようとする前に、最高に「ため」に生きなさいと

いうのです。そのような人は、間違いなく中心者になるのです。（二五五―一八一、一九九四・三・一〇）

＊

永遠という概念、これは、自分のために生きるところには不可能なのです。皆さんが運動するのを見ても、押してあげ、引いてあげる相対的方向が、大きければ大きいほど速く回るのです。

知恵の王である神様が「ため」に存在する法度を立てたのは、永遠であり得るようにするためです。（七五―三二二、一九七五・一・一六）

＊

「ため」に生きる人は滅びません。また、「ため」に生きる人は、霊界が絶えずコーチしてくれます。絶えず新しいものと関係を結ぶようにしてくれるというのです。新しいものと関係を結ぶので、その人は、自然に有名になり、世界的に知られるようになります。（二九二―二八、一九九八・三・二七）

＊

一つになることができ、平和の起源になることができるその道は、どこにあるのですか。神様御自身だけでなく、真《まこと》の人間は、「ため」に生きる存在だという原則を立てざるを得なかったのです。

それゆえに、真の愛は、「ため」に生きるところから、真の理想も「ため」に生きるところから、真の平和、真の幸福も「ため」に生きる位置で成立するのであって、「ため」に生きる位置を離れては見いだすことができません。これが、天地創造の根本だということを、私たち人間は分かりませんでした。（七五―三一八、一九七五・一・一六）

＊

しばしば世の中で言われることとは、「ああ！　人生とは何か」ということですが、人生観、世界観の確立、その次には、宇宙観の確立が問題になるのです。これをどのように確立するのですか。系統的段階と秩序をどこにおき、その次元的系列をどのように連結させなければならないのかという問題は、最も深刻です。（七五―三二四、一九七五・一・一六）

＊

しかし、「ため」に存在するという原則に立脚して見るときに、最も価値ある人生観は、私が全人類のためにいて、全世界のためにいて、国家のためにいて、社会のためにいて、家庭のためにいて、妻のためにいて、子女のためにいるという立場で幸福な自我を発見できるならば、これ以上の人生観はないと思うのです。（七五―三二四、一九七五・一・一六）

＊

統一教会に来るようになれば、「地上で幸せに生きなさい」とは言いません。ひどく貧しく、激しく苦労して死に、道端に倒れて犬もかみつかない死骸を残したとしても、その場には、花が咲く日が訪れるはずです。そこには、すべての神聖な人々が集まって都城をつくるはずです。統一教会の群れを、国のために、世界のためにうんざりするほど苦労させて、孝子、忠臣にしてみようというのが先生の考えです。「行かない」と言えば、張り飛ばさなければならないのです。足でけ飛ばしてでも、現在の悲惨さを、現在の困難を克服させるのが愛です。（四九―二〇四、一九七一・一〇・一七）

3　心情文化世界を完成

心情文化世界は、本然的神様の文化世界であり、堕落していない完成したアダム文化世界です。文化は二つではありません。一つしかないのです。言語も一つであり、風習も一つであり、習慣も一つであり、伝統も一つしかない、このような統一の世界になるのです。そこにおいてのみ、神様が個人と共にお暮らしになり、家庭

で共にお暮らしになるということを知らなければなりません。（二六一―九五、一九九四・五・二二）

＊

心情文化世界とは何か知っていますか。神様の心の世界や、天上世界、地上世界、真《まこと》の父母の心の世界、すべてが一つだというのです。それで、「心情文化世界を完成することをお誓い致します」、これが、私たちの理想です。文化は、二つではありません。一つです。堕落した世界は、文化が複雑多端です。心情文化世界でなくては、個人から天宙まで連結することができないのです。ジグザグです。今まで世の中は、ジグザグに上がったり下がったりしたので、何千年かかってもまだ終着点に行くことができないというのです。心情文化世界では、あっという間に行くのです。ただ真の愛によってのみ可能なのです。（二六〇―一九六、一九九四・五・八）

＊

「私たちの家庭は真の愛を中心として、本然の血統と連結した心情文化世界を完成する」です。私たちの家庭は真の愛を中心として、本然の血統と連結した――本然の血統です。血統が重要です。血統が変わってはならず、汚してはいけません――心情文化世界を完成するというのです。

心情文化ということは、すべての生活において、真の愛によって「ため」に生きるという思想が入っていなければならないというのです。心情文化世界といえば、全体を代表した「一つの垣根」をいうのです。心情圏、氏族をいうのです。(二六〇―一六〇、一九九四・五・一)

*

本然の血統と連結した心情文化世界を完成しなければならないのです。アダムとエバは、堕落していない純潔な神様の真《まこと》の愛を中心とした血統の関係を結ばなければならないというのです。

それで、私たちの文化には、サタンが存在せず、神様が喜ぶことができる文化圏を形成しなければならないのです。心情文化世界を成し遂げなければなりません。真の愛を中心として、心情文化世界の内容も一つであり、方向も一つです。一つです、二つではありません。(二六六―一五三、一九九四・一二・二二)

*

本然の血統を失ってしまったところには、心情文化は生まれません。文化というものは、歴史性を通して連結するのです。家庭を中心として、社会を中心として、国家と世界を中心として、これが連結しなければならないのです。「本然の血統と連結した心情文化世界を完成することをお誓い致します」。純潔な血統を残すのが問題です。そのようにしなければ、自分たちと心情文化世界が中断されるのです。

あの膨大な天国が、私が暮らし得る心情的基盤になっているのですが、心情文化世界ができなければ、その世界が断絶されるのです。それゆえに、心情文化圏を中心とした生活をしなければなりません。（二六〇―三〇八、一九九四・五・一九）

＊

本然の血統と連結した、神様の血統がある心情文化世界には、どこに行っても神様が訪ねてこられるというのです。心情文化世界では、すべてが拡大して和動するのです。このように息をするようになれば、細胞たちも拍子を合わせていくので、同じように息をしなければならないというのです。

神様の真の愛において、「ため」に存在する原則において一元化され、より「ため」に生きることができるのです。そのようにすることによって、神様に栄光をお返しすることのできる道があるのであって、自分のために生きなさいというところでは、神様に栄光をお返しできません。

その心情文化世界は、本然的神様の文化世界であり、堕落していない完成したアダム文化世界です。文化は、二つではありません。一つしかないのです。言語も一つであり、風習も一つであり、習慣も一つであり、伝統も一つしかない、このような統一の世界にならなければなりません。そこにおいてのみ、神様が個人と共に暮らし、家庭と共に暮らせることを知らなければなりません。（二六一―九四、一九九四・

五・二二）

＊

神様の心の世界や、天上世界や、地上世界や、真の父母の心の世界も一つだというのです。それで、「心情文化世界を完成することをお誓い致します」です。これが、私たちの理想です。文化は二つではありません。一つです。それを通してこそ、個人天国、家庭天国、氏族天国、民族天国、国家天国、天上天国、永遠の世界の天国に連結するのです。その心情でなければ、個人、家庭、氏族を連結できません。（二六〇―一九六、一九九四・五・八）

＊

今後、理想的な世界においての主流、あるいはその基台になることができる文化の源泉は何ですか。原料になる文化として、誰もがみな必要とする文化とは何ですか。心情文化です。父母が子女を見なければならず、子女には父母がいなくてはなりません。兄弟がいないのもいけません。私の民族がいなくてはならず、私の国がなければなりません。すべてそうです。私の世界がなければならず、私の天と地がなければなりません。これが心情の文化です。それゆえに、東方に明けてくるきらびやかな文化というのは、どのような文化ですか。心情の文化です。これから私たちは、心情的な文化世界を創造するのです。（一五一―三〇、一九六二・一〇・七）

真《まこと》の父母と皆さんの家庭を中心とした文化になるのです。真の愛を行うようになれば、家庭を中心とした文化です。真の愛の文化とは、何かといえば、一人では成すことができないのです。家庭文化のことをいうのです。皆さんが食べて生きるその生活は、真の父母の文化圏で生きなければならず、一つの文化圏で生きなければなりません。一つの文化を中心として、一つの言語と一つの文字を中心として生活しなければならないのです。

＊

ソドムとゴモラをすべて燃やす時、ロトの妻が後ろを振り返って塩の柱になったのと同じように、今後、皆さんの文化全体を火で燃やして捨てるこのような時、そこに未練をもって後ろを振り返れば塩の柱になる、このような歴史的転換時代が来ることを、皆さんは知らなければなりません。真の父母と一日生活圏内に生活しながら、同じ文化と同じ言語と文字を書かずにいるとすれば、霊界で、それ以上恥ずかしいことがないというのです。（二六六―九一、一九九四・一二・一八）

＊

統一された言葉を使わなければ、過去のような文化の差が生じるのです。本当に困ります。霊界に行ってもそうです。習慣性は、永遠に続くのです。そのように難しいのです。しかし、地上では直すことができます。今まで慣れたことよりも、もっと新しいものを習慣化させれば、地では取り消すことができます。今しなければなりません。今しなければ、霊界に行って問題になります。霊界に行って引っ掛かってしまいます。（二八九―二二一、一九九八・一・二）

＊

到来する未来の世界は、神様と人間と万物が調和を成す新しい心情文化、真《まこと》の家庭による愛の文化の世界です。真の愛によって「ため」に生きながら、和合、協力して共に生きる、共生、共栄、共義の世界です。未来の歴史は、「人類一兄弟姉妹」を念願する、人種を超越した真の愛による真の家庭、真の父母中心の真の家族理想によって「世界一家庭」の夢を実現する歴史でなければなりません。（二八八―一七四、一九九七・一二・二七）

＊

真の愛を中心として楽しく生きなければなりません。動物と話し、すべての万物と和合して神様と和合しなければならないのです。そのようになれば、国境というものがありません。文化が違いません。愛の文化です。愛の文化は、趣味文化であるがゆえに趣味生活が愛です。自分が妻を愛して、息子、娘を愛そうとすることを世界版図ですることができるのです。すべて自分の家庭を拡大した文化祝典の対象圏です。

それゆえに、楽しむ心情文化世界が地上天国文化だというのです。趣味文化です。趣味文化は、堕落していない本然の愛の文化です。趣味文化は、天国の文化だというのです。（二七六―二一一、一九九六・二・二四）

＊

本然の血統と連結した心情文化世界は、心情世界です。真の愛が表面化した世界です。心情を表面化させ、世界化させる時代になることによって、統一の心情文化世界、単一文化世界、統一文化世界が訪れるのです。戦争がなく、紛争がない一つの世界、地上天国と天上世界になるのです。心情文化世界になれば終わりです。そのすべてのものが思いのままであり、私たちの家庭が地上で天国の皇族圏に入っていくことができ、内外の内容を整備して、そこにすべて一体化することができることを願って、このような盟誓《メンセ》文を設定したことを知らなければなりません。（二六四―二〇二、一九九四・一〇・九）

八　家庭盟誓《カヂョンメンセ》第八節の解説

天一国《てんいちこく》主人、私たちの家庭は真《まこと》の愛を中心として、成約時代を迎え、絶対信仰、絶対愛、絶対服従によって、神人愛一体理想を成し、地上天国と天上天国の解放圏と釈放圏を完成することをお誓い致します。

1　成約時代を迎えて

①成約時代とは何か

成約時代というのは、これからの新しい時代のことをいうのです。家庭から氏族、民族、国家、世界まで、一つの平和世界を成し遂げることができる統一された世界になるこの時のことをいうのです。これは、全体を代表したのです。家庭ではありません。世界を越えて、全体を越えて成約時代に行くのです。

四大心情圏と三大王権を中心とした新しい家庭を通して、世界版図を越えて成約時代の型を備えるようになる時、初めて一つの世界、平和世界になるのです。（二四三―二六二、一九九三・一・一七）

＊

成約時代とは何ですか。真の父母と真の神様をお迎えして、真の神様が、愛と、生命と、血統の因縁を中心として、万国の主体の代わりに天下の中心的位置に立ち、神様の全権行事を代行できる人間覇権時代に戻っていくというのです。希望に満ちた時代が来ます。遅れないように、このことを早く準備してくれることを願います。（二四五―一六〇、一九九三・二・二八）

＊

神様の復帰摂理は、創世以後に何千万年の歴史を経てきたのですが、まだ、その基準を立てていません。統一教会の時代に、先生が来て初めて明らかにすることによって、これが可能になったのです。それゆえに、成約時代を発表して真の父母を発表したのです。これは世界的な事件です。事件というよりは、新しい世界を創建できる一つの起源となるのです。真の父母という思想と成約時代というその言葉自体がそうだというのです。

成約時代は、何の約束を成すのですか。神様が人間と共に創造したその約束を成すというのです。復帰摂理時代ではなく、救援摂理時代が成されるのではありません。創造理想世界が成されるのです。

それゆえに、「真《まこと》の父母」という名前は、人間よりも神様が先に考えたのです。真の父母の顕現とは、創造理想です。太初から神様が創造した理想の根本がそこにあるのです。ですから、天がじっとしていることはあり得ません。世界的大変革、大変化時代に入ってくるのです。(二四八―一八九、一九九三・九・三〇)

＊

旧約時代の万物、新約時代の息子、娘、成約時代の自分たち夫婦、それから神様です。堕落によって、神様を地上にお迎えすることができずにサタンを迎えてしまい、神様と離別したので、今から神様をお迎えしてすべてを連結しなければなりません。それゆえに、皆さんの所有物は、皆さんのものではありません。万物は旧約時代に該当するものであり、息子、娘は新約時代に該当するのです。

旧約時代は、万物を犠牲にして息子、娘の行く道を築くためのものであり、息子、娘が犠牲になるのは、父母が来る道を築くためです。再臨主、真の父母がこの地に来られて苦労するのは、神様をこの地にお迎えするためなのです。サタンを地に迎えたので地獄です。神様をお迎えしなければなりません。これは、真の愛でしなけ

ればなりません。（二二一―三五三、一九九一・一一・一）

＊

今まで摂理的な聖書の歴史、六千年の歴史を経てきたのも、この一つの道をつくるためだったというのです。イエス様の時代において、成約時代に連結させて地上と天上を一つにしようとしたのですが、それが失敗したのです。それで、二千年を延長して新約時代を迎え、四百年間にわたるローマの迫害によって、多くの血を流しながら世界拡張運動をしてきたのです。新約時代の拡張運動によって、多くの殉教者が出ました。血を流しながら世界的に蕩減《とうげん》を拡大してきたのです。

神様は、それを延長させて、世界的基準において再蕩減することを願われて、救援の摂理を世界的に拡大してこられました。それでは、新約時代を中心としてそれを越え、どのように成約時代になっていくのでしょうか。成約時代とは、神様と人間との一体圏のことをいうのです。

真の愛によって一体圏を成して、平等な価値の内容を連結する立場になるのです。神様だからといって縦的だけでなく、人間だからといって横的だけではありません。縦と横が一つになるのです。（二五二―一五五、一九九三・一一・二九）

＊

堕落して偽りの父母が生まれたので、真の父母が出てこなければならないということは、歴史的な事実です。堕落というものを認める限り、これを否定する道理がありません。堕落したがゆえに、約束を果たすことができなかったのです。旧約は昔の約束、新約は新しい約束、それから成約時代です。論理的な基準に合うのです。成約時代は、何の時代ですか。サタンと暮らすのではなく、神様と暮らすのです。そのようにしようとすれば、堕落圏が整備されなければなりませんが、すべての国と世界が帰ってくることができる時なので、サタン世界の整備が可能だというのです。

天国の内容をはっきりと知ることによって、その内容に違反し、原則に違反する偽りであることが分かるので、偽りの世界を清算できるのです。個人が行く道、家庭が行く道、氏族が行く道、民族が行く道、国家が行く道、世界が行く道、天国が行く道まではっきりと知らなければ、処方して代案を提示することは不可能だというのです。(二四九―一六一、一九九三・一〇・一〇)

＊

今、特別に「侍義」というのは、生活化天国時代のことをいうためです。それで、侍義を掲げてきたのです。復帰歴史というものは何かというと、神様の創造理想を再現するのです。

それゆえに、神様が理想とされたすべてのものが、神様を中心として天上世界と地上世界に展開するのです。天上世界と地上世界は、堕落によって本然の基準が立っていないので、これをサタン圏内の支配を受ける環境で、新しい創造理想、新しい創造世界と同じものとして再現しておこうというのが救援摂理だというのです。（一六一―二二九、一九八七・二・一五）

＊

人類歴史を見れば、旧約時代、新約時代、成約時代、このように三時代があります。ここでいう旧約時代はどのような時代ですか。祭物を犠牲にして子女を救済する時代です。神様の息子が来る準備をするのです。

新約時代は、イエス様が祭物となって父母を迎える時代です。それゆえに、再臨時代を迎えて新郎新婦を立て、父母を迎えるための準備をしてきました。成約時代において、先生が中心となり、今まで「真《まこと》の父母」という名前をもって四十年以上苦労してきたのは、神様を地上にお迎えするためです。そして、神人一体になるのです。（二二七―九四、一九九二・二・一〇）

＊

真の父母と成約時代というのは、アダムとエバが完成して堕落していない位置に帰らなければならないのです。そして、全世界の女性は、お母様の分身として扱うのです。アダムも一人でエバも一人です。これが、重要です。アダム一人、完成した

アダム一人、エバも一人にならなければなりません。（二六六―六五、一九九四・一二・一二）

＊

成約時代とはどのようなことをいうのですか。成約時代とは、約束が完成するという言葉であり、人類を祝福してあげるということです。結婚できないのは旧約であり、結婚することを希望したのが新約であり、結婚することが成約です。神様を中心としてアダムとエバが結婚し、神様の愛を中心とした生命力をアダムとエバの生命に連結させて、血筋を残そうとするのが神様の創造理想ではないですか。そのようになっていれば、真《まこと》の父母になりました。真の愛とは偉大なものです。（二九一―一八〇、一九九八・三・一二）

＊

真の父母というのは一組しかいないのです。人類の一組しかいない父母だというのです。歴史に初めて登場した、空前絶後の真の父母が顕現した時代が成約時代だというのです。（二四八―二二六、一九九三・一〇・一）

②真の父母様の勝利による成約時代宣布

一九九二年を中心として、すべての世界にメシヤ宣布をして、真の父母宣布をしてきたのです。これですべて追い込んで、今回のアメリカを中心として、一九九三年に入って五月十三日から「真の父母と成約時代」を発表したのです。そのようにすることができる環境をすべてつくったというのです。皆さんが知っているように、アメリカは、全世界を代表した国です。キリスト教文化圏において最終定着地となる国だというのです。

今、真の父母を中心として、新しい時代に転換するのです。成約時代に入っていくというのです。今回宣布したことは、地上では初めてのことでした。今まで神様は、この時をどれほど待ち焦がれていらっしゃったかというのです。歴史時代に神様はどれほど悲惨な位置にいましたか。今、希望の時代が迫ったというのです。真の父母を宣布できる時代に入ってきたというのです。これは歴史的です、宇宙史的な事件です。今まで、歴史にこのようなことはなかったというのです。（二四八―一七六、一九九三・八・二）

＊

一九七二年から一九九二年までの二十年期間は、韓国を中心として、キリスト教の使命を越えていく期間です。この期間、私は、国家的な次元において旧約時代に相当することを成したのです。真の父母様が一九六〇年度に結婚式を行い、世界的舞台であるアメリカで成してきたことは、旧約時代と新約時代の関係と完全に一致するのです。内容が同じです。そのようにして、この期間に真《まこと》の父母の世界的な定着が完了したのです。それで、成約時代を発表しました。今からは、神様と共に暮らすのです。

私たち統一教会員たちは、神様と共に暮らすのです。（二四六—三〇一、一九九三・四・二〇）

＊

成約時代とは何でしょうか。中心である真の父母の家庭が、堕落圏世界において完全に勝利して越えた時のことを意味するのです。そのようになれば、その環境には「文《ムン》総裁の家庭をやっつけよう」と言う怨讐《おんしゅう》はいなくなります。そのような人たちは、闘って負けたのでいなくなるのです。いくら射撃のチャンピオンであっても、オリンピックに出て負ければ、「自分が一等だ」と言うことができますか。自分がもっているチャンピオン杯を渡してあげなければならないのです。（二三四—一九六、一九九二・八・二七）

＊

成約時代と真の父母という言葉は、サタンと何の関係もない言葉です。サタン世界に成約時代と真の父母という言葉があれば、サタンは退かなければならないのです。これは特権です。それで、再臨の時代が来て、これがすべて完成するのです。

（二五二―一三二、一九九三・一一・一四）

＊

今、先生が考えていることは、アダム時代、イエス時代、真の父母時代です。なぜ三代ですか。アダム時代は蘇生《そせい》、イエス時代は長成、真の父母時代は完成時代です。

この三代圏を中心として、旧約時代のエデン復帰、新約時代のエデン復帰、成約時代のエデン復帰、このように展開するのです。今では、成約時代の先生しかいません。（二二九―六九、一九九二・四・九）

＊

成約時代は、家庭へ帰るのです。統一は個人からです。この峠を越えなければ、千年、万年、天国に入っていくことはできません。長子権を復帰することができません。自然屈服させなければならないのです。強制屈服ではありません。説得屈服です。皆さんは自然屈服ですか、強制屈服ですか。説得されたのですから、自然屈服しなければならないでしょう。

このようにして、地上天国と天上天国の家庭的エデンにおいて成し遂げようとしたことが、何千年を経て勝利の覇権が立てられ、すべての国家が、真の父母の家庭をモデルにして、同一の立場で一時に家庭を中心とした金型を取ることができるブループリント（青写真）があるのです。それをすべて配布しなければなりません。それによって型を取りさえすれば、どこでつくろうと、がちゃんがちゃんと出てくるのと同じように、全世界五十億人類の家庭が、家庭的に接ぎ木して解放され、失ってしまった国と天国に帰るのです。この時が成約時代、約束を成す時代です。（二四五―一六〇、一九九三・二・二八）

＊

旧約時代に失ってしまったものを復帰しなければなりません。旧約時代は万物を犠牲にして、新約時代は息子を犠牲にして、成約時代は父母を犠牲にしました。ですから、このようなすべてのことを中心として、自分の家庭の父母、自分の息子、娘、このすべてを否定しなければなりません。否定して、天からサタンが奪っていったものをすべて主人の前に返すために、取り戻したすべてのものにサタン世界以上の愛を加えるのです。そして、それを天にお返しし、すべて否定する位置に入っていくことによって、歴史的旧約時代、新約時代、成約時代を越えていく条件とみなすことができる一時が来るのです。清算する時が来るのです。この準備のために、また祝福家庭が復活の原則を通して引っ掛からないで解放されるために、このような話をするのです。

万物は旧約時代、アダムは新約時代、自分の実体は成約時代、これは神様を中心として一八〇度、方向を元に戻さなければならないというのです。自分の前にあったものが、反対に父母の前に帰らなければならないのです。神様の前に行かなければなりません。愛を復活させていかなければならないのです。私個人が蘇生《そせい》であり、家庭が長成であり、氏族は完成です。この三段階が一つにならなければなりません。

（二一六―二〇四、一九九一・三・三一）

＊

今日、歴史的路程において、最も重要なこととは何かというと、選民圏が生じたということです。この時代になり、世界的途上において、蘇生、長成、完成の三段階基盤と連結させようというのです。イスラエル民族は蘇生級、キリスト教は長成級、そして統一教会は完成級です。イスラエル圏を中心としたものが旧約時代ならば、キリスト教は新約時代であり、統一教会は成約時代です。成約時代とは何かというと、成し遂げるということです。何を成し遂げるのでしょうか。個人的に成し遂げ、家庭的に成し遂げ、氏族、民族、国家、世界的に成し遂げるのです。何を中心としてですか。神様の愛と、神様の生命と、神様の血統を中心として連結するのです。単一血統、単一愛、単一生命の伝統です。このようになれば、サタンが離れなければなりません。接ぎ木をすることによって、サタンの血統的因縁がなくなるのです。（二二六―二七六、一九九二・二・九）

＊

氏族的メシヤを派遣すれば、成約時代が来るのです。氏族的メシヤを派遣することによって、すべての家庭が蕩減《とうげん》路程なくして氏族的メシヤに接ぎ木されれば、地上世界と天上世界の垣根がなくなるのです。天国の民へ帰ることができるというのです。天国皇族圏に入っていくことができるというのです。

それで、氏族的メシヤが自分の父と母を父母の位置に立てることによって、自分の故郷が天国と直結し、自分を生んでくれた父母は、堕落していない完成した父母の血統として復帰される立場に立つことができるのです。そのようにすることによって、皆さんの故郷の地全体が天国に帰るという、驚くべきことが起きるのです。最も重要なことは、成約時代は神様と共に生きるということです。

ですから、この三大要件、血統転換、所有権転換、心情圏転換を早くしなければならないのです。それで、四大心情圏、三大王権、皇族圏を皆さんの家庭で実践しなければなりません。これさえ連結させれば、すべて終わるのです。これが、祝福家庭がしなければならない最後の任務です。これが、最後の宿命的な任務です。(二四三―一二二、一九九三・一・一〇)

＊

真《まこと》の父母を中心とした成約時代というのは、神様を中心とした祝福のことをいうのです。すべてのものを超越して、万民、人類の解放を提示するこのような再臨理想の完成によって、平和統一世界になるのです。真の父母を中心とした成約時代を迎えることが、世界的に繰り広げられる祝福結婚だというのです。（二八七―一六、一九九七・八・一〇）

＊

成約時代は、完成基準で祝福したので、万民が平面的基準に立ち、その後孫が祝福を受けることができるのです。地上に五十億人類が、三代先祖の子孫が生きているのですが、彼らに三代先祖の解放圏と祝福を与えてあげることによって、それを分割する立場ですべて共通の恩恵を与えることができるというのです。

なぜなら、父子関係の因縁と連結しているからです。そのような時が来たというのです。至急な時が来ました。（二五二―一四〇、一九九三・一一・一四）

＊

今は、所有権を復帰しなければなりません。旧約時代には万物を犠牲にして、新約時代には息子を犠牲にして、成約時代には父母を犠牲にして神様をお迎えしたので、今から何をしなければなりませんか。皆さんが父母の代身の位置に立たなければなりません。息子、娘は新約時代であり、万物は旧約時代です。この旧約時代、新約時代、成約時代が、ありったけの神様の真の愛を中心として、脱線することによってサタンが主人になったことをすべて蕩滅《とうげん》し、本然の主人のところに帰ってきて、これをお捧げしなければなりません。（二〇八―三四五、一九九〇・一一・二二）

2　絶対信仰、絶対愛、絶対服従によって

①神様の創造原則と絶対信仰、絶対愛、絶対服従

エデンの園にアダムとエバを造っておいて、神様が一つしかない戒めを語る時、「善悪の果《み》を取って食べるな」と言いました。それを絶対信仰、絶対愛、絶対服従する立場で守りなさいと言ったのですが、それができなかったのです。戒めを語る時は、神様が絶対信仰し、絶対愛し、絶対服従する立場でそのような戒めを語ったので、その相対もそのようになって、初めて相対と一つになるはずだったのです。それができなかったのですが、終わりの日に本然の世界に帰って天国に入っていき、父母の門を通って新しい世界へ入ろうとすれば、エデンでできなかった絶対信仰、絶対愛、絶対服従の行動を取らなくては、越えていくことができないというのです。父母様のおしりをつかんで、絶対信仰、絶対愛、絶対服従する姿勢をもって、離さ

ずについていかなければならないということです。

神様が主体です。絶対信仰の実、絶対愛の実、絶対服従の実を結ぶことができなかったために、神様が愛のパートナーを失ってしまいました。アダムとエバの家庭とその息子、娘を失ってしまったのです。どのような力も、このように先生のベルトをつかんだものを妨げることはできません。

このような統一の勝利者のために、すべての万物は万歳を叫びながら、「アーメン！」と言うのです。(二八二―四三、一九九七・二・一六)

＊

神様が宇宙を創造される時、絶対信仰の上でされました。神様が語ったことは絶対に成るというのです。できないことがないというのです。また創造は、愛の対象をつくるためです。絶対愛です。疑心がありません。二つの心はないというのです。その次には、絶対服従です！　絶対服従とは、神様御自身までも存在意識がないというのです。(二七四―二〇一、一九九五・一一・三)

＊

神様が絶対信仰の上で万物を造り始められました。絶対愛の対象のために造り始めたのです。絶対服従して、自らの意識観念がなかったというのです。完全にゼロです。完全に無だというのです。無に帰ることによって、自動的な循環運動が展開されるのです。完全にすべて与えて、何もないので下に戻ってきます。これが、宇宙運動の起源となっているのです。完全に投入したあとには戻ってくるのです。（二八二―六八、一九九七・三・一〇）

＊

創造される時、絶対信仰、絶対愛、絶対服従の上に創造されたというのです。完全真空状態になるので、絶対有の限りなく小さなところまでいってくっつくのです。一つになるというのです。それゆえに、これが自動的に一つにさえなれば、完全に満たしてしまいます。運動が展開するというのです。絶対無の立場で自分が投入すれば、投入したその世界は、絶対の有圏、高気圧圏が完全に占領する大革命的な運動が展開するのです。このような原則を利用すれば、文総裁《ムン》が絶対信仰、絶対愛、絶対服従の上に、宇宙を中心として投入していくようになる時は、世界が自動的に一つになり、高気圧圏がすべて満たしてくれる時が来るというのです。闘わないで自動的な統一世界が顕現するという論理を見いだすことができるのです。（二七三―一九九、一九九五・一〇・二九）

＊

神様は、アダムとエバを絶対信仰の上に立てたいと思われたというのです。絶対信仰の上に、創造した理想世界の愛の安着地がそのようにならなければならないので、絶対信仰の上に、絶対愛の上に、絶対服従の上に立つことができるアダムとエバの家庭となることを希望されたのです。ところが、アダムとエバは堕落してしまいました。絶対信仰基準を破綻《はたん》してしまったというのです。絶対愛基準を蹂躙《じゅうりん》したというのです。絶対服従基準をすべて放棄してしまったというのです。このような人は、どこへ行きますか。地獄に行かなければならないでしょう。

それで、エバに命令したのが愛です。善悪の果《み》が愛です。ですから、絶対信仰の上で結託し、絶対愛の上で絶対服従した神様の愛の中で一つにならなければなりません。その場を失ってしまったので、それが見つけられる以前に、今日、文総裁が出てきて、このような話を理論的な基準で常識として受け入れ、誰彼なく環境を整備していくことができる真理の体制を整えたということは、驚くべきことです。億千万金以上の父子、今日の万国の大統領よりさらに価値のある父子の位置に、王と王后の位置に立ったという事実を知らなければなりません。(二七三―三〇〇、一九九五・一〇・二九)

＊

神様が創造される時、絶対信仰、絶対愛、絶対服従の上で、理想的な絶対愛の統一世界を願って創造されました。神様御自身がそうであるために、私たちも、その神様の相対圏を訪ねていくためには、必然的に絶対信仰、絶対愛、絶対服従をしなければなりません。自分が死の境地に行っても、生命が途絶えても、絶対信仰、絶対愛、絶対服従の基準に立たなければなりません。

それでこそ、絶対信仰の上で絶対愛を取り戻すために、絶対投入しながら投入して忘れてしまう歴史を経てこられたお父様の息子として、その姿に似ることができるのです。それで、イエス様がこの地に来られて、天国に行くための宣言の標語として、「生きんとする者は死に、死なんとする者は生きん」と言われたのです。（二九五―一八一、一九九八・八・二八）

＊

アダム家庭で失ってしまったものを再び取り戻してくるのです。絶対信仰、絶対愛……。絶対愛とは何ですか。神様の創造の目的は、愛の相対者を探し出すことです。ですから、絶対的な愛のパートナーを取り戻すためには、神様御自身が絶対愛を標準として投入してきたというのです。したがって、絶対服従は、自らの意識構造まですべてなくなるのです。私のすべてを投入して忘れてしまうのです。

神様御自身が、天地を創造した創造主としての価値的内容を認められません。最後まで降りていくのです。最後まで降りていきながら投入されるので、相対は上がっていきます。上がっていって神様が立っている位置を越え、自動的に二人とも生き返るのです。（二八二―三二四、一九九七・四・七）

神様を愛さなければなりません。神様を絶対信仰しなければならないのです。絶対信仰し、神様を絶対愛して絶対服従しなければなりません。なぜそうなのかというと、神様の愛を中心として、神様が相続してくださる所有権を認めてもらうためです。神様が絶対信仰の上で、絶対愛の上で、絶対服従する立場で天地を創造されたのです。神様が絶対信仰、絶対愛、絶対服従の上に立てておいたものが被造万物の創造理想です。

＊

そこの中心存在が、神様の愛の対象であるアダムとエバです。それゆえに、絶対信仰、絶対愛、絶対服従の上で立てたその基準が、絶対信仰と絶対愛と絶対服従です。キリスト教も信仰と希望と愛です。その中で第一は何ですか。（愛です）。ぴったと同じです。絶対信仰の上に万物をつくられ、絶対愛の上につくられ、絶対服従は、自分という意識がありません。相対としての存在意識だけなのです。希望とは、今、現在ではありません。未来に願うことができる相対的な実践のことをいうのです。同じ内容です。（二八四―一三六、一九九七・四・一六）

＊

絶対信仰、絶対愛、絶対服従です。この圏内において、すべてのものが成されるのです。神様御自身が愛の相対を造られる時、絶対信仰をもって造られました。

「私がこのようにした」、このあとに造られたのです。絶対信仰、絶対愛、絶対服従によって、自分自身を完全に投入されたのです。絶対愛の上で絶対信仰であり、絶対愛の上で絶対服従です。これが、霊界の主流思想です。永遠の霊界の主流思想です。また、地上の主流でもあります。地上天国と天上天国、二つの世界において主流だというのです。ですから、皆さんがそのコンセプト（概念）をもたなければなりません。このコンセプトさえもてば、どこでも通じるのです。どこでも通じるというのです。（二九二―二七二、一九九八・四・二七）

＊

神様が全権をもって創造される時、絶対信仰、絶対愛、絶対服従で投入して創造されたのと同じように、皆さんもそのような立場に立たなければなりません。神様が創造された主体的理想圏内の相対になって一つになれなければならないのです。皆さんが知らなければならないことは、原理のみ言《ことば》のすべての内容は、先生が絶対的に信じているということです。それを知らなければなりません。絶対愛するのです。他の何もありません。自分の世界を捨てて、家庭を捨てて、妻を捨てて、子女を捨てても、それ以上に絶対愛するのです。絶対服従するのです。自らの一生、生命もすべて投入するのです。投入して忘れてしまうのです。

今まで皆さんは、観念的に絶対信仰、絶対愛、絶対服従を考えていたかもしれま

せんが、それは観念ではありません。実際に皆さんが、すべて行わなければなりません。（二九三―九二、一九九八・五・二四）

＊

人類の解放とともに神様が解放される、ということを知らなければなりません。皆さんの家庭が解放されることは、神様の家庭を失ってしまった悲しみを、私が慰労してさしあげることです。一族を解放させて、神様の一族を失ってしまった悲しみを慰労し、一国を私が建国して、神様が国を失ってしまったことを解放しなければならないのです。

先生の人生は、失ってしまった天宙を取り戻して、神様の悲しみを慰労することです。私の願いではありません。私の考えではありません。絶対信仰、絶対愛、絶対服従するのです。死ねといえば、直行します。死んでも、戻ろうとは思いません。（三〇〇―七二、一九九九・二・二二）

＊

愛の調和のポケットに、すべての平和の世界、統一の世界がないはずはないという論理は、統一教会の食口《シック》が千万年研究しても先生以上に研究することはできないので、否定する道がないという結論が下され、絶対信仰、絶対愛、絶対服従といえば、すべて終わるのです。

皆さんが結婚して、「私を絶対に信じますか。私を信じますか」と聞くでしょう。新婦が結婚した初夜に、「私をどれだけ愛しますか」と言うとき、「心と体が一つになって絶対に愛します。心身一体になって絶対に愛します。絶対に信じます」と言うでしょう？（二九六―九六、一九九八・一一・三）

＊

真《まこと》の父母の思想は簡単です。絶対信仰、絶対愛、絶対服従を中心とするのです。愛を中心として絶対信仰であり、これは一つの概念です。愛は中心です。それから、服従とは実践です。愛を成すためには、愛を中心として服従しなければなりません。服従するそれ自体の概念は、もっと大きいことを成し遂げようとするので、自分を投入しなければならないというのです。自分を中心としてこれが育つ時には、それ以上大きくなることはできません。投入すれば、いつでも、どこでも継続して、神様の無限な愛の伝統が伸びていくのです。問題は、夫婦の二人だというのです。それで、ジャルジンを中心とした宣言とは何かといえば、最初は絶対信仰、絶対愛、絶対服従です。創造した神様の本然の位置に帰るのです。（二九六―三二、一九九八・一〇・一一）

＊

エデンの園の結果主管圏、直接主管圏、責任分担直接主管圏は、愛を中心として祝福を受けてこそ責任分担完成だというのが原理観でしょう？　その原理観に立つようになる時は、心と体が完全に神様に似て、神様が絶対信仰の上で、絶対愛、絶対服従の上でこの万物を創造したので、人間のアダムとエバも絶対信仰で一つにし、絶対愛、絶対服従する相対的位置に立たなければ、一体になれる所が永遠にないというのです。その一点で、その基準で一致できているのであって、一つが違ってもできないというのです。それが理論的です。深刻な問題です。（二八五―七二、一九九七・四・二二）

＊

堕落とは何かといえば、絶対信仰をもつことができなかったということです。これを知らなければなりません。

絶対信仰、絶対愛、絶対服従です！　これを神様が強調したのです。なぜですか。自らの愛の理想をすべて相続してあげようとするので、神様と同じでなければなりません。（二八二―二九七、一九九七・四・七）

＊

絶対というのは、一つしかないということです。それは、一つに通じる道です。二つではありません。どのようにして、そのような一本道を連結することができるのですか。「ため」に生きる概念をもって連結するのです。神様もそのような概念をもって創造されました。絶対信仰、絶対愛、絶対服従だというのです。神様においても、他の概念は全くありません。ゼロ、ゼロだというのです。(二八一―二二九、一九九七・二・一三)

＊

神様がアダムとエバを造る時、絶対信仰、絶対愛、絶対服従したというのです。神様がそのように造ったので、その相対は絶対信仰の上にいなければならず、絶対服従できる位置に立っていなければなりません。そうでなければ、神様の愛の圏内に入ることができません。天国と地獄が、ここで分かれるのです。戒めの内容が、これです。(二七八―二二九、一九九六・五・一)

＊

ところが、アメリカの人々は、個人主義になり、「自分が一番高いのであって、レバレンド・ムーンとは何だ。統一教会の教主なら、教主なのだろう。私とは関係ない」。このようにしています。レバレンド・ムーンが絶対信仰、絶対愛、絶対服従と言うので、「そのような言葉がどこにある。独裁の王が言うことだ」と、このように言っています。独裁の王は、神様です。神様が本物の独裁の王です。偽りの独裁の王は、サタンです。それを知らなければなりません。神様に「主人になるな」と言えば、主人にならないでしょうか。永遠に違うというのです。(二九三―二〇〇、一

九九八・六・七）

②絶対信仰、絶対服従すれば、天国に直行

第四次アダム圏を解放して定着しなければなりません。真《まこと》の父母様が霊界に行く前に、このことをすべて教えてあげなければならないのです。先生は、絶対家庭を中心として、絶対信仰、絶対愛、絶対服従です。ですから、神様がその家庭のために生きるのです。そこに永遠の真の愛の道が連結するのです。皆さん自身が絶対信仰をすることができなければ、絶対愛が植えつけられないというのです。芽が出てくれば育てなければなりません。育てようとするなら、自らのすべての血肉を投入して、犠牲にならなければなりません。（二九五―一六三、一九九八・八・一九）

＊

蕩減《とうげん》が必要ありません。救援が必要ないのです。それで、絶対信仰、絶対愛、絶対服従という原理のみ言《ことば》を中心として、天と地の法度に従わなければなりません。今から、新しい法が出てきます。憲法が出てくるのです。地上で絶対信仰、絶対愛、絶対服従すれば、永遠の天国が築かれるのです。皆さんが、地上において自然に天の世界をすべて見て、感じて、知って暮らすのです。（二九三―二七五、一九九八・六・二）

＊

創造する時、絶対信仰の上で、絶対愛、絶対服従する心情でしたので、その上に私たち統一教会は、父母という名をもち、天の父母と地上の父母に侍るところで、絶対信仰、絶対愛、絶対服従する立場にいるのです。ですから、創造理想的愛の家庭を中心として、すべてのものが一体となって勝利の覇権を立て、愛の主権国家の出発を形成できたというのです。そのような時代です。（三〇三―一五七、一九九九・八・一七）

＊

祝福家庭とは何かといえば、霊界も肉界も、神様の真《まこと》の生命の血筋が連結することができる基盤を相続した人です。それゆえに、神様が思いのままに主管することができるのです。ですから、今から神様が、蕩減《とうげん》条件なく全権をもって思いのままに復帰歴史を処理されるのです。皆さんがそのような実力をもった相対的立場に立てるか立てないかということが問題なのであって、決意をもって絶対信仰、絶対愛、絶対服従の基準と一つになる時は、一瀉《いっしゃ》千里にすべてのものが、線を引くように水平世界になることができるというのです。神様と神様の絶対愛と血筋が一つになった位置に立っている真の息子、娘にさえなれば、この宇宙のすべてが息子、娘に相続されるので、それを所有するようになるというのです。愛で一つになれば、私の

ものになるのです。（三〇〇—三〇三、一九九九・四・一二）

＊

祝福家庭は、世界的です。天宙的なのです。先生を代行できる直系の息子、娘のようなものです。先生が祝福してあげる時は、私よりももっと成功し、私のあとについてきなさいという思いでしてあげたのです。ですから、絶対信仰、絶対愛、絶対服従の心さえもてば、先生がしたことを同じようにすることができるのです。

神様が創造される時、そのような心情をもって出発されました。主体である神様が、「私が言えば、実体愛の対象が生まれる」と言われたのです。絶対信仰です。絶対愛の相対に会うというのです。愛の主人になるためには、相対がいなくてはできません。それゆえに、愛の前には神様御自身も絶対服従するというのです。絶対順応するところで循環運動が展開されるのです。（三〇一—七四、一九九九・四・一六）

＊

エデンの園で神様が創造されるその時に、絶対信仰、絶対愛、絶対服従によって創造されました。絶対信仰、絶対愛、絶対服従によって、神人愛一体圏をつくるのです。

地上天国と天上天国が神人愛一体圏となり、絶対的な神様のように、息子、娘のすべての権限も自由に行使することができ、自由奔放な世界になって、どこにでも通じることができるのです。そのような活動ができる能力者になって、初めて神様を解放させることができるのです。(三〇一―八五、一九九九・四・一六)

＊

不信することにより、すべて壊れました。神様に対して絶対愛ができずにこのようになったのです。神様を絶対愛して、神様の前に絶対服従できないことによって堕落したがゆえに、真《まこと》の父母がこのすべての蕩減《とうげん》の道、高速道路をつくっておいたのです。ですから、真の父母に対して絶対信仰、絶対愛、絶対服従すれば、天地が夜も昼も叫んで十回起こしても順応するのです。一夜に百回起こしても、不平を言ってはいけません。それが服従です。従順は、自分の素性《そせい》はもって従っていくことですが、これにはそれがありません。一日に何千回しても、順応しなければならないのです。(三〇〇―二四〇、一九九九・三・二三)

＊

神様を中心として、地上世界と天上世界が一つになるのです。真の父母を中心として、統一的立て札をもたらすことによって、ここで一つになるのです。神様が創造される時、絶対信仰、絶対愛、絶対服従をもって「ため」につくられたがゆえに、私たちもこのような全体、全般、全権、全能の基盤の上に立たなければなりません。創造本然に戻ってきたので、ここで愛の対象を取り戻すために、絶対信仰をもち、絶対愛、絶対服従の心情をもって投入して忘れてしまうのです。神様がなされたすべてのものを再び求めて、私たち自身も神様の代身として、この世界に対して絶対信仰、絶対愛、絶対服従しなければなりません。（三〇三―一五四、一九九九・八・一七）

＊

皆さんの家庭は、歴史と天地を代表した家庭です。絶対信仰、絶対愛、絶対服従の上に絶対、唯一、不変、永遠の家庭であり、そこで神様をお迎えした永遠の家庭となり、それが永遠の氏族になり、永遠の民族になり、永遠の天国になる時、地上天国時代から天上天国に直結して一つの世界になるのです。（二九五―二五七、一九九八・九・八）

③一体の基準は絶対信仰、絶対愛

神様を愛で完成させて解放させなければならない道が復帰の道であり、真の父母が立てた道というものを考える時、真の父母様が神様の前に、絶対信仰、絶対愛、絶対服従の道を行ったのと同じように、皆さんも真の父母様の前に、そのような絶対信仰、絶対愛、絶対服従の道を行ってこそ、先生が水平となって従っていくのです。（二八〇―三三、一九九六・一〇・一三）

＊

絶対信仰、絶対愛、絶対服従です。エデンにおいて、アダムとエバに願ったことが、与えられた戒めです。「私が愛の相対を取り戻すためには、絶対的な基盤の上で万物を創造したので、その上に上がっていかなければなりません」ということです。ですから、絶対信仰、絶対愛、絶対服従しなさいというのです。服従とは、自分という意識がありません。（二八四―一八五、一九九七・四・一七）

＊

復帰の道がどれほど険しいですか。そこまできたことを蹂躙《じゅうりん》してはいけません。それでは、父母の資格がないのであり、新郎の資格をもてないのであり、兄の資格をもてないのであり、兄弟の資格をもてないのです。そのような心情があるので絶対信仰です。絶対信仰しなければなりません。絶対信仰、絶対愛、絶対服従です。それで、先生が投入して忘れてしまって、時間さえあれば導いてあげるのです。ですから、私がこのように思想によって育てて、誰よりも愛する人を皆さんに分けてあげるのです。

皆さんは、天使長の後身ですが、結婚する相対がいますか。アダムの体を切って接ぎ木してあげて、弟のようにして結んであげるのです。そうです、サタンは、弟を打ち殺したでしょう。ここは、どのようにしますか。弟を打ち殺すのですか。思いの限り生かすことが兄だというのです。それで、絶対信仰して、絶対愛して、絶対服従しなさいというのです。（二九〇―三二二、一九九八・三・四）

＊

蕩減《とうげん》の道が残っています。しかし、先生がすべての道に大通りを築いておきました。皆さんの家庭が、すべてこの道を越えていかなければならないのですが、先生が代表的にして、サタン世界のすべてのものに高速道路を築いておいたので、真《まこと》の父母を絶対信仰、絶対愛、絶対服従できる一体的心情圏を通じれば、先生のあとに接ぎ木されて、先生が開拓した道を自由に越えていくことができます。ですから、絶対信仰、絶対愛、絶対服従です。アダム家庭において、神様が絶対理想からつくられたその基準を中心として、また真の愛の理想を中心としてつくられたその基準を中心として、相対的な面において先生の相対となり、一体となってこの環境的個人を越え、氏族、親族を連結するのです。家庭時代を経て親族時代に入りました。（二八四―一六二、一九九七・四・一六）

＊

この方は、善の個人的な父母以上の父母であり、国以上の国であり、世界以上の世界であり、悪なる人々の父母以上、国王以上の方になったという事実を知らなければなりません。この方を支えて絶対的に愛することによって、サタン世界、堕落した世界のすべての凶悪な環境も勝利的に越えていくことができるというのです。このような主体的な方のみ旨の前に、絶対信仰、絶対愛、絶対服従によって一つになっていくという決意を誓うことが、堕落した世界を救援して再創造する統一教会の信条にならなければなりません。(二七七―八一、一九九六・三・三一)

＊

偽りの愛によって分かれた心と体を一つにすることができるのは、真の愛しかありません。真《まこと》の愛を行うのです。真の父母様の命令に絶対服従しなければならないのです。その上でこそ、そのことが可能なのであって、絶対信仰、絶対愛、絶対服従以下では不可能なのです。(二七四―二〇一、一九九五・一一・三)

＊

絶対に先生と離れてはいけません。絶対信仰、絶対愛、絶対服従しなければできません。離れれば、皆さんにすき間が生じるのです。すき間が生じてはいけません。では、先生は、信じるにふさわしいですか。私がそのように生きましたか、生きていませんか。(二九〇―一二九、一九九八・二・一五)

＊

成約時代に家庭を定着させなければなりません。そのために、絶対信仰、絶対愛、絶対服従です。それで、心身一体理想を成して地上、天上天国の解放圏を築こうというのです。それが最後です。家庭定着のことをいうのです。地上、天上天国をつくって解放圏を築くのです。天とすべてを清算してしまわなければなりません。（二九二―三二一、一九九八・四・二七）

＊

皆さんと私が分かれる時が来るというのです。自分たちは民家であり、先生の行く道は高い位置だというのです。縦的な位置に行くので、縦的な位置が横的に越えて入っていくことができますか。続いて上がってくるべきではないですか。角度が同じでなければなりません。角度がずれれば落ちるのです。それで、絶対信仰、絶対愛、絶対服従、この縦的基準を中心として、絶対的に一つにならなければなりません。絶対愛、絶対服従です。（三〇〇―一六二、一九九九・二・三）

＊

どのようなことがあっても、先生が言う家庭的基準において、神様が祝福してくださり、すべての相続権を受け継ぐことができる人にならなければなりません。そのようになろうとすれば、絶対信仰の上に愛を行わなければならないのです。絶対愛、絶対服従しなければなりません。一家を放棄し、一国を放棄してでもこの道の前に立ち、アダムとエバに戒めを命令しても守ることができなかった先祖の恨《ハン》を解いて、解放的勝利の家庭として、天国に直行する家庭にならなければなりません。

それが、文総《ムン》裁が許すことができる特使だというのです。特使、特権的特使を付与するのです。これがうそなのかどうか、死んでみてください。がちゃっと引っ掛かります。そのように深刻だというのです。（二七四―一八三、一九九五・一〇・二九）

3　神人愛一体理想を成して

①神人愛一体理想が神様の創造目的

真《まこと》の愛の主体者であられる神様は、真の愛の相対者として人間を立てました。神様の愛の理想は、人間を通じてのみ完成するのです。神様の創造目的は、神人愛一体の絶対的愛の理想世界です。人間は、神様の最高最善の愛の対象として造られました。それゆえに、人間は、創造物の中で唯一、神様の実体をもった対象です。無形の神様の前に見える体で生まれました。人間は、完成すれば神様の聖殿になります。神様が自由に、また平安に、いつでも入って滞在できる有形の実体です。

神様の絶対的な真の愛の全体的理想は、人間を通じて、父母と子女の縦的関係によって実現し完成します。（二七七―一九八、一九九六・四・一六）

神様の愛と人間の愛が、どこで一つになるのかという論理を、今まで誰も分かりませんでした。これが分からなくては、「天のお父様」という言葉は荒唐無稽《むけい》です、荒唐無稽！　関係ないというのです。アダムとエバは、神様の体です。それゆえに、アダムとエバが完成すれば、男性の心の中には神様の性相が入っていき、女性の心の中には神様の形状が入っていくのです。アダムとエバの実体の結婚式は、神様の結婚式だというのです。霊界に行ってみれば、それがはっきり分かります。

＊

知ることができなかったこのような理論が、すべて当てはまるのです。それゆえに、皆さんが神様の愛を占領してこそ、その欲望がぎっしり満たされ、「これでよし」と言うのです。（二五二－一一九、一九九三・一一・一四）

＊

人間が完成すれば神性をもち、天のお父様が完全であられるように、完全で神的価値を成し遂げるのです。神様は絶対者ですが、真の愛の理想は、一人では成し遂げることができません。愛の理想は、必ず相対を要求するからです。ここで私たちは、神様の真の愛と人間の真の愛の出発と完成が、お互いにどのような関連をもっているのかを知らなければなりません。万一、神様が、真の愛の絶対的な対象体として人間を立てずに、他の方法を通じて御自身の真の愛の出発と完成を成そうとなさったとするならば、どのようになりますか。神様と人間の真《まこと》の愛の理想は、各々動機が異なるようになり、二つの愛の方向と目的は異ならざるを得なくなります。

（二八二―二二〇、一九九七・三・一三）

＊

神様は、愛の根であり、生命の根であり、血統の根であり、地上天国と天上天国の根です。アダムとエバの結婚の時には、神様がアダムとエバの心に入っていって一体的愛を成されるのです。神様は、縦的な真の父母であり、アダムとエバは、横的な真の父母です。そのような二つの父母の血縁を受けて生まれたので、心は縦的な私であり、体は横的な私になるのです。

このようにして神人愛一体圏を形成するので、心身一体愛を完成した者は、神様の息子、娘になります。神様の王子、王女になれば、神様と父子の関係となって神様の全体を相続することができるのです。このような子女が、真の愛を中心とした夫婦一体を完成すれば、神様に侍って暮らす家庭になるのであり、その家庭は、平和と理想の基地になるのです。半分である男性と女性が一体となり、神様の相対として理想愛を完成させるようになるというのです。

すなわち、神様は、真の愛を中心として、人間を無限の価値者として完成させることによって、神様も真の愛の完成を成し、永遠の理想愛が宿る創造理想世界を完

成されるのです。（二五四―一〇六、一九九四・二・一）

＊

心身一体を成し、夫婦一体を成し遂げれば、当然、神様に帰るようになっているのです。真の愛の基盤は、神様を中心として定着するようになっています。それが完成統一体圏です。そこが統一の基盤なのです。そのようになった場合には、神様自体も統一します。神人一体を分離するものは何もありません。それを分ける力はどこにもありません。（二四九―一四五、一九九三・一〇・八）

＊

創造主と人間との真の愛を中心として、完全、完成を願う神様は、人間と一体となる条件が必要でした。それで、神様は、人間始祖に与える戒めが必要だったのです。人間が、成長期間を経て育っていく未完成段階にいることを御存じだった神様は、子女である人間に最も貴い真の愛を相続してあげようとされ、そのための条件が戒めでした。（二八二―二〇九、一九九七・三・一三）

②神人一体はどのように成されるのか

子女の完成基準、兄弟の完成基準、夫婦の完成基準、父母の完成基準は、いったいどこで立てられるのでしょうか。神人一体圏は、いったいどこなのでしょうか。神様が息子、娘として創造された人間が、成熟して一つになる場合に、神様はどのような立場になるのですか。これは重要です。

宇宙の根本を明らかにするには、この内容を明らかにしなければなりません。それを解決できなければ大変なのです。（二四九―一八三、一九九三・一〇・一一）

＊

先生が最も苦心したこととは何ですか。神人愛一体をどのように形成するのかということが一番の問題でした。理論的にどのように説明すべきかというのです。これが、解明できなければ、理論的に体制が定着できません。人間の愛の根本的位置が設定されなければ、すべてのものがずれていくのです。（二四九―一二三、一九九三・一〇・一〇）

＊

神様の愛と人間の愛……。それが問題になります。神様の愛と人間の愛は、色が同じか違うかという問題です。大きな問題です。神様の愛と人間の愛が、どこで結びつくのですか。これが、結びつかなければ、神人愛一体の拠点を見いださなければ、神様も人間も共に定着できません。

神様が喜ばれ、人間も愛を通じて喜ぶ、そのような場が違った場合には、大変な

ことになるというのです。（二五七―五九、一九九四・三・一三）

＊

神人一体は、どのようにするのですか。神様は、真《まこと》の愛の縦的なお父様です。真の愛を中心としたお父様です。そのようになれば、神様が近いですか、遠いですか。皆さんの目に見えますか、見えませんか。なぜ見えませんか。近いので、より近い場合には、永遠に見ることができません。霊界に行っても、神様を見ることができないのです。だからといって、いらっしゃらないのではありません。いらっしゃいます。愛を見た人はいません。空気を見た人もいないのです。（二四九―三二、一九九三・一〇・七）

＊

先生が根本問題を追求する時、神人一体圏は、いったいどこなのかを考えました。これは、重大な問題です。これを解決せずには、出発点と終結点が合わないのです。そのような中で、雷のようにきらりとひらめく悟りとは何だったのでしょうか。真の愛は、直短距離を通るということです。それはどういうことかといえば、垂直は一つです。水平に対して九〇度以外にはありません。これは最高の直短距離です。九〇度なのです。（二五〇―一五三、一九九三・一〇・一四）

＊

原子世界は、陽子と電子を中心として回ります。分子世界は、プラスイオンとマイナスイオンが運動するのです。その運動は、中心を中心として運動するのです。男性と女性も運動します。何を中心として運動するのですか。愛を中心として運動します。神様と人間も運動します。神人一体という言葉は何ですか。合同という言葉も使います。何を中心として一体ですか。父子一体、夫婦一体とは、何を中心としていう言葉ですか。愛を中心としていう言葉です。父子間で、夫婦間で一体である、一体だというのです。それが神様と人間で神人一体です。何を中心としてですか。お金ですか、権力ですか、知識ですか。それが愛だということは、間違いありません。何の愛ですか。真《まこと》の愛、神様的な愛です。神様的な愛とはどのような愛ですか。絶対的愛です。絶対的愛とは何ですか。永遠と通じるのです。永遠の愛です。

(二五一―一二〇、一九九三・一〇・一七)

＊

神人一体、神様と人との一体圏です。神様が喜ばれる理想の基準と、人間が願う基準が食い違えば大変なことになるのです。正に、正面で一体とならなければなりません。

水平で一体になり、垂直に一体とならなければなりません。これを、前後、左右、九〇度に合わせれば、上弦と下弦と右弦と左弦、十二箇所に九〇度の角度でどこに

合わせても、すべてぴったり合うのです。（二二三―三四七、一九九一・一一・二〇）

＊

結婚は、なぜするのですか。愛を完成するためにするのです。横的に左右、東方と西方を男性と女性だとすれば、その男性と女性の真の理想は、直短距離に通じることなので、直面に対して横的な愛の直短距離というのは一つしかありません。それは、九〇度以外にはありません。これが、このように横になれば、楕円形になるのでいけません。すべて同じではありません。平等な位置で、すべてが同じ基準として立つのは、九〇度以外にはないのです。神人一体という愛の結集場所というのは、九〇度以外にはありません。（二二四―一六八、一九九一・一二・二四）

＊

神様は、御自身の体としてアダムを先に造られました。アダムは、神様の息子であると同時に、体をもった神様御自身でもあります。それから、アダムの相対者としてエバを造られ、横的な愛、すなわち、夫婦の愛の理想を完成しようとされました。エバは、神様の娘であると同時に、神様の横的愛の理想を実体として完成する新婦でもあったのです。アダムとエバが完成し、神様の祝福のもとで結婚して初愛を結ぶ場は、すなわち神様が実体の新婦を迎える場なのです。アダムとエバの夫婦の愛の理想が、横的に結実するその場に、神様の絶対愛の理想が縦的に臨在、同参なさるので、神様の真《まこと》の愛と人間の真の愛が、縦横の起点を中心として一点から出発して一点で結実、完成するのです。（二七七―一九八、一九九六・四・一六）

＊

アダムとエバは、どのような立場ですか。その立場は、私たち人類の横的な理想の愛を中心として和合する位置であり、九〇度に合わせる位置であり、焦点を設定する位置です。その位置は、この前後、左右、上下、どこに合わせても合います。それは、どういうことですか。神様は、二性性相の主体であられるので、その愛の焦点に合わせたアダムとエバの心の中に神様が入っていかれるのです。それゆえに、堕落していない人間始祖の結婚式は、神様の結婚式になるのです。（二二三―二六七、一九九一・一一・一二）

＊

神様は、どこに入っていかれるのですか。神様は、アダムの心の中に入られ、エバの心の中に入っていかれるのです。二性性相でしょう。この二つが、一つの根を中心として入っていって打ち込まれるのです。そして、息子、娘に連結します。愛で連結し、心と体を中心として、霊を中心として根を合わせるのです。そこから生まれた愛の息子、娘が地獄に行きますか。誰も思いのままにできません。絶対的な体、絶対的な心、絶対的な霊、絶対的な男性、絶対的な女性が、絶対的な神様の愛を中心として、生命の起源であり、愛の起源であり、血筋の起源である生殖器を中心として統一が展開するのです。（一九四—三四四、一九八九・一〇・三〇）

＊

アダムとエバは、見えない神様の二性性相から来たのです。見えない二人が一人のような立場に立っているのです。

真の愛を中心として、一つになっているというのです。そのようになっているのは、男性格位と同じなので、その男性格位の相対的立場に立った息子、娘を再現させるのです。それは、彼らが成長して愛を中心として夫婦になる時、あの上にいらっしゃった神様が、その場に共に降りてこられて、一つは見えない父母の位置に立ち、一つは見える父母の位置に立って愛で一つになるためだというのです。（二二一—三二八、一九九一・一一・六）

＊

縦横は、どこで一つにならなければならないのでしょうか。天地合徳は、どこで展開するのですか。縦的基準の前で展開するのです。愛が行く道は、直短距離を通じるのです。文総裁《ムン》はこの一言を解決すること、これがどこで定着するのかという問題で、本当に苦心しました。

宇宙の根本を解明するにおいて、縦的愛と横的愛があるということを知りました。

なぜ分かったのでしょうか。垂直にさっと上がっていくことはできません。そのようになれば、私が身動きできずにぴたっとここに立たなければならないのです。そこを離れて縦的に愛すれば、私がぴたっとこのようにならなければなりません。これがどこに行って回るのかというのです。回ることができません。このような問題、どのように連結させるのかという問題、天地の愛があれば、その愛がどのように合徳するのかという問題が大きい問題でした。しかし、一つ分かったことは何かというと、愛は直短距離を通じるということでした。（二一四―二三二、一九九一・二・二）

＊

文《ムン》総裁が宇宙の根本を明らかにしていく時、最も苦心したことは何ですか。愛がどのように動き、どのように定着するのかという問題でした。「愛は直短距離を通る」というこの一言を知ることによって、すべてのことが解決するのです。

愛が上から来て、天が高くて地が低いとすれば、真《まこと》の愛が天から地に訪ねてくる時、どのような道を通して来るのでしょうか。最大の直短距離なのですから、何ですか。垂直ですか。これは、垂直一つしかありません。直短距離です。愛が一番早くて直短距離を通るというときに、それは、天上世界と地上世界に接着する完全水平の中で一点しかないというのです。二つではありません。絶対的に一つです。（二一一―七八、一九九〇・一二・二九）

＊

神様の愛と人間の愛は、どこで出会うのですか。その結着点はどこですか。そこは、愛の結着点、生命の結着点、血統の結着点になるのです。そこでなければ、愛と生命と血統を連結できる道がありません。その場は、いったいどこですか。男性と女性の生命が連結するところです。男性と女性の血統、血が交差するところです。神様の生命、神様の愛、神様の血統、そして、男性と女性の生命、男性と女性の愛、男性と女性の血統がこの一点を中心として連結するのです。これを中心として子孫が生まれるのです。（二〇五―六四、一九九〇・七・七）

＊

アダムとエバが善の子女をもつ真の父母になることとは、すなわち神様が永存の父母位を実体的に確定されて、神様が人間の血統を通じて子々孫々に繁盛することによって、天上天国の市民を無限に広げたいと思われた理想を成就なさるようになるということです。（二七七―一九九、一九九六・四・一六）

③神人愛一体理想を定着化しなければならない

神様が創造当時の理想として願った真の愛、その偉大な真の愛を中心として、人間との真《まこと》の愛の関係を結んで一つになり得る、このような神人愛一体の家庭を築いたとすれば、今日、私たちは、天国に行くのか地獄に行くのかと心配する必要がなく、そのまま天国にすべて入っていくようになるのです。ここで問題になることは、神様の真の愛と真の人間の真の愛が、主体的真の愛と相対的真の愛として一つになって一点から出発しなければ、神様の真の愛と人間の真の愛が異なり二つの愛の出発になるので、二つの愛の方向と目的地になるというのです。このようになる時は、神様と人間が願う絶対的理想世界は見いだすことができません。(二七五—五四、一九九五・一〇・二二)

＊

結婚とは何ですか。自我の完成です。男性と女性の完成と同時に横的なすべてのものの完成です。ここで子女と兄弟がいるために、この線が入ります。兄弟がいて、夫婦がいて、父母がいるので、天国の上弦下弦、右弦左弦、前弦後弦が一つになって理想的球形となり、神様は、結婚するとここに、ぴたっと入られるのです。家庭にとどまるようになっているというのです。神様が生活をしなければなりません。このスペースに入っていった球形のすべての力は、この基準を通じないものがありません。

それで、神様がどこにいらっしゃるのか、夫婦を中心にするとしても、どこにいらっしゃるのかという時、それは何ですか。子宮です。そこにいらっしゃるというのです。愛の根がそこにあるというのです。歴史始まって以来、先生により、霊界がこのように構成されていて、このような内容によってなっているということが明らかにされたのです。これは、誰も知りません。（二五二―一二一、一九九三・一一・一四）

＊

アダムとエバの堕落は、神様の真の愛の理想を破った不倫の犯罪です。守らなければならない戒めが必要だった堕落前のアダムとエバは、未完成段階、すなわち成長期間に堕落しました。人類先祖の初愛の結合は、神様御自身の愛の完成でもあるので、当然神様も、アダムとエバも、宇宙万象も、歓喜と祝福の中で酔う幸福な祝宴の連続でなければならないのです。神様の愛と生命と血統が、人間の中で始原を成しながら定着する、幸福な儀式でなければなりません。そのような彼らが、下部を覆って木の後ろに隠れて不安に震えました。天道を拒む偽りの愛、偽りの生命、偽りの血統の根源をつくった、不倫の関係を結んだからです。（二八八―一二七、一九九七・一一・二六）

＊

神様が入っていかれる位置にサタンが入っていってしまいました。アダムとエバとサタンが結婚したでしょう。同じことです。アダムとエバが堕落しなければ、神様の真《まこと》の愛と人間の愛が一点で結着するのです。一点で出発しなければなりません。二つの点になれば、二つの世界になるのであり、二つの方向になるのです。神人一体となって、一つの方向に行くようになれば、一つの方向に現れる個人も完成であり、一つの方向に現れる家庭も完成であり、一つの方向に現れる氏族、民族、国家、世界が完成するのです。愛で一つになります。これが、理論に合うのです。（二六五―八二、一九九四む・一一・二〇）

＊

既成教会と統一教会が異なることは何ですか。統一教会は、神人一体の愛を中心として定着させたのです。既成神学では、神様は神聖で、人間は俗であり罪なものとして定義します。それでは、神様の愛と人間の愛がどのように一つになることができますか。それは、説明することができないのです。絶対的な神様は何でもできると考えているので問題なのです。したがって、キリスト教が行くところは、血をたくさん流してきました。神様の命令だとして、侵略して奪取したのです。独裁者を出しました。世界は、そのようにはなっていません。神様の本性から見る時、そのようになることはできないというのです。（二四九―一四五、一九九三・一〇・八）

5　地上天国と天上天国の解放圏と釈放圏

①地上・天上天国建設は真の愛によって

アダムとエバが堕落しなければ、神様が何をしてあげようとされたのですか。神様が祝福によって結婚式をしてあげ、神様が喜ぶことができる息子、娘を生むようにして、神様が喜ぶことができる家庭を編成し、これを繁殖させて氏族と民族を編成しようとされました。これが、もっと広がれば、その世界は何主義の世界ですか。「神主義」の世界であると同時に、アダム主義世界です。その世界に理念があるならば、これは、アダム主義理念であり、そこに宇宙観があるならば、アダム主義宇宙観であり、天宙観があるならば、アダム主義天宙観であり、生活観があるならば、アダム主義生活観だというのです。そして、五色人種がいて、まだらになっていてもかまわないというのです。

それは、環境によって変わったことなので、数多くの民族の皮膚の色が異なっていてもかまわないというのです。それでは、どうして数多くの民族の言語が変わったのですか。人類始祖が堕落することによって、天は分立させたというのです。（一

五六―二〇三、一九六六・五・二五)

＊

一つの国を見れば、国が形成されるためには、その国の主権がなければなりません。民族がいなければなりません。国土がなければなりません。そのような観点で、地上に天国を実現するという問題をおいて考えてみるとき、天国の主人は誰ですか。主権者は誰ですか。間違いなく神様が主権者です。そして、民族は誰ですか。民族は万民です。それでは、国土はどこですか。地球星《ほし》です。(九六―一五、一九七八・一・二)

＊

先生が八十歳までの一代ですべてのものを、霊界を完全に解放するのです。地上天上、夫妻なら夫妻、家庭が天国に入っていくのです。夫婦で天国に入っていかなければならないのであって、一人で入っていくことはできません。地獄の門、天国の門をすべて開いておいて、戻りながら上がっていくのです。自分の先祖が列をつくって番人になり、案内してくれます。

昔は、サタンが自分の欲望を中心として穴を掘っておいて、千年も万年も行くことができないようにしていました。そして、使いをさせるのです。今では、それをすべて撤廃してしまいました。そのようでしょう。そのようになるのです。見ていてください。なぜですか。霊界の事実がどのようになっているのかすべてよく知

っているからです。それをしなければ、後代になって引っ掛かるのです。（三〇〇―七五、一九九九・二・二二）

＊

地上世界と天上世界の地獄まで平準化させなければなりません。その道を開拓し、平和の天国基地まで、地獄の門を打破して天国の門を開門することができなければならないのです。神様が自由自在に往来できるようにしなければなりません、地上世界と霊界、どこでも……。地獄という恨《ハン》の門は、神様には意味がないというのです。それをすべて押し倒しておかなければなりません。そのことを誰が知っていますか。

それでは、文《ムン》総裁がしたこととは何ですか。地上世界と天上世界の地獄までふさがっていた個人的門を壊してしまったのです。それで、ハイウェイを築いておかなければなりません。平準化しなければならないのです。それは、地上ではありません。霊界がすべて平準化しなければならないのです。ですから、家庭的平準化、氏族的平準化、民族的平準化、国家的平準化、世界的平準化、天宙的平準化にならなければなりません。それは、何によって成されるのですか。男性と女性の家庭形成によって成されるようになっています。（三〇二―二二六、一九九九・六・一四）

＊

真《まこと》の父母様は、実体世界において、超民族的な祝福の因縁を中心として祝福しています。これが連結することによって、地上で個人解放、家庭解放、氏族解放、民族解放、国家解放圏が築かれます。その解放圏は、霊界で築かれるのではありません。

このように、天国の愛の国まで連結させることができる基盤は、地上にあるので、真の父母を中心としたすべての霊界と肉界が一つになり、統括的な面において総清算して、個人祝福、家庭祝福、氏族祝福、民族祝福、国家祝福、世界祝福、天宙まで祝福の完成を成さなければなりません。

それで、霊界と肉界の祝福家庭の一体化圏が展開することによって、堕落していないアダムを中心とした天国理念の基盤が、歴史始まって以来のすべての家庭を中心として同一的な価値の位置で成立するのです。その地上天国の顕現と天上天国が顕現するところにおいて、神様が臨在されるのです。神様は縦的な父母であり、真の父母は地上を平準化できる横的な父母です。

それで、「七・八節」を中心として天地父母天宙安息圏を宣布して、新しい時代が出発することによって、「九・九節」を中心として完全に越えていかなければなりません。（三〇三―二五八、一九九九・九・九）

＊

潮水が出ていく時は、悪いものが出ていきます。入ってくる時は、一番後ろから出ていったものが先に入ってくるのです。蕩減《とうげん》復帰するために、同じ水、同じ月を見れば、中間に立ち、この二つが入って一つになる時、そこにぴたっと引っ掛かるというのです。歴史的にこれが一時に水平になる時、プラス・マイナスのように祝福してあげることによって、サタンを完全に追放できるのです。偽りの父母を追い出して真の父母と一つになるのです。それをしたがゆえに、地獄を撤廃して霊界にいる先祖を結婚させてあげるということが起きるのです。

今、数億、数百億、数千億が結婚するのです。霊界を天国にリードするのが私たちの先祖です。地上の後孫は、父の位置と息子の位置を真の愛を中心として縦的に一つにするのです。東洋と西洋を連結させることができる始発点が、真の愛を中心とした家庭基盤です。（三〇〇―二二六、一九九九・三・一四）

＊

これから国家、民族的なグループが連合できる時代に入っていくのです。それで、地上の国と氏族、家庭が連合して統一圏に越えていくのです。このように越えていくことによって、世界は急速に変わります。ここに反対する人々は、サタンが来て、ほっておきません。今までサタンは、地獄に連れていこうとしましたが、天国に連れていくというのです。このように協助して、先祖まで天国に連れていこうとするので、天国に行くことを妨害する者が存在しません。解放圏ができることによって、急速に未来の世界化時代に越えていくというのです。（二九八―二二二、一九九九・一・八）

＊

霊界は、真《まこと》の父母主義とアダム主義が現れることを願い、イスラームの群れや孔子の群れや釈迦《しゃか》の群れも、すべて願っているというのです。ですから、統一的な方向を経なければならないので、地上においても真の父母の役事が世界的な基準に上がっていくようになる時、すべての宗教の境界線はなくなり、統合運動が霊界の動きに従って自動的に展開し、その結果が地上で現れるようになるというのです。

それで、統一教会が世界主義になることによって、どのようなことが展開するのかといえば、霊界の霊人たちがみな霊界にいるのではありません。その目的は、地上で完成して逆に入っていかなければならないので、すべて再臨します。すべて地上で活動するのです。

世界に広がっている統一教会の食口《シック》が先頭に立って、「動きなさい！　動きなさい！　動きなさい！　動きなさい！」と言うことが、数千億になる霊界の霊人たちの願いなのです。ですから、ここに合わせて霊界と一つにしておけば、神様が主管する世界になるのです。真の父母の名前の前に、一つの統一された世界が永遠に継続されるのです。（一六一―二二三、一九八七・二・一五）

今、霊界の解放圏まで成し遂げました。霊界と地上の平準化運動を、今しているというのです。春が訪ねてきます。天国の春、地上の春が訪ねてくるのです。今までは、天国に春が来て、地上は夏だったのですが、今は、地上で夏が行き、冬が行き、永遠に続く天国の幸福の理想、すべてを消化して新しい生命を復活させることができる春の季節が地上に訪ねてくるので、地上には、平和の時代が訪ねてきます。それで、統一教会の先生が今していることは何ですか。「世界平和統一家庭連合」をはじめとして、すべて「平和」という言葉が入っているのです。（三〇一―二九〇、一九九九・五・五）

＊

今、解放時代を迎えたということを考える時、この地球を中心とした宇宙が、どれほど称賛しているか分かりません。どれほどきょうを喜んでいるか分かりません。それで、今年に入ってきょうまで、祝賀する雰囲気一色になったと思うのです。今、私たちがしようとするすべてのことは、天運が従っていきながら助けてくれるのです。天運をつかもうと努力していますが、天運が私たちのあとに従いながら助けるというのです。これは何かというと、神様と霊界が、数多くの先祖と数多くの善の人々を動員して、この地を助けることができる時が来たというのです。解放圏を成

すことができ、変革できる時代が来たというのです。（二九八―二二八、一九九九・一八）

②解放圏と釈放圏を完成することを誓おう

神様を何によって解放するのですか。力によってですか。知恵によってですか。神様解放とは何ですか。北朝鮮にいた人々が韓国に来て喜び、韓国にいた人々が北朝鮮に行くようになれば、北朝鮮が解放されて韓国が解放されるでしょう。それは何ですか。神様は、あの天国の玉座にいらっしゃいますが、サタン世界の家庭、あのどん底でも喜ばれます。貧しく暮らす人の家庭に行っても、誰彼を問わず、神様を第一に侍れば、喜んで幸福を感じられるというのです。

そして、今まで統一教会においては、このような歴史過程を経ながら、先生を中心として解怨《かいおん》成就の話をしてきましたが、解怨とは何ですか。解放しようというのです。ごみ箱のどん底に入っていっても、そこに神様が共にいらっしゃることができる喜びの場があるのかというのです。心を解放しようとするならば、ごみ箱までも自分の心に合わないものがなく、すべて「良い」と言うことができる立場にならなければなりません。それでこそ解放されるのです。それが引っ掛かれば解放されません。（二八一―一九一、一九八八・一〇・三）

＊

真《まこと》の愛を完全にもってこそ、神様が創造なさったこの世界のすべてのものを、私が再現させることができます。それは、どういう意味ですか。真の愛の完成を成した人は、神様のようにつくってみたければつくり、なくしてみたければなくして、思いどおりの生活をすることができるというのです。何であっても自由自在にできます。直感をもって、全能的な体験をすることができるというのです。真の愛をもてば、すべて征服できます。

神様も征服でき、サタンも征服できます。ですから、先生を通して神様が解放されるのであって、神様を通して先生が解放されるのではありません。

ですから、霊界で堕落の時から取り戻そうとしてきたその価値的なすべてのものを、地で成し遂げようというのです。そのことが成されれば、天地がひっくり返ります。(二九二―二七八、一九九八・四・二七)

＊

先生の八十年の生涯で、神様を解放しなければなりません。そのようにしようとするので、霊界から地上世界に至るまで、すべて蕩減《とうげん》復帰し、解放圏のためにイエス様が死んだ事実を解いておかなければならないのです。そうでなければ、再臨する道がないというのです。キリスト教文化圏によって統一天下ができる時は、すべての条件を越えていけますが、統一天下ができない基盤において、来られる主人に侍ることができずに反対する時は、すべてサタンの罠《わな》に捕らえられていくのです。それゆえに、文総裁《ムン》は、荒野に追い出されて一人です、一人。父母までも私を理解できませんでした。ですから、ここから再び上陸して、歴史的なすべての蕩減路《とうげん》程を四十年以上歩んできたのです。（二二一―一九八、一九九〇・一一・三〇）

＊

先生の時代は、すべてのものが解放です。すべてのものが解放された位置に立ちました。その解放された価値は、到底、言い表すことができません。歴史時代に数多くの先祖から、神様の分別的歴史の価値を積み重ねて、積み重ねて、積み重ねて解放圏をつくったという事実を考える時、それ自体である私たち祝福家庭は、全体の解放された位置にいるので、すべての被造世界の汚れたものから光栄なものまで、全体を身代わりした祭物だというのです。祭物のような位置に立っているということを知らなければなりません。（二八〇―二九二、一九九七・二・一三）

＊

心情圏は、どれほど素晴らしいところですか。億千万金を与えても買うことができません。地球ほどのダイヤモンドを与えても買うことができないのです。そのように貴いのです。宇宙を与えても取り替えることができないほど貴いのです。心情圏を中心として、主体と共に相対関係を結ぶので、宇宙が私のものになるのです。

神様までも私のものになるのです。そのような人間の価値基準を自ら知って、その中で解放者として天宙を闊歩《かっぽ》しながら、愛で抱いてすべてを指示し、私の要請によって天下万象が和合し呼応する、そのような自由解放圏をもつことができる人間の特権が、どれほど驚くべきものなのかというのです。これが統一教会の誇りです。

（二一〇―三二二、一九九〇・一二・二七）

＊

私たちの先祖が真《まこと》の父母様です。真の父母様の恩恵によって従っていくのです。あの下の霊まですべて清算しなければなりません。これが、二次になる時は、完全に門を越えていくことができます。蘇生《そせい》、長成、完成を越えれば、三次、この二〇〇〇年までに真の父母様は、この地に真の父母として来て偽りの父母が傷つけたすべてのものを整備できるように、一つの新しい天地法を発表します。天地解放法です。

それで、最近、「家庭盟誓《カヂョンメンセ》」の文に八節が加えられたでしょう。「成約時代を迎え、絶対信仰、絶対愛、絶対服従によって、神人愛一体理想を成し、地上天国と天上天国の解放圏（と釈放圏）を完成することをお誓い致します」です。解放ではなく、解放圏です。皆さんの家だけではいけません。皆さんの国、皆さんの世界を、地上

で完全に責任をもたなければならないのです。（二九三―二五二、一九九八六・六・一）

＊

真《まこと》の父母様の勝利圏を相続しようとするならば、絶対服従、絶対従順、絶対信仰で生きなければなりません。血を流して、汗を流して、すべてのものを犠牲にしても、真の父母様のために生畜の祭物になるという心情一致圏を中心として、真の父母様が愛する以上の愛をもっていてこそ、真の父母様が解放されるのです。真の父母様が人類を愛する以上に愛する、そのような社会になってこそ、神様の解放圏が生じるというのです。そのようなことができる息子、娘をもつことによって、初めて息子、娘を称賛し、息子、娘を愛しながら自分が喜ぶことができる解放圏が生じるというのです。（二六六―二九〇、一九九五・一・一）

本書は、『天聖経』の「真の家庭と家庭盟誓」編を文庫版用に編集したものです。

文庫版
真の家庭と「家庭盟誓」

2007年11月１日　初版発行

著　者　文鮮《ムンソン》 明《ミョン》
編　集　世界基督教統一神霊協会
発　行　株式会社　光　言　社
〒150-0042　東京都渋谷区宇田川町37-18
印　刷　株式会社　ユニバーサル企画

ISBN978-4-87656-325-8